El MINISTERIO del MATRIMONIO

El MINISTERIO del MATRIMONIO

Con guía de estudio

Jim Binney

AMBASSADOR INTERNATIONAL
GREENVILLE, SOUTH CAROLINA & BELFAST, NORTHERN IRELAND

www.ambassador-international.com

Library of Congress Cataloging-in-Publication Data
Binney, Jim, 1945.
(The ministry of marriage. Spanish)
El ministerio del matrimonio / Jim Binney
p. cm.
ISBN 1-57924-973-6 (perfect bound pbk. : alk. paper)
1. Marriage—Religious aspects—Christianity. I. Title.
BV835.B52   2003
248.8'44—dc21
2003007084

Fotografía de la portada: © BJU Press/Stockbyte/Veer.com

Los materiales producidos por otras editoriales y contemplados en este volumen, no constituyen una representación del contenido o la posición teológica de los materiales producidos por estas editoriales.

Todo pasaje bíblico está citado de la Versión Reina Valera de 1960 © 1960 Sociedades Bíblicas en América Latina; © renovado 1988 Sociedades Bíblicas Unidas.

El Ministerio del Matrimonio

Diseño por Chris Hartzler
Diseño de la página por Agnieszka Augustyniak

© 2003 por BJU Press
Greenville, South Carolina 29614
JourneyForth Books es una división de BJU Press

Impreso en los Estados Unidos de América
Todo los derechos reservados

La traducción al español de este libro ha sido posible por la generosidad del programa de misiones de la Iglesia Bautista de Berea en Lilburn, GA, EEUU. www.berean-baptist.org

The Spanish Translation of this book was made possible by the generosity of the Missions Program at Berean Baptist Church in Lilburn, GA. www.berean-baptist.org

Traducido por: Elizabeth Mesón, Jerry Reece, Andy Bonikowsky, Randy Wilkins, y María Esther Ocampo

Guía de Estudio por Jerry D. Reece

ISBN 978-1-57924-973-1

Printed in the United States of America

ISBN: 978-1-62020-044-5
eISBN: 978-1-62020-045-2

AMBASSADOR INTERNATIONAL
Emerald House
427 Wade Hampton Blvd.
Greenville, SC 29609, USA
www.ambassador-international.com

AMBASSADOR BOOKS
The Mount
2 Woodstock Link
Belfast, BT6 8DD, Northern Ireland, UK
www.ambassador-international.com

The colophon is a trademark of Ambassador

A Sandra,
la mujer de mi juventud,
mi fiel y leal compañera,
y mi incansable ayuda idónea
sin la cual este libro
no hubiera sido posible.
¡Te amo, Cariño!

Contents

PRÓLOGO

Cada tanto, alguien vuelve a sacar un tema olvidado con una perspectiva nueva que abre un panorama nuevo de interpretación. Después de muchos años de aconsejar a parejas que tienen problemas por no entender lo que realmente es el matrimonio, Jim Binney ha descubierto lo que yo creo que es el elemento clave que hace falta en muchos matrimonios: el concepto de *ministerio*. *El Ministerio del Matrimonio* es especialmente estimulante porque pocas personas, aun los mismos consejeros, parecen entender la importancia de la palabra "ministerio" en el matrimonio.

Aunque esto parezca ser una novedad para muchos lectores, en realidad no es. Tal como lo señala claramente el Dr. Binney, las Escrituras enseñan que ministerio debe ser la razón latente y fundamental del matrimonio. Muchos matrimonios se basan en los sentimientos y en un concepto incorrecto de lo que es el amor. Por esta razón, no me sorprende que tantos matrimonios terminen en fracaso. Para que un edificio se mantenga en pie, debe tener una base sólida. Un cónyuge que cree que el otro le debe algo y que no le está supliendo sus necesidades percibidas estará condenado a vivir decepcionado porque de entrada no ha entendido la razón debida por la cual se casó. Una persona no debe casarse para que su pareja le ministre, sino para ministrar a las necesidades de ella.

Algunas cosas se aprenden y se entienden solamente por medio de la experiencia. Los años de aconsejar a matrimonios con problemas le han dado al Dr. Binney información de primera mano acerca del tema en cuestión. Este autor no solo aborda los problemas que los matrimonios de hoy enfrentan, sino que su experiencia le permite presentar soluciones que, de ser implementadas, pueden salvar un matrimonio de hacerse pedazos en las rocas de los conceptos equivocados de la actualidad.

Hay tres conceptos principales, de los muchos presentados en *El Ministerio del Matrimonio,* que se destacan en mi mente como elementos esenciales para salvar un matrimonio de la derrota. El primero es desarrollar una visión correcta de Dios: quién es, y cómo es. Casi todos los problemas tienen una solución que comienza con entender la imagen bíblica de Dios y aplicar este concepto a su matrimonio. Las parejas que tienen una idea acertada de la Persona y naturaleza de Dios han tomado el primer paso hacia la solución de los problemas de su matrimonio.

El segundo concepto es uno que ha sido descuidado por los consejeros. Es la analogía bíblica entre el matrimonio y la relación de Cristo con la iglesia. La aplicación correcta de esta doctrina puede tener un gran impacto en el matrimonio al cual se aplica. Cuando Dios optó por usar esta analogía, nos estaba dando Su estándar y propósito para establecer la institución de la familia. Aun los malentendidos y la degeneración prevaleciente del propósito de Dios para el sexo pueden aclararse por medio de esta comparación santa a Su relación con ella.

El tercer concepto que *El Ministerio del Matrimonio* aclara es la interpretación de lo que es el amor. El concepto moderno del amor, aun entre muchos cristianos, está tan distorsionado y tan lejos del plan de Dios para nuestras vidas, que ningún matrimonio basado en este criterio falso puede sobrevivir las presiones de la sociedad moderna. El análisis y la enseñanza precisa del Dr. Binney darán esperanza y discernimiento a las parejas, aun las que no tengan problemas en su matrimonio. Aquellos que tienen problemas, encontrarán una vía para descubrir soluciones reales a sus problemas, y aquellos cuyos matrimonios son estables obtendrán nuevas perspectivas las cuales los fortalecerán.

En más de cuarenta años de tratar con y aconsejar a matrimonios, jamás he leído un libro que analice tan francamente las dificultades que los matrimonios enfrentan, y luego, con más claridad aún provea las soluciones y los pasos necesarios para que el matrimonio llegue a ser lo que Dios manda.

Cualquiera que lea este libro encontrará esperanza para sí y aquella persona que escogió para ser "más cercano que un hermano" y con quien compartiría las experiencias más íntimas de su vida.

Frank Garlock

Introducción:

Estás leyendo este libro por alguna razón: puede ser que desees encontrar ayuda para un matrimonio frustrado. Quizá, desees mejorar tu matrimonio aunque camine bastante bien. O quizás, estés al punto de tomar la decisión crítica de seguir o no con tu matrimonio. Quizá, quieras entender más acerca del matrimonio antes de casarse. Cualquiera sea la razón, aquí hay ayuda para ti.

También, hay información básica que necesitarás entender antes de leer este libro. Por más de una década y media, he aconsejado a matrimonios en "Moorehead Manor," la finca de la difunta Agnes Moorehead (mejor conocida por su papel como "Endora" en la serie televisada, *"Bewitched"*). Estamos haciendo la obra del Señor en la casa de una bruja; pero hay cosas más extrañas que ésta.

Para comenzar, cuando una pareja llega para recibir consejos sobre el matrimonio, conduzco una sesión de orientación con ellos. Les explico lo que deben esperar durante las próximas semanas. Entonces, amigo lector, bienvenido a la "sesión de orientación".

SOLUCIONES CRISTO-CÉNTRICAS

Primero, nos concentraremos en soluciones Cristo-céntricas. Seguramente ya probaste alguna teoría de psicología popular y te diste cuenta de que algo más le faltaba. La razón por esto es que el consejo no estaba dirigiéndose a las necesidades más profundas de tu matrimonio. Si es verdad que, como creyente, *"todo lo puedo en Cristo,"* entonces también es verdad que *"sin mí nada podéis hacer"*.

El Señor Jesucristo jamás debe ser tratado como algo extra en el matrimonio cristiano. ¡Cristo es el Eje de la relación! Nuestra meta es de poner a Cristo en el lugar que Le corresponde - en el mismo centro del matrimonio.

PASOS DECISIVOS, BASADOS EN LA BIBLIA

Segundo, puedes encontrar en la Biblia los pasos que debes tomar para resolver los problemas y calmar tus inquietudes sobre tu matrimonio. Cristo es la Respuesta, pero si tú alguna vez has intentado encontrarlo como la respuesta a una necesidad urgente y te has frustrado en esa búsqueda, puede ser que hayas pasado por alto la verdad más clave e importante. ¡Sí, Cristo es la respuesta! ¡Busca a Cristo y te ayudará! Su presencia es lo que anhelas, y Su poder es lo que hace falta. Pero, sucede que Él está allá, y tú estás aquí. El problema es cómo llegar a Él. Cuando resuelves este problema, encontrarás las respuestas. ¡Este libro te proveerá, paso a paso, los principios bíblicos que te llevarán a Él! Confundir la solución con los pasos de resolución ha frustrado y desanimado a muchas personas. Jesús no solo es la Palabra Viva sino la Palabra Escrita, también. En las páginas de la Palabra de Dios, Él mismo nos mostrará cómo llegar a ser *"conformados a la imagen de Cristo"*.

UNA DEFINICIÓN BÍBLICA DEL MATRIMONIO, EL AMOR Y EL SEXO

Muchos cristianos sacan sus ideas sobre el amor de las telenovelas, en vez de aprenderlas del "Libro del Amor de Dios". Además, sacan sus ideas sobre el matrimonio de las novelas románticas en vez de sacarlas de la Biblia, y sus nociones sobre el sexo han venido de la filosofía de la revista, *"Playboy",* en vez de las Escrituras. Probablemente has formado tu propio punto de vista sobre el matrimonio de alguna de estas fuentes. Tenemos un desafío para todos los creyentes—y especialmente para los matrimonios—Dios nos manda a no conformarnos a este mundo y a reemplazar las filosofías mundanas con la teología bíblica (Romanos 12:1-2). Durante toda tu vida cristiana te has encontrado en un continuo proceso de examinar tus creencias y de compararlas con las Escrituras. Este libro te ayudará en ese proceso. Habrá momentos cuando podrás apreciar las nuevas verdades que aprendes. En otros momentos las cuestionarás. Pero, siempre nosotros te desafiaremos a tomar la Biblia como tu guía y a llevar tu manera de pensar a la Palabra de Dios para ser aprobada o desaprobada.

LA IDEA "NUEVA" DE RESPONSABILIDAD PERSONAL

Tengo muchos libros en mi biblioteca sobre el tema del matrimonio. Al pasar los años, he leído cuidadosamente cientos de volúmenes más en bibliotecas y librerías. Casi sin excepción todos tienen la misma propuesta. Ponen el énfasis en el derecho de ser feliz del lector y luego quieren enseñarle cómo encontrar esa felicidad. Mientras es verdad que Dios desea que tengas una vida feliz, Su método de obtener esta felicidad es muy diferente a lo que propone el mundo. Dios nos hace ver que tus responsabilidades personales son más importantes que tus "derechos". Como dijo alguien alguna vez: «Enseñar derechos cultiva rebelión. Enseñar responsabilidad trae avivamiento». Muchas parejas pasan la vida implantando sus derechos, y se ponen en campaña de obligar a su cónyuge a ceder a sus demandas. Ven a su cónyuge como el problema más grande de su matrimonio y proponen hacerle cambiar. Jamás piensan en sus propias responsabilidades, mucho menos, en la necesidad de cumplir con ellas.

En las próximas páginas te desafiaré a fijarte en tus propias responsabilidades y no en las de tu cónyuge. Esto puede ser radicalmente opuesto a lo que estés acostumbrado hacer, pero te haré la pregunta que una vez le hice a un señor que estaba a punto de divorciarse.

Éste se sentía orgulloso de ser muy franco y no guardarse nada. Cuanto sentía, eso decía. Le pregunté: «¿Y cómo está funcionando esto para ti?» Y ahora te pregunto a ti, ¿Cómo funciona en tu matrimonio el hecho de hacer las cosas como te venga la gana? Quizás necesites un cambio radical de tu manera egoísta de actuar. Te puedo garantizar que la manera natural de hacer las cosas no es el plan de Dios para tu vida.

Conceptos Probados y Comprobados

Este libro no es solamente un libro de teoría. Es una compilación de verdades y conceptos descubiertos a través de años de estudios bíblicos los cuales han sido probados en miles de horas de aconsejar matrimonios durante casi cuatro décadas. La mayoría de las parejas que han venido a mí buscando ayuda, ya habían tratado todas las fórmulas espirituales del día. Llegan cansados de oír los mismos consejos vacíos de amigos bien intencionados. Llegan cansados de teorías que no les han ayudado. ¡Y quieren respuestas!

He tenido que postrarme de rodillas un sinfín de veces después de ver las lágrimas de personas que tienen el corazón hecho pedazos. Mucho de lo que he aprendido está revelado en las páginas de este libro. Son principios descubiertos en la mina de Dios y probados en el laboratorio del sufrimiento humano. ¡Estos principios les darán resultados positivos!

Enfatizando Tu Deber de "ministrar"

Una vez, un amigo me preguntó acerca de este libro. «¿Y, qué del título? ¿Por qué llamarlo *El Ministerio del Matrimonio*? ¿No te parece un poco raro?» Es sorprendente describir el matrimonio como un "ministerio". Normalmente, el matrimonio se presenta de varias formas que sugieren que los enamorados tan solo van de la dicha del noviazgo a la dicha del matrimonio; a romance perpetuo de flores en la luz suave de velas o, cuando menos, a un lugar libre de toda preocupación. Tales conceptos reflejan la idea de que el matrimonio significa felicidad y sentimientos amorosos que surgen sin esfuerzo. Pensar así resulta en la expectativa de gozo pasivo, pero he aquí donde la demanda de placer se convierte en un grito de guerra.

La Biblia, por el otro lado, trae el equilibrio necesario al diálogo sobre el matrimonio. Ella no niega que estos sentimientos amorosos existan, sino que los considera como un fruto de poner en práctica lo que Dios manda. Que haya gozo en el matrimonio no es solamente la responsabilidad de tu cónyuge. El énfasis de la Biblia es el de ministrar el uno al otro.

Cristo es el modelo de todo lo que debemos hacer y ser en esta vida. *"Pues como él es, así somos nosotros en este mundo"* (I Juan 4:17); por lo tanto, así como él *"no vino para ser servido, sino para servir"* (Mateo 20:28), todos debemos procurar hacer lo mismo. Esta cualidad de nuestro Señor se ve a través de toda la Palabra de Dios. La necesidad de seguir Su ejemplo va de mano en mano con la idea de dejar brillar Su luz en nuestras vidas. Llevar esta responsabilidad al matrimonio demuestra la paz de Dios en nosotros. Como una segunda bendición, Dios nos llena a los dos de gozo genuino.

EL CORAZÓN DE UN CONSEJERO

Hay gran valor en que un consejero matrimonial escriba un libro sobre el matrimonio. Después de oír las necesidades de cientos de parejas, uno comienza a entender cuáles son realmente sus luchas. Llega a ser obvio que todos experimentamos problemas semejantes, los cuales tienen soluciones en Cristo. Contrario a lo que la mayoría de las parejas creen, no hay problemas "nuevos" en el matrimonio, sino que los mismos problemas son "comunes a todos los hombres".

No pretendo ser un "experto" (la definición de *"expert"* en inglés es un "chorro bajo presión"), sin embargo he andado por este camino por muchos años. Primero, he vivido casado por treinta y seis años con una mujer maravillosa. Hemos experimentado crecimiento en nuestro amor y nuestra devoción el uno para con el otro. Hemos tenido nuestras luchas, pero hemos crecido a través de ellas. El amor que tenemos ahora es muy diferente a lo que era cuando recién nos casamos. El amor original no se ha reemplazado, sino que ha crecido y se ha profundizado al pasar los años. El hecho de que hemos experimentado muchas de las desilusiones matrimoniales que son comunes a otros, nos permite ofrecerles el consuelo con el que Dios nos ha consolado (II Corintios 1:3-5).

Segundo, al ver las lágrimas de muchos esposos y esposas, he aprendido que Dios siempre tiene la solución a los problemas. Hubo un tiempo cuando corría a los libros de psicología para buscar respuestas. Más tarde, aprendí a buscar las soluciones en la Palabra de Dios. Ahora, consulto primero a la Palabra de Dios, y de rodillas. Dios, de verdad, es nuestro Consejero Admirable.

Tercero, he aprendido a decir la verdad con amor (Efesios 4:15). El secreto es balancear la severidad de la verdad con la ternura del amor. Esta ha sido mi meta para este libro. Te diré la verdad. A veces te va a gustar el libro (especialmente cuando estés de acuerdo), y a veces no; pero mi meta es darte la verdad de la Palabra de Dios. Al mismo tiempo, trato de balancearlo con el amor.

Garantías de Acero para el lector de este Libro

A todos les gustan garantías, especialmente cuando hay "reembolso". Aunque no puedo ofrecerte una "garantía de reembolso," puedo ofrecerte, por lo menos, dos garantías.

Primero, las verdades que estás a punto de aprender te herirán. Al leer algunas de estas páginas, tendrás que ajustar el cinturón, ponerte el casco y llamar a los bomberos para apagar el fuego.

La verdad produce dolor porque te saca de la comodidad de tu manera de pensar y vivir. Probablemente has adquirido una forma de convivir con tu pareja que para ti es cómoda. Por años tu manera de vivir ha llegado a ser como un viejo amigo que te consiente y no hace demandas de ti. Estás cómodo con ese amigo porque te dice solo lo que quieres oír. Aquí, aprenderás algunas cosas contrarias a tu forma egoísta de vivir. Esto te obligará a dejar "el cómodo lecho de flores" y tomar la cruz de sufrimiento, de ministerio y de muerte al viejo "yo". Esto te ocasionará dolor.

Algunas parejas no están dispuestas a pagar el precio. Tratan de evitar el dolor antes del matrimonio, buscando garantías de seguridad. Comienzan a vivir juntos, sin casarse, para tantear su compatibilidad antes de atar el nudo. Las parejas que han convivido antes del matrimonio están el 80 por ciento más propensas al divorcio que las que esperan. Otros firman un contrato prenupcial u optan meramente por vivir juntos sin ninguna intención de casarse. Si no han podido evitar frustraciones antes del matrimonio, ¿cómo van a encontrar alivio cuando ya estén en el camino? Luego, se divorciarán. Estas almas temerosas de los compromisos del matrimonio jamás han aprendido que hay un precio que pagar para cultivar una relación espiritual y sólida. De ese precio aprenderemos de la misma Palabra de Dios que nos da esperanza.

No es por accidente que la Palabra de Dios insinúa que los efectos de la verdad son como una "herida": *"Fieles son las heridas del que ama"* (Proverbios 27:6). A veces se nos llama a confortar a los afligidos, y otras veces a afligir a los "reposados en Sion". Si estás afligido, espero que encuentres consuelo. Pero si estás demasiado cómodo, quizás, necesites afligirte. Al fin y al cabo, el uso de la metáfora de la *"espada de doble filo"* para describir el efecto de las Escrituras las cuales *"penetran"* aun hasta *"partir el alma y el espíritu"* (Hebreos 4:12), no nos pinta exactamente un cuadro de paz.

La segunda garantía es que no habrá un cambio rápido ni dramático en tu matrimonio. Aunque yo quisiera hacerte una oferta mejor, no hay algún remedio rápido para la tensión que existe en tu matrimonio. Tomó tiempo para crear el problema y tomará tiempo para corregirlo. Lo cierto es que aquella pareja que ha peleado amargamente durante veinte años se frustrará si espera que con una visita al consejero, o con la lectura ligera de un libro, pueda deshacerse todo el daño que se ha hecho. Por lo menos tomarán cuarenta días (aproximadamente seis semanas) para lograr un cambio significativo. Y eso significa cuarenta días de esfuerzos bien concentrados, oraciones sinceras y estudios intensivos.

La paciencia es algo necesario que muchos no tomen en cuenta como un principio fundamental del crecimiento espiritual. Quieren "santificación inmediata". Piensan que una ida al altar y unas emociones sinceras son suficientes, pero se equivocan. El camino al altar es bueno, las lágrimas son buenas, y si tienen sentimientos sinceros, también son buenos. Pero esto es solo el comienzo. Una vez que se decide luchar por cambiar las cosas, se necesitaría una aplicación consecuente de la verdad, poniéndose en práctica estos cambios por un tiempo, para que la nueva manera de pensar y actuar llegue a ser habituales y tan naturales como eran los viejos hábitos dañinos.

Por esta razón, recomiendo que leas inicialmente este libro como un estudio, capítulo por capítulo. Quizás desees tomar notas cuando leas o quieras meditar en las referencias bíblicas y hacer un diálogo sobre tus hallazgos con tu cónyuge. Se puede usar el libro para hacer sus devocionales juntos, o leerlo en voz alta y orar juntos. Si un texto bíblico en particular te impresione, considera memorizarlo para que puedas reflexionar en él al conducir el coche o mientras trabajas en la casa. Estas verdades serán recursos excelentes para una clase de escuela dominical o para una serie de sermones. Cualquier cosa que puedas hacer para grabar estos preceptos más profundamente en tu mente te ayudará a ponerlos en práctica. Sobre todo, debes perseverar y seguir la meta de edificación, crecimiento y felicidad mutua.

Este libro debe ser visto como el punto de partida para el cambio, como el primer paso de una carrera maratón; en otras palabras, un comenzar completamente nuevo.

ESPERANZA

¡Pero sobre todo, este libro representa esperanza! Si la fuente de esperanza es el *"Dios de la esperanza"* (Romanos 15:13) y crees que por la *"consolación de las Escrituras, tengamos esperanza"* (Romanos 15:4), y *"abundéis en esperanza por el poder del Espíritu Santo"* (Romanos 15:13), ¡entonces comenzarás una jornada de descubrimiento victorioso de la misma! Porque aquí, en cada una de estas páginas encontrarás a Dios y a principios bíblicos los cuales les darán un llamado a depender del Espíritu Santo para ayudarte a entender y aplicarlos a sus vidas.

De hecho, al pasar la próxima página, comenzarás la carrera más grande y fructífera de tu vida...

1

¡Hay Esperanza Para Tu Matrimonio!

Un amigo recientemente me confió: "Hermano Jim, he perdido toda esperanza de salvar a mi matrimonio." Puedo recordar vívidamente el vacío de sus ojos tristes y sus palabras huecas. Estaba cabizbajo y sus hombros caídos en una desesperación miserable. Mi corazón fue invadido por el patetismo de su tristeza. Y pensé: "¡Qué trágico es cuando un hombre pierde toda esperanza!"

¿Cómo llega el hombre a un lugar tan penoso de abandono? ¿Qué puede causar tanta desesperanza? ¿Qué sucede en un matrimonio para producir tanta derrota? Este hombre había comenzado su matrimonio con todo el idealismo de un amor joven y se había unido a su novia en el altar con grandes sueños para el futuro. Ahí estaban, ilusionados bajo la suave luz de la vela de la unidad. ¿Cómo se apagó esa luz? ¿Por qué desaparecieron sus sueños? ¿Por qué murieron sus sueños de un futuro feliz?

Como el matrimonio es tan íntimo, tan espiritual y excepcionalmente complejo, alberga muchas causas que lo pueden llevar a grandes desacuerdos. Una de esas causas puede ser la fricción crónica de dos personalidades distintas. Aunque es verdad que "los polos opuestos se atraen", a veces son esas mismas diferencias que inicialmente atrajo el uno al otro lo que provocan su separación.

Una vez conocí a una mujer que era chispeante y vivaz a quien le encantaba hablar. Ella llegó a conocer a un hombre fuerte y callado. ¡Era perfecto! Había encontrado a alguien que podía escucharla por horas y horas. Él, por el otro lado, se sentía feliz de no tener que hablar con nadie. Habían pasado veinticinco años cuando llegaron en busca de ayuda.

"¡Jamás habla!" ella se quejó. "Se queda sentado sin decir nada. Nunca sé lo que está pensando o cómo se siente", dijo con angustia.

"¡Ella no se calla nunca!" él interpuso. Siguió diciendo: "¡Habla de cualquier cosa! Jamás tenemos un momento de paz".

La misma cosa que los atrajo al principio, ahora, amenazaba con destruir su matrimonio.

Otra causa del desánimo en el matrimonio es cuando el amor emocional va disminuyendo. La mayoría de las parejas se sorprenden al darse cuenta de que la euforia inicial del amor romántico se va menguando con el tiempo. Cuando eran jóvenes, observaron lo que les sucedía a sus padres y a otros matrimonios más veteranos y juraron, en su idealismo, que jamás les sucedería lo mismo. Pero sí sucede, y por buena razón: *"por haberse multiplicado la maldad, el amor de muchos se enfriará"* (Mateo 24:12). La naturaleza pecaminosa del hombre y la naturaleza débil de la carne producen un desgaste constante en la mejor de las relaciones.

Otras causas incluyen tensiones económicas, problemas con los suegros y diferencias de filosofías acerca de la crianza de sus hijos. Suma a esto la tensión repetida en el ajuste sexual y la falta de comunicación entre ellos, y uno comienza a comprender porqué fracasan los matrimonios. Cuando las cosas menos obvias, pero poderosamente influyentes, como la frialdad espiritual y la guerra espiritual se agregan a las otras, uno lo comprende mejor.

Por muchas razones los matrimonios pierden la esperanza de alguna mejora en el futuro. En más de treinta años de dedicar mi vida a la consejería matrimonial, he visto incontables parejas que se encuentran sin ánimo para seguir. Aquí en Moorehead Manor, cientos de personas han llegado buscando soluciones a sus problemas. La mayoría matrimoniales. Casi sin excepción, ellos habían perdido la esperanza de poder vencer a los obstáculos.

La pregunta de cierta mujer consternada refleja el temor de muchos. "¿Hay esperanza para nuestro matrimonio?" suplicó. Quizás te sientes como ella. Posiblemente has albergado la misma incógnita en tu propio corazón. Si te sientes así, no estás solo. *"No os ha sobrevenido ninguna tentación que no sea humana"* (1 Corintios 10:13). El carácter común de los problemas de la vida y la solución que Cristo ofrece, se notan a menudo en la Biblia. En una ocasión, Jesús estaba ante una multitud en su pueblo de Nazaret cuando habló de la profecía de Isaías 61:1-2:

> *"El Espíritu del Señor está sobre mí, por cuanto me ha ungido para dar buenas nuevas a los pobres; me ha enviado a sanar a los quebrantados de corazón; a pregonar libertad a los cautivos, y vista a los ciegos; a poner en libertad a los oprimidos; a predicar el año agradable del Señor"(Lucas 4:18-19).*

En una declaración concisa y sin embargo dramática, nuestro Señor describió las cargas pesadas de la humanidad. Cargas semejantes fastidian la vida y afectan nuestras relaciones con Dios y con nuestros semejantes. Aquellas experiencias amargas, que todos tenemos, afectan al matrimonio, también.

EL MATRIMONIO "POBRE"

Un matrimonio malo es uno que se ha empobrecido *"en espíritu"*. Es un matrimonio que está luchando porque no tiene esperanza. Puede ser que te encuentres en un matrimonio que se caracteriza por la desesperanza espiritual. Antes estabas lleno de esperanza y de fe, pero tus recursos se agotaron y ahora no puedes ver el futuro con claridad. Hace mucho dejaste de ser consciente del poder de la fe y te encuentras atrapado en un hoyo en el piensas solamente en el problema. El temor ha desplazado tu fe. Antes tenías una fe grande en Dios, la cual dirigía tu futuro y guardaba tu unión matrimonial. Pero ahora sientes que tu fe se ha perdido y te parece que Dios te ha fallado. Antes, tu devoción era el lazo que los unía, pero ahora es solamente el sentido del deber lo que los une. Estos son indicadores de que tu esperanza se ha agotado. Realmente eres pobre en espíritu. La desesperanza es común al hombre y común a los matrimonios. Pero Cristo vino para *"dar [te] las buenas nuevas"*. ¡Hay esperanza!

A menudo abro una semana de consejería para parejas con palabras de esperanza. Les digo: "Aunque tu fe sea débil y tu esperanza esté casi agotada, no hay problema. Puedes apoyarte en mi fe si es necesario. ¡Mi fe es fuerte y mi esperanza firme! ¡He visto a Dios hacer grandes cambios en muchos matrimonios heridos! Por tanto no dudo que Dios lo hará por ti, también. Puede llegar el momento en que yo tenga que apoyarme en tu fe, pero, por ahora, tú puedes apoyarte en la mía".

Es bueno, ¿no es cierto?, que podamos *"llevar los unos las cargas de los otros"*. Pero es mucho mejor apoyarse en la fe de Cristo. Cuando Él oró por Pedro para que su *"fe no falte"* (Lucas 22:32), también oraba por ti. Es cierto. Antes de casarte, y aun antes de que nacieras, Él oraba por ti. En una ocasión, después de orar por Sus discípulos, Cristo siguió diciendo: *"Mas no ruego solamente por éstos, sino también por los que han de creer en mí por la palabra de ellos"* (Juan 17:20). Él estaba mirando el futuro, al momento cuando tú y tu cónyuge creerían en Él y oró específicamente para que sus corazones se unieran: *"para que sean uno"* (vs. 22). Así como el Hijo y el Padre son uno, Cristo oró para que tú y tu cónyuge fueran uno.

¿Cómo describe uno la unión espiritual y mística que existe entre el Padre y el Hijo? Son dos entidades distintas y sin embargo maravillosamente unidas e inseparables. Esta fusión de personas es, de veras, un misterio. Y aunque uno no lo pueda comprender del todo, puede alegrarse sabiendo que Cristo oró por el matrimonio cristiano para que pudiera gozar de la intimidad y unidad semejantes a la relación que existe entre el Padre y su Hijo.

Casi puedo escuchar al escéptico: "Si esto sea verdad, ¿por qué no ha habido un cambio en mi matrimonio?" Puede haber varias razones por las cuales se tarda en llegar. Primero, la respuesta de Dios puede demorarse por interferencia demoniaca. En Daniel capítulo 10, Daniel oró, y un mensajero celestial le trajo la respuesta. ¡Pero Satanás detuvo a ese mensajero por tres semanas! Mientras tanto, Daniel pasó una agonía espiritual fuerte. Sin embargo, perseveró, y finalmente recibió la respuesta.

La razón de no ver cambios en el matrimonio, también puede ser por el pecado de resistir la voluntad de Dios. En algunos casos, la respuesta es obvia; pero uno se niega a recibirla. Un ejemplo bíblico es cuando los hebreos rehusaron entrar en la Tierra Prometida. En cambio, prefirieron creer las mentiras de los espías incrédulos y perdieron la bendición que Dios había preparado para ellos (Números 13-14). Posiblemente las bendiciones que Dios quiere para tu matrimonio no las disfrutas porque no se las pides. La Tierra Prometida está allí, esperándote, pero primero debes creer que Dios es más grande que los gigantes y que comer las uvas de Escol es mejor que cocinar sobre la hoguera en el desierto.

La demora de tu liberación puede deberse a que tu vida está arraigada en "las *tradiciones de los hombres, conforme a los rudimentos del mundo, y no según Cristo*" (Colosenses 2:8). Los amigos y el mundo ofrecen muchos consejos y muchas opiniones que no son espirituales. Tales cosas perjudican o, literalmente, atan al creyente. Los consejos que dicen: "está bien enojarse", o "es culpa de tu cónyuge", o incluso, "simplemente tienes que alejarte de esto y comenzar de nuevo" no son de Dios sino del diablo y del mundo.

Si te has estado preguntando dónde está tu alivio y cuándo llegará la respuesta, y has comenzado a cuestionar a Dios, tu falta de alivio puede tener más que ver con tu entendimiento del tiempo que del Suyo. Hay dos elementos para la completa voluntad de Dios: dirección y tiempo. Equiparar las dos es necio, si no peligroso, y es ciertamente frustrante. Hasta que haya una unión entre la dirección de Dios y el tiempo, Su voluntad no está completa. Una pareja joven está enamorada y ha determinado que la voluntad de Dios es que se casen. Ellos asumen eso porque se van a casar de todas formas, ¡por qué no ahora! Tienen dieciséis años, todavía no se han graduado del bachillerato, no tienen trabajo ni habilidades comerciales, pero insisten que es la voluntad de Dios. Han cometido el error de equiparar la dirección de Dios con el tiempo de Dios.

La armonía matrimonial es obviamente la voluntad de Dios para cada pareja, pero eso no significa que automáticamente vendrá de la manera y a la hora que ellos quisieran. Mi esposa Sandra y yo hemos estado casados *felizmente* por veintisiete años. (La verdad es que hemos estado *casados* por más de treinta y cinco años.) Por supuesto que con esto estoy bromeando para ilustrar un punto. Dentro de la voluntad y el tiempo de Dios, a este esposo (cabeza dura como soy) le tomó tiempo rendirse al Señor. Era la voluntad de Dios que nos casáramos, pero el Señor sabía que le llevaría bastante tiempo prepararme para recibir las bendiciones matrimoniales que disfruto hoy.

Sí, Cristo oró por tu unión, a pesar de tu frustración por la demora, Él sigue orando. Aun ahora está intercediendo por ti en tu pobreza y necesidad. Tu fe no es tan importante como Su fe, y Su fe es abundante para ti. Hay esperanza.

El Matrimonio "Quebrantado de Corazón"

En un matrimonio quebrantado se sienten desanimados y desesperados. Sufre de depresión crónica. Quizás tú has llegado al punto del fatalismo, pensando que la miseria y la infelicidad son tu destino inevitable. No es raro recibir en mi oficina a parejas cuyo propósito es determinar si realmente deben seguir casados o no.

En una ocasión, cuando saludé a unos esposos que habían venido para recibir consejos, sus primeras palabras fueron: "¡Si esta semana no funciona, nos divorciaremos!" Ellos habían perdido toda esperanza. Pero cuando oré por ellos y pedí que Dios diera el agua viva de Cristo a sus almas sedientas, una transformación asombrosa ocurrió. Después de la primera sesión, en la cual se pusieron de espaldas y expresaron su ira, comencé a ver que se ablandaba aquella frustración e ira que cargaban. Al cuarto día de consejería, los vi por la ventana, paseando juntos. Estábamos en otoño y los rayos del sol hacían resaltar el tono vivo, anaranjado, de los robles. La senda tenía un arco de ramas que formaban una catedral de luz con el cielo celeste en el fondo. Mientras iban caminando, ella tomó su mano. El hombre, en cambio, extendió su brazo para abrazarla. También la vi apoyando su cabeza sobre su hombro, y yo lloré. Estaba presenciando la sanidad de dos personas quebrantadas.

Una mujer me confesó una vez que sentía que su matrimonio era un castigo de Dios por la promiscuidad de su juventud. No me sorprendió que ella luchara con una depresión debilitante y crónica. La de ella era de verdad una unión quebrantada.

Es por estos matrimonios que Cristo vino con la meta compasiva de: *"sanar a los quebrantados de corazón,"* y Él te sanará a ti también. ¡Hay esperanza!

El Matrimonio "Cautivo"

Una persona cautiva es aquella que está atada por el pecado. En este caso, uno o los dos cónyuges están bajo el control de hábitos pecaminosos, como la perversión sensual o la auto-gratificación. Cada vez aconsejo más parejas cuyos matrimonios casi se han destruido por alguna clase de inmoralidad. Nuestro maravilloso Señor vino para traer libertad a aquellos esclavos del pecado. Si Satanás te ha atrapado con hábitos desordenados, Cristo romperá tus cadenas.

Una triste pareja herida vino a mí después de descubrir la infidelidad del esposo. Sus adulterios crónicos habían sido descubiertos recientemente, y el matrimonio estaban a punto de divorciarse. El hombre se humilló ante Dios y se arrepintió de sus pecados. Dios echó el bálsamo de la sanidad sobre una herida horrible con resultados milagrosos. Ocho años después, esta pareja vino a escucharme predicar. Durante la cena, la esposa tomó la mano de su marido y con lágrimas de gozo dijo: "Jamás hemos estado tan enamorados. ¡Nos sentimos como unos novios jóvenes!" Dios en verdad puede librar a los cautivos. ¡Hay esperanza!

El Matrimonio "Ciego"

La ceguera siempre ha llevado una connotación de oscuridad y perdición. La ceguera espiritual es peor que la ceguera física de muchas maneras. A Helen Keller se le preguntó una vez si había algo peor que ser ciega. "Sí", contestó ella, "tener vista y no tener visión." Cuando la visión de una pareja se pierde, es terrible. Me refiero a la pérdida de la visión del poder de Dios para salvar.

Eliseo el profeta estaba atrapado por un enorme ejercito en Dotán (II Reyes 6:14-23). Su criado descubrió esta situación durante una caminata temprana por la mañana. Mirando la multitud de caballos y carros dijo: "*¡Ah, señor mío! ¿Qué haremos?*" Eliseo vio lo que no veía su criado. "*No tengas miedo,*" le dijo, "*porque más son los que están con nosotros que los que están con ellos*". Él veía ayuda donde el criado solamente veía desesperanza. Dios en Su bondad parece siempre tener a alguien con visión para aquellos que no la tienen. Eso son los visionarios que tienen una carga para que los ciegos vean. Eliseo oró por su fiel criado: "*Te ruego, oh Jehová, que abras sus ojos para que vea*". Su oración fue contestada con resultados milagrosos: "*Entonces Jehová abrió los ojos del criado, y miró; y he aquí que el monte estaba lleno de gente de a caballo, y de carros de fuego alrededor de Eliseo*" (vs. 17). ¡Las huestes celestiales superaban en número al enemigo terrenal, y habían estado ahí todo el tiempo! El criado no vio su liberación hasta que Dios le abrió los ojos.

La voluntad de Dios para los ciegos es darles*"vista a los ciegos"*. Él abrirá tus ojos. Hay socorro disponible de lo alto. "*¡Las montanas están llenas de ellos!*" Dios quiere que digas: "*Alzaré mis ojos a los montes; ¿De dónde vendrá mi socorro?*" (Salmo 121:1). La falta de visión no es una condición permanente. La renovación de tu visión está a tu alcance por medio de la oración. ¡Hay esperanza!

El Matrimonio "Oprimido"

Los oprimidos son aquellos que han sido abatidos tan persistentemente que el dolor no se va nunca. Es el resultado de conflictos perpetuos. Un matrimonio en este estado es uno en el cual las luchas son tan extensas y tan difíciles que la esperanza va muriéndose a gotas. Un solo golpe al cuerpo no puede magullarlo, pero golpes continuos en el mismo lugar, no solamente magullan, sino que cada golpe ahonda más en la carne.

Cuando era niño me encontré en el patio de recreo con un abusón al que le encantaba mostrar su superioridad física a cualquier tonto que le desafiara. Tan pronto le hice frente, me agarró de la cabeza y me dijo que debía gritar: "Tío" antes de soltarme. Yo estaba determinado a zafarme, y por mi terquedad y mi orgullo no quise darme por vencido y luché por librarme. Esto solo hizo que me apretara más fuertemente y que clavara su brazo huesudo más profundamente en mi cuello. Podía sentir una sensación de ardor e irritación persistente por la fricción de su castigo diabólico. Lo que comenzó como una irritación, terminó como una magulladura. Yo necesitaba ser liberado.

En la Biblia, había una mujer que tuvo un problema de sangre (Lucas 8). Ella aguantó su condición por doce largos años y gastó en vano todo su dinero en doctores. Un día maravilloso, ella solamente tenía que tocar el borde del manto del Gran Médico, Jesús, para encontrar la sanidad. Así como incontables personas que han buscado a Cristo para su liberación, ella fue sanada inmediatamente.

Numerosas personas han llegado al Manor diagnosticadas con alguna "dolencia" permanente. Han gastado miles de dólares en terapias y medicamentos sin experimentar ningún cambio. Algunos han sido encerrados en instituciones mentales. A muchos de ellos hemos visto encontrar la libertad completa que solamente Cristo puede dar.

Me acuerdo de una pareja que había pasado incontables horas de terapia, la cual había tenido poco efecto. Desesperadamente, esta pareja acudió a mí. Observé su ira y sus palabras de amargura, entonces les anuncié: "Sé cuál es el problema". Ellos eran incrédulos.

Dijeron: "¿Sabes cuál es el problema? Nosotros hemos gastado una fortuna en medicinas, hemos visto a los mejores psiquiatras y ellos nos han dicho que no hay esperanza. ¿Y tú ya sabes cuál es nuestro problema?"

"Sí", les respondí. "Me gustaría que leyeran un pasaje de las Escrituras en voz alta".

Y les pedí abrir sus Biblias a Proverbios 13:10 que dice: *"Ciertamente la soberbia concebirá contienda; mas con los avisados está la sabiduría".* Dios les abrió los ojos y experimentaron reconciliación y encontraron esperanza para el futuro. ¿Por qué? Porque se había traducido el diagnóstico psicológico en términos bíblicos fáciles de entender. Allí encontraron esperanza. La "soberbia" tiene una solución bíblica, pero los psicólogos hablan de cosas como el "Trastorno de Personalidad Evasiva", el "Trastorno de Ansiedad Social", el "Trastorno de Control de Impulsos", y otras frases semejantes, pero no ofrecen soluciones. La única esperanza que ellos les habían ofrecido era la de sobrellevar el problema mediante terapia continua y drogas que alteran la mente. Por fin, esta pareja pudo disfrutar de un diagnóstico bíblico y con él, una sanidad bíblica.

La psicología, con sus 250 sistemas diferentes de enfoque y sus 10.000 técnicas contradictorias, destaca por describir el problema. El Manual de Diagnóstico Estadístico (DSM por sus siglas en inglés) de la Asociación Americana de Psiquiatría ofrece más de 400 rótulos, trastornos y categorías de problemas humanos. La mayoría de ellos tienen múltiples subtítulos y muchas descripciones detalladas. Por esta razón, el DSM parece ser una autoridad con base científica. Puede destacar por describir los problemas, pero la psicología es inútil para esclarecerlos e incapaz de curarlos. Los mandatos de la Biblia son superiores en explicar los problemas y ofrecen un camino acertado para resolverlos.

Esta pareja había permitido que terapeutas seculares definieran su condición, que los rotularan arbitrariamente con varios trastornos y que controlaran su régimen de terapia. El resultado fue distraerlos de una esperanza espiritual que se encontraba en la Santa Biblia. (Aparentemente, algunos bien intencionados, pero equivocados psicólogos, tienen un "Trastorno de Rotulación Mesiánico Pseudo-científico".) Yo simplemente permito que la Palabra de Dios, la cual *"discierne los pensamientos y las intenciones del corazón"* (Hebreos 4:12), haga su trabajo. ¡Y lo hace! Cuando parejas cristianas dejan de justificar su pecado con el lenguaje del mundo y comienzan a juzgar su pecado con el lenguaje de la Palabra, la sanidad puede comenzar.

Muchos matrimonios con luchas crónicas y fracasos repetidos han experimentado una crisis similar. Aunque ellos no hayan sido rotulados por un psicólogo, pueden haber sido condenados por el "acusador" y quedan convencidos por su propio espíritu herido de que la esperanza es inalcanzable. Pero como la mujer con el problema de sangre, ellos solamente tienen que tocar el borde del manto del Gran Médico para hallar sanidad y liberación.

Cuando Cristo habló de las necesidades de los pobres, de los quebrantados de corazón y de los cautivos, estaba anunciando Su propósito de resolver estos problemas. Cuando también incluyó a los ciegos y a los oprimidos, estaba ampliando el contexto para incluir a toda la humanidad e ilustrando que estas luchas tienen una solución en común en la Persona de Cristo.

Una pregunta importante en la mente de muchos es: "¿Soy normal?" Debes saber que otros comprenden y han experimentado lo mismo que tú estás pasando. Déjame asegurarte que tú eres normal. No hay experiencia que *"no sea humana"*. Sé que existe la tentación de pensar que de alguna manera eres el único, que nadie en el mundo puede comprender tu sufrimiento y que nadie ha sufrido como tú has tenido que sufrir. Pero ten la seguridad, querido amigo, de que hay miles de personas como tú, pasando por el mismo valle y las mismas luchas. Parece dolorosamente solitario este camino en el cual te encuentras porque cuando pones la vista en el horizonte, no ves a nadie. Al mirar hacia atrás, no encuentras a otra alma caminando contigo. Pero si miras hacia abajo, verás incontables pisadas de numerosos peregrinos que han pasado por este mismo camino antes de ti.

Más importante, si tu tentación es "*humana*" el Señor Jesucristo también la ha experimentado. "*El mismo padeció siendo tentado*" como nosotros. En Su humanidad, Él voluntariamente participó de tus luchas: "*Por lo cual debía ser en todo semejante a sus hermanos, para venir a ser misericordioso y fiel sumo sacerdote en lo que a Dios se refiere, para expiar los pecados del pueblo. Pues en cuanto él mismo padeció siendo tentado, es poderoso para socorrer a los que son tentados*" (Hebreos 2:17-18). Como resultado, Él puede "*compadecerse de nuestras debilidades*". Las Escrituras nos exhortan a que nos acerquemos ", *pues, confiadamente al trono de la gracia, para alcanzar misericordia y hallar gracia para el oportuno socorro*" (Hebreos 4:15-16). Hay esperanza porque Cristo enfrentó nuestra tentación antes que nosotros y ha conquistado la muerte y el pecado. Sabemos que "*Cristo en vosotros, la esperanza de gloria*" es una promesa del Señor (Colosenses 1:27). Por esta razón, "*somos más que vencedores por medio de aquel que nos amó*" (Romanos 8:37).

Después de predicar una serie de mensajes sobre el matrimonio en un retiro en el campo, se me acercó un verdadero campesino (un hombre enorme). Estaba vestido con un pantalón de peto con camiseta, tenía una gorra de béisbol bien gastada y una barba de dos o tres días cubriendo su cara. Lo más notable de él, sin embargo, era la bola de tabaco que masticaba, haciendo que una mejilla se le abultara y le saliera un pequeño y oscuro hilo de saliva por un lado de su boca.

"Reverendo", comenzó, "me gustó su charla y todo, pero tengo un problema con lo que ha esta'o diciendo".

Marcó sus palabras escupiendo una cantidad impresionante de tabaco y saliva a mis pies y usando su mano para limpiar lo que le quedaba en su barbilla.

"Hace cuarenta y cuatro años que estoy casa'o", dijo. (Me distraje por el movimiento del bulto en su mejilla y estaba nervioso, esperando recibir otra ofrenda de tabaco.)

"Y si hay algo que he aprendí'o", (¡Juac! Otro depósito a mis pies.), "es que tú no puedes revivir lo que no tiene vida". (¡Juac!)

Me sentí algo decepcionado por su punto de vista, y más, después de ocho sesiones estimulantes sobre el poder de Dios para avivar el matrimonio. Además, nunca antes había oído una reseña tan pintoresca de mi predicación, y me costó un poco poder responder.

Pero una vez que aclaré mis pensamientos, le dije: "Tienes una percepción interesante; ¡sin embargo, Lázaro no estaría de acuerdo contigo! ¡Tampoco la hija de Jairo, el hijo de la viuda ni siquiera el mismo Señor Jesús! ¡De hecho," continué, "el Señor se destaca en hacer esto mismo! Él se especializa en revivir lo que no tiene vida."

Este hombre había cedido a la tentación común de cuestionar el poder de Dios para librar de un decepcionante matrimonio en virtud de sus propias experiencias dolorosas y la frustración de estar en una rutina matrimonial. Un predicador del campo una vez me definió "rutina" como "una tumba con los dos extremos expulsados." Cuando una persona vive en tal tumba por cuarenta y cuatro años, puede ser verdaderamente desalentador.

Los ingredientes en un matrimonio estancado son muchos y variados. Los síntomas incluyen pobreza de espíritu, quebranto de corazón, fracaso en relaciones, esclavitud del pecado, ceguera espiritual y un espíritu herido y machacado. Pero nuestro asombroso Señor venció cada uno de estos con tierno amor y cuidadosa atención al detalle. ¿Es pobre tu matrimonio? Cristo te predica las "buenas nuevas". ¿Está quebrantado tu corazón? Cristo te sanará. ¿Estás cautivo? Cristo te ofrece liberación. ¿Estás ciego? Jesús te dará vista. ¿Está oprimido tu matrimonio? Cristo lo pondrá en libertad.

¡Nuestro Dios provee el poder sobrenatural para garantizar tu esperanza! Es la "*supereminente grandeza de su poder para con nosotros los que creemos, según la operación del poder de su fuerza, la cual operó en Cristo, resucitándole de los muertos*" (Efesios 1:19-20).

¡Aquel mismo poder que levantó a nuestro Señor de la muerte estará obrando en tu matrimonio! Como Jesús se levantó de la tumba al tercer día, tu matrimonio podrá volver a tener vida abundante con la esperanza puesta en Él. ¡Espera en Dios, y El lo hará! Dios *puede* revivir lo que no está vivo. ¡Hay esperanza!

2

El Camino Bíblico a la Victoria Matrimonial

"Pero gracias a Dios, que aunque erais esclavos del pecado, habéis obedecido de corazón a aquella forma de doctrina a la cual fuisteis entregados"
(Romanos 6:17).

Una de las causas más comunes del fracaso en el matrimonio es la frustración de expectativas irracionales. La Biblia dice: *"La esperanza que se demora es tormento del corazón"* (Proverbios 13:12). La "esperanza" a que se refiere aquí, es la espera de algo bueno o de alguna meta idealizada. Cuando este ideal o meta se demora o no se realiza, el corazón sufrirá "tormento". En el hebreo, la palabra "tormento" significa "depresión".

Cuando un hijo no responde a las expectativas de sus padres, todos experimentan desánimo y depresión. Cuando uno pierde su trabajo, se muere un ser querido o no se materializa una promoción anticipada, el corazón sufre por la pérdida o la falta de no lograr sus metas. En cada caso todos sufren depresión.

Parejas jóvenes e idealistas raramente se quedan quietas suficiente tiempo antes de casarse para considerar los desafíos y las demandas del matrimonio. De hecho, no solamente no consideran el beneficio de esperar, sino que les molesta que otros matrimonios más veteranos traten de avisarles de lo que pueda suceder en la vida real. Sus emociones de amor ciegan sus ojos para no ver el valor de contar el costo antes de edificar la torre. El idealismo les hace afirmar con una seguridad optimista que su matrimonio será diferente a todos los demás. ¡Más del 78 por ciento de ellos declara enfáticamente que jamás se divorciará!

Otra razón por no querer oír información negativa acerca del matrimonio es que la mayoría de las parejas funda sus expectativas idealistas en cuentos de hadas, novelas y películas románticas, y canciones de amor. Se creen practicantes experimentados en lo que concierne al amor por sus numerosas experiencias amorosas, y suponen que la razón por la cual los sentimientos no duraron en sus relaciones anteriores es porque la persona no era la correcta. Pero de pronto encuentran a la persona perfecta y están absolutamente seguros de que ese amor solamente puede hacerse más fuerte al estar casados. Ellos esperan que el matrimonio resuelva todos sus problemas.

La esperanza es algo bueno si proviene de la fuente correcta. Cuando las expectativas están basadas en la Santa Biblia y Sus promesas, siempre se logran. David nos dice "espera en Dios" (Salmo 42), porque él mismo lo había aprendido: *"Alma mía, en Dios solamente reposa, porque de él es mi esperanza"* (Salmo 62:5). David había aprendido la lección valiosa de esperar firmemente en la fidelidad y poder de Dios.

Uno de los grandes valores de recibir consejos prematrimoniales es poder alinear las expectativas con lo que nos manda Dios. La felicidad de un matrimonio es directamente proporcional al grado de preparación que haya recibido antes de casarse. Un estudio hecho con 4.500 graduados de la Fuerza Aérea de los E.E.U.U. de América, quienes habían estado casados por un periodo relativamente largo, dio unos resultados sorprendentes. ¡El nivel de divorcio entre los cadetes era de solo .004 por ciento![1] Comparándose con el nivel típico de divorcio de casi el 50 por ciento entre matrimonios nuevos de la población en general, esta noticia proveyó un marcado contraste. ¿Cómo fue esto posible? La respuesta es sorprendentemente simple. Después de graduarse, las parejas de novios de la fuerza aérea fueron matriculadas en un curso prematrimonial de catorce sesiones. Doctores, abogados, consejeros financieros y pastores enseñaron las clases. Incluyeron temas sobre áreas de problemas potenciales, haciendo que mucho entusiasmo fofo fuera reemplazado con la dura realidad. Las parejas jóvenes fueron advertidas de potenciales áreas de peligro y luego equipadas con información para poder bregar con ellas.

He aconsejado a muchas parejas cristianas en el último cuarto de siglo y he encontrado que la mayoría de ellas no había recibido ninguna preparación. Esto puede ser en parte porque solo el 35 por ciento de los pastores de toda la nación exige que una pareja comprometida reciba consejos prematrimoniales, aunque el 90 por ciento de los jóvenes dice que lo desean.

Formalmente he encuestado a más de cuatro mil cónyuges en mis conferencias matrimoniales. He encontrado que solamente el 5 por ciento de ellos había recibido alguna orientación prematrimonial. En una reunión de doscientos adultos casados, ni uno de ellos había recibido algún consejo o alguna enseñanza sobre el matrimonio antes de atar el nudo.

Cuando las expectativas mal concebidas no se tratan antes de la boda, ellas pueden provocar problemas serios después. Una de estas, de acuerdo a Richard Exley, es la presencia de expectativas exageradas. El dice: "Es pequeño el paso desde una expectativa a una demanda, y de la demanda al abuso."[2] No es ningún secreto que una de las expectativas más comunes del amor juvenil es que "el matrimonio le haga feliz y llene sus expectativas". La felicidad y la satisfacción son comunes en la relación de una pareja antes de casarse. Ellas suponen que las expresiones del primer amor continuarán después de la boda. ¡De hecho, algunos creen que no solamente seguirán, sino que se mejorarán más y más! Las expectativas egoístas pueden convertirse fácilmente en una mentalidad egocéntrica que demande que su cónyuge satisfaga todos sus deseos y demandas. Como un niño mal criado que está acostumbrado a que le den lo que quiere, el adulto que se ha mimado con gratificación emocional sin límites antes del matrimonio, cuando casado, creerá que tiene más "derecho" aún.

Lo ideal sería que estas metas sean discutidas durante el noviazgo, o aun antes, aunque siempre existe la esperanza de poder corregirse después. Si uno es un cristiano, el Espíritu de Dios da el poder para conformarse a la regla e imagen de Cristo. Con el Señor, el pasado queda perdonado, y el mañana traerá nueva esperanza. El apóstol Pablo se regocijó de ver el poder transformador de abrazar "la doctrina" de Dios y cómo esta decisión cambió a los romanos paganos en verdaderos cristianos, diciendo: *"Pero gracias a Dios, que aunque erais esclavos del pecado, habéis obedecido de corazón a aquella forma de doctrina a la cual fuisteis entregados"* (Romanos. 6:17).

Al leer esto, tú podrás sentir escepticismo e incredulidad porque realmente no crees que tu matrimonio pueda cambiar. Muchas veces trataste de cambiar, pero te has desilusionado tanto que comenzaste a preguntarte si podría ser posible. Si hay algo que te puedo ofrecer, es que ¡el cambio es posible!

Me crié en una granja. Cuando fui por primera vez a una feria local, no estaba acostumbrado a ese tipo de extravagancias y quedé totalmente impresionado con lo que veía y oía. Imagínate la emoción de ver por primera vez un elefante vivo. Era un monstruo gigante, mucho más grande que su entrenador y ¡más grande que el enorme granero donde mi papá guardaba el maíz! Sin embargo, yo estaba desconcertado al ver que su única restricción era una cuerda pequeña atada a una estaca en el suelo. ¡Podría escaparse con todo y estaca si hubiera querido! Me impactó que no lo hiciera, y con buena razón.

Cuando era un elefantito, sus entrenadores solían atarlo al tronco de un árbol con una cadena en su patita. La primera vez que trató de escapar, corrió a toda velocidad y cayó estrepitosamente de barriga cuando se le terminó la cadena. Lloró un poco, hizo unos pasos para atrás, y probó de nuevo, para caerse nuevamente. Repitió este proceso varias veces hasta que su cerebro de chorlito se dio cuenta de que no podía escapar. Por lo tanto, sus entrenadores solamente necesitaban una cuerda liviana y una estaca pequeña para sujetar a un animal tan grande. El elefante había sido acondicionado a someterse a su cautividad.

Como el elefantito, muchos matrimonios también están acondicionados a la derrota. Una vez fallaron e intentaron corregirlo. Entonces fracasaron nuevamente. Cada vez que fracasaron, se estaban acondicionando a creer que no había esperanza. Por fin se entregan a una mentalidad de derrotismo y desesperanza. Como el divorcio no es una opción ni tampoco una solución a sus problemas, eligen la guerra fría. El hogar llega a ser una mera casa, una zona desmilitarizada donde la coexistencia miserable llega a ser la norma de sus vidas.

Una vez conocí a una pareja que no se llevaba bien. No querían divorciarse por convicción religiosa, pero su coexistencia se llenaba de sinsabores cada día. Finalmente hicieron un acuerdo de tregua. El hombre se mudó a un dormitorio separado en un rincón remoto de la casa, y se pusieron de acuerdo de no verse ni hablarse más. Hubo dos excepciones notables: las cenas de Navidad y del Día de Acción de Gracias. Hicieron esto por causa de los hijos. ¡Qué reuniones tan deprimentes habrían sido esas! Ellos estaban casados, pero aun viviendo bajo el mismo techo, estaban divorciados. No estaban divorciados geográficamente porque vivían juntos; sino que estaban divorciados emocionalmente. Tristemente, muchas parejas comparten algún arreglo semejante. No siempre formalizan un acuerdo como mis amigos; pero de igual manera, tienen uno.

¡Esto no tiene que ser así! *"Todo lo puedo en Cristo que me fortalece"* (Filipenses 4:13). A veces se ve al diablo como invencible, pero *"mayor es el que está en vosotros, que el que está en el mundo"* (I Juan 4:4). La derrota no es una opción porque *"esta es la victoria que ha vencido al mundo, nuestra fe"* (I Juan 5:4). En Cristo, tú *puedes* cambiar; tu matrimonio puede cambiar y tu futuro puede cambiar.

El Tiempo Para la Victoria

La victoria sin duda tomará tiempo, pero sucederá. No cometas el error de suponer que habrá un cambio rápido para un problema que ha durado mucho tiempo. Los hábitos toman tiempo para sanar, y las heridas que ahondó una relación de controversia no se sanarán de un día para otro. Jay Adams, un consejero y autor cristiano, estima que un cambio duradero tomará, por lo menos, cuarenta días o aproximadamente seis semanas para realizarse.[3] Volver al altar llorando o resolver tenazmente que va a cambiar, no será suficiente en sí. Puede ser un buen comienzo, pero hace falta poner las decisiones en práctica. Una vez que tomas la decisión de aplicar una verdad bíblica a tu matrimonio, significará, por lo menos, cuarenta días de oración y esfuerzo juntos para lograr vivir esa verdad y para reemplazar la mentira con la nueva manera de pensar. Con el tiempo, llegará a ser tan habitual como lo era la vieja manera de vivir. Esto lleva por lo menos cuarenta días. En algunos casos, puede tomar más tiempo.

Vivimos en el día de lo instantáneo. Cada problema en las telenovelas se resuelve en una hora. Se encuentra la respuesta a cada pregunta en segundos en la red de tu ordenador. Somos personas impacientes que quieren todo ahora. No hay una fórmula para hacer un matrimonio feliz. No es algo donde le agregas agua y lo mezclas. Toma tiempo. Muchas personas no entienden la importancia de dedicar tiempo al cultivo de un matrimonio sano.

El crecimiento espiritual, sea en tu vida personal o en tus relaciones, no es rápido ni fácil. No hay botones para empujar, ni palancas para mover las cuales puedan garantizar un cambio positivo. No hay una píldora sana-lo-todo que podamos tomar, ni un "Padre Nuestro" para rezar, ni una solución fácil como en los cuentos de hadas.

El crecimiento espiritual es lento, pero seguro. Va a suceder porque es una parte de los planes de Dios para ti: *"Porque yo sé los pensamientos que tengo acerca de vosotros, dice Jehová, pensamientos de paz, y no de mal, para daros el fin que esperáis"* (Jeremías 29:11). Dios te tiene en Sus pensamientos y en Su corazón. Él mira hacia delante, hacia la meta que tiene para ti, hacia el final esperado. Él está en control, y tú puedes confiar en Él. Cuando Dios los unió soberanamente en matrimonio, tuvo toda la intención de hacerlo prosperar: *"estando persuadido de esto, que el que comenzó en vosotros la buena obra, la perfeccionará hasta el día de Jesucristo"* (Filipenses 1:6). Nuestro Dios termina lo que comienza.

Él es la fuente de toda victoria que puedas desear. La pregunta es si ves a Dios como el *único* recurso para *toda* ayuda. Si no, siempre te sentirás abrumado y derrotado. Experimenté este sentimiento cuando era un joven pastor. Tomé el cargo de pastor de una iglesia dos veces más grande que la que acababa de dejar. Recuerdo cuando entré al nuevo auditorio por primera vez, pensé: "¿Como podré llevar adelante una iglesia como esta? Soy tan débil e incapaz." Comencé a hundirme en el lodo de la depresión y en pensamientos de derrota cuando, de pronto, me vino a la mente un pasaje no muy conocido de las Escrituras. Tuve que buscarlo en la concordancia para ver por mí mismo dónde estaba en la Biblia. Dice: *"Fiel es el que os llama, el cual también lo hará"* (I Tesalonicenses 5:24). Mi corazón fue animado cuando enfoqué mis pensamientos en el poder de Dios en vez de mi fragilidad personal.

La Fuente de la Victoria

Cuando Pablo escribió en Romanos 6:17: *"Gracias a Dios"*, no dijo: "gracias por los métodos", "gracias a tu niño interior", ni "gracias a tu terapeuta", sino "Gracias a Dios". No dijo "gracias a mi predicación", "gracias a mis consejos", ni "gracias a la iglesia", sino "Gracias a Dios". Todo consejero cristiano necesita aferrarse a esta verdad. Cada psicólogo y psiquiatra necesita reconocer esta realidad. Todo el que busca la verdad necesita inclinar la cabeza ante este hecho. No es la teoría, la técnica, la metodología, ni la filosofía lo que cambia a las personas; sino que ¡es Dios y solamente Dios! Dice la Biblia: *"Porque Dios es el que en vosotros produce así el querer como el hacer, por su buena voluntad"* (Filipenses 2:13). Es Dios y solamente Dios quien puede cambiar el corazón del ser humano. Dicen las Escrituras: *"Como los repartimientos de las aguas, así está el corazón del rey en la mano de Jehová; a todo lo que quiere lo inclina"* (Proverbios 21:1).

Pablo estaba asombrado de que algunos perdieron de vista esta perspectiva inicial cuando dijo: *"Estoy maravillado de que tan pronto os hayáis alejado del que os llamó por la gracia de Cristo, para seguir un evangelio diferente"* (Gálatas 1:6). En otro lugar nos desafía a nosotros a recordar que la fuente de una victoria duradera es la misma fuente de la victoria inicial. Dijo: *"estando persuadido de esto, que el que comenzó en vosotros la buena obra, la perfeccionará hasta el día de Jesucristo"* (Filipenses 1:6). Pablo cuestionó la sabiduría de comenzar bien con Cristo y luego tratar de seguir bien sin Él. Su pregunta hace eco hoy: *"¿Tan necios sois? ¿Habiendo comenzado por el Espíritu, ahora vais a acabar por la carne?"* (Gálatas 3:3).

Hoy, líderes espirituales comparten el desconcierto de Pablo, también. ¿Por qué tantas personas encuentran esperanza y ayuda en la iglesia para salvación y luego en sus matrimonios, como última opción, buscan auxilio de los de afuera de la iglesia? ¿Por qué reciben bien la Palabra de Dios para poder apartarse del pecado, pero acuden a la sabiduría de un psicólogo para dejar de pecar? ¿Por qué ven ellos al pastor de la iglesia como suficientemente sabio para apartar a los perdidos del pecado, pero sin el conocimiento de cómo vivir victorioso sobre el pecado? ¿Qué indica la perspectiva de comenzar la vida cristiana en el Espíritu y luego terminar en la carne? ¿Somos tan sofisticados los cristianos modernos que hemos dejado la simpleza de Cristo?

¿Dónde buscas ayuda, querido lector? Si buscas ayuda de alguien o algo que no sea Dios, te desilusionarás. Por otro lado, todo lo que desees se encuentra en Cristo. ¿Qué necesitas? La Biblia dice que somos *"completos en él"* (Colosenses 2:10). ¿Te hace falta? De nuevo dice: *"Nuestra competencia proviene de Dios"* (II Corintios

3:5). A pesar de lo que enseña el mundo, Cristo realmente es todo lo que necesitas.

Temo que muchas veces el gobernador de las tinieblas anda libremente por los corredores de nuestros corazones. Parece que para muchos, el demonio está completamente en control de su destino. Se consideran como solos e indefensos ante sus avances. Miran a sus fuerzas débiles y concluyen, *"esto es imposible,"* pero, hermano, recuerda que, *"para Dios todo es posible"* (Mateo 19:26). Puedes sentirte muy solo repitiendo de memoria, "solamente Jesús y yo," en el momento que se oye al intruso; pero recuerda que cerca y listo para defenderte está el León de la Tribu de Judá, el mismo Todopoderoso.

Pablo se regocijó en el poder de Dios que cambia al hombre en lo más profundo de su ser. Cuando le dio gracias a Dios por la obediencia de los creyentes romanos, estaba dando gloria al poder de Dios, no a la resolución del hombre. Es por eso que él podía decir: "Gracias a Dios".

Un Método de Victoria

Pablo identifica las tres partes del hombre que Dios cambia: el intelecto, el corazón y la voluntad.

El intelecto, o la mente, es a lo que se refiere cuando se menciona la palabra "doctrina". La doctrina o enseñanza se dirige a la mente. Desafortunadamente, la mente de muchos está cegada por Satanás y está distraída por las seducciones de las filosofías mundanas que proponen metas inalcanzables. Pablo escribe que el hombre en realidad puede tener una mente que es enemiga de Dios. Él dijo: *"vosotros también… erais… extraños y enemigos en vuestra mente"* (Colosenses 1:21). Cuando un matrimonio se edifica sobre creencias o filosofías no bíblicas, su mismo fundamento es impuro y en contra de Dios. De hecho, es raro que una pareja consciente y voluntariamente adopte tales creencias, pero pasa. Ellos llevan estos valores mundanos a su matrimonio y los convierten en el estándar de su felicidad. Pero tal intimidad con el mundo aleja a la persona de Dios. La Biblia dice: *"¿No sabéis que la amistad del mundo es enemistad contra Dios? Cualquiera, pues, que quiera ser amigo del mundo, se constituye enemigo de Dios"* (Santiago 4:4).

Ya que esto es verdad, ¿qué podemos hacer? ¿Cómo pueden el ciego y el ignorante encontrar la verdad – aquellos que están empeñados en su incredulidad? Por medio de Dios y solamente por Su poder. *"Y a vosotros también, que erais en otro tiempo extraños y enemigos en vuestra mente, haciendo malas obras, ahora os ha reconciliado"* (Colosenses 1:21). ¡Dios cambia la mente! Él transforma el intelecto.

Dios cambia el corazón, también. Como vimos antes, *"está el corazón del rey en la mano de Jehová"* (Proverbios 21:1). El corazón es el asiento de las emociones y de las convicciones profundas. Estas dos cosas son claves para cualquier matrimonio. A menos que haya un cambio enorme y se sometan a los sentimientos y las convicciones generados por Dios, será difícil que sobreviva un matrimonio, mucho menos, que prospere. ¿Cómo se realiza el cambio? ¿Por medio de cambiar los sentimientos? ¿"Enamorándose" de nuevo? ¿Firmando un contrato? Nada de eso. Se logra por medio del poder de Dios. ¡Y Dios proveerá ese poder! Él quiere involucrarse en tu vida. Tú solamente tienes que pedirle. No importa si ese cambio glorioso parezca estar fuera de tu alcance. No importa que parezca estar más allá de tus sueños inimaginables. Dios dice: *"Clama a mí, y yo te responderé, y te enseñaré cosas grandes y ocultas que tú no conoces"* (Jeremías 33:3).

Dios cambia la voluntad, también. La Biblia dice: *"Dios es el que en vosotros produce así el querer como el hacer"* (Filipenses 2:13). Esto no significa que Dios anule la voluntad, sino que Él la prepara para el cambio. Él te lleva al punto de entrega. Él hace todo lo necesario para impulsarte a tomar la decisión, y luego dice: "Ahora te toca rendirte". Él trabaja en ti para producir el *"querer"*. Él te equipa para *"hacer"* lo que sea Su buena voluntad.

Tú dices: "Pero no conoces a mi cónyuge. ¡Es la persona más obstinada que conozco! Es cerrado, de corazón duro y egoísta al extremo. ¿Podrá Dios cambiarlo?" ¿Puede Dios cambiar a un terrorista religioso y a un asesino? Él cambió a Saulo de Tarso e hizo a Pablo, el Apóstol de Jesucristo. ¿Puede cambiar Dios a un hombre poseído por cientos de demonios? Él cambió al endemoniado de Gadara. ¿Puede Dios cambiarte a ti? ¡Sí! ¿A tu cónyuge? ¡Sin duda! ¿A tu matrimonio? ¡Absolutamente! Recuerda que *"Para los hombres esto es imposible; mas para Dios todo es posible"* (Mateo 19:26).

¿Por qué Quieres Que Tu Matrimonio Cambie?

Considera estas preguntas importantes: "¿Cuál es el cambio que buscas? ¿Por qué quieres ver un cambio? ¿Esto será para darle "gracias a Dios o para sentirte mejor? ¿Es tu motivo para traerle gloria a Dios o para aliviarte de un problema personal?"

Cuando estaba pastoreando, una mujer me pidió que visitara a su esposo alejado. Ella expresó una preocupación profunda por su condición espiritual. Antes, su esposo había sido fiel a la iglesia pero ahora ni asistía. Como vivía cerca de la iglesia, decidí visitarlo de vez en cuando y gradualmente formamos una amistad. Cuando lo invité a la iglesia como mi invitado especial, se puso feliz. No me di cuenta de cuán profundamente Dios había estado trabajando en su corazón durante esas visitas. Pero aquella mañana cuando hice la invitación después del sermón, él vino corriendo al altar con lágrimas de arrepentimiento. Confesó sus pecados y volvió al Señor con más fidelidad que nunca. Me asombré de su transformación. Cuando él comenzó a servir como ujier, cantar en el coro, conducir el bus de la iglesia y salir a ganar almas, su esposa vino a verme de nuevo y me dijo: "¡Esto *no* es lo que yo quería! Yo quería un esposo, no un fanático religioso". No era la gloria de Dios lo que ella buscaba, sino su propia felicidad. Ella quería un modelo de esposo, más bondadoso y manso, no una dinamita radicalmente cambiada por Dios.

¿Qué quieres para tu cónyuge? ¿Qué deseas para tu matrimonio? Si deseas un cambio más para ti que para Dios, puede ser que estés deseando algo equivocado. Esta actitud puede afectar drásticamente tus mismas oraciones. El Señor dice: *"Pedís, y no recibís, porque pedís mal, para gastar en vuestros deleites"* (Santiago 4:3).

Tengo la costumbre de preguntar a los aconsejados por qué quieren recibir mis consejos. La respuesta más común es: "para ser feliz". Tengo que decirles: "No puedo ayudarte a ser feliz". Dios no me llamó a hacer feliz a la gente. Él me llamó a señalar el camino de la santidad. Si yo te ayudo a ser feliz sin ser santo, no te he ayudado en nada. Pero si yo te ayudo a ser santo, entonces serás feliz. Otra meta de la gente al buscar mi ayuda es para sentir un alivio liviano en vez de la paz duradera. Quieren lo instantáneo en vez de lo duradero y el cambio de su cónyuge en vez de cambiar su propia vida. Muchos tienen la expectativa de que el consejero garantice un resultado exitoso, sin tener que bregar con su responsabilidad personal en el proceso del cambio. Todos estos son indicadores de que una persona no se ha rendido del todo a los requisitos de Dios para su propia vida.

Una de las luchas más difíciles en la vida cristiana es conformarse a la voluntad de Dios, aun cuando ésta no sea lo que uno desee. Es natural que deseemos aquello que nos favorezca. Es una lucha espiritual soltar nuestro deseo y buscar solamente la gloria de Dios. Aun Cristo enfrentó esta lucha. Un vistazo a Su experiencia traumática del huerto de Getsemaní revela esto. El oró, diciendo: *"pero no se haga mi voluntad, sino la tuya"* (Lucas 22:42). Estaba pasando tal agonía que las Escrituras registran Su tristeza y que sudaba grandes gotas de sangre. Dios le mandó a un ángel para fortalecerlo. ¿Cuál fue la causa de Su lucha tan tortuosa? El Señor Jesucristo enfrentaba la agonía de estar cargado con los pecados del mundo en la cruz y de la pérdida de la comunión con Su Padre querido. Todo esto fue tan abrumador que oró: *"Padre mío, si es posible, pase de mí esta copa"* (Mateo 26:39). Tenemos una pista, solamente una, de que Cristo hubiera querido que Su Padre se conformara a Sus deseos. Pero en Su corazón sabía, y lo expresó claramente, que era más importante que Él se conformara a los deseos de Su Padre, diciendo: *"Pero no sea como yo quiero, sino como tú..."*

Si tú te encuentras enfrentando este dilema, si estás arrodillado en tu Getsemaní, tendrás que elegir: decidir hacer tu propia voluntad o someterte a la voluntad de Dios. La decisión se trata de: o querer que los deseos de Dios se conformen a tus propios deseos, o conformarse a la voluntad de tu Amado Padre Celestial.

Pablo tuvo la gloria de Dios en mente cuando escribió: *"Gracias a Dios"*. Él lo puso delante de todo cristiano que está considerando buscar un cambio en su vida o circunstancias, o aun en su matrimonio.

Cuando Pablo escribió: "Gracias a Dios", él sabía lo que estaba diciendo. Es Dios y solamente Dios quien puede cambiar nuestro corazón y nuestro hogar. Además, afirma que hacer la voluntad de Dios vale más que todo lo que pueda ofrecer el mundo o los esfuerzos de la carne. Él está allí esperándote y anhela demostrarte lo fuerte que es para ti. Cuando tú te vuelvas a Él, Él te recibirá con un amoroso: "Te he estado esperando".

Los Medios para la Victoria

Así como hay una fuente de verdad precisa en este pasaje, también hay medios de verdad bien definidos. Uno es la "doctrina", o sea, la enseñanza - en este caso, la enseñanza de las Escrituras. Ellas pueden hacer que uno sea *"sabio para la salvación"* (II Timoteo 3:15), *"a fin de que el hombre de Dios sea perfecto"* (II Timoteo 3:17), y aun hacernos *"participantes de la naturaleza divina"* (II Pedro 1:4).

Pablo no estaba contento con solamente introducir una "forma de doctrina"; sino que él aclaró que *"fuisteis entregados"*. Esto significa que alguien tuvo que hacer la entrega. Esa persona era Pablo mismo, el siervo de Dios. La verdad que cambió sus vidas no se materializó por si sola; sino que fue impartida a los romanos a través del consejo sabio y de la enseñanza sana del apóstol. Ellos se pusieron sabiamente bajo el hombre de Dios para beneficiarse de la verdad de Dios canalizada a través de él.

La pareja con problemas es sabia de veras cuando se dispone a buscar a un maestro o líder espiritual para ayudarla. *"Confesaos vuestras ofensas unos a otros, y orad unos por otros, para que seáis sanados. La oración eficaz del justo puede mucho"* (Santiago 5:16). Contrario a la idea de la confesión abierta, no conozco ningún mandato bíblico que diga que debes confesar libremente tus problemas a cualquier persona que no conozca tu conflicto, o a cualquiera que te quiera escuchar. Este pasaje, sin embargo, claramente enseña que un hombre justo con una vida de oración eficaz puede hacer mucho bien. Tu propio pastor está preparado en la Palabra, y tiene un corazón de amor para ayudarte y orará por ti y tus necesidades. Puede ser que él quiera consultar con otros profesionales para encontrar la mejor ayuda posible para ti, pero sin duda él es donde debes empezar. Él te impartirá la Palabra.

De un mar de opiniones conflictivas y cambiantes, múltiples filosofías y soluciones carnales, la Palabra de Dios surge como una isla de roca, sólida e inamovible. Ella jamás cambia con el tiempo ni se inclina ante el altar de lo políticamente correcto. Jamás se conforma a la última moda ni a la psicología moderna, la cual pasa de moda tan rápidamente como apareció. Jamás cede a los intentos del hombre de diluirla o destruirla. Por siglos, ola tras ola de ataques e intentos variados de corromperla han golpeado en su playas, pero la Palabra se mantiene firme. La Biblia fue escrita para ti. No tienes por qué ser *"[echado] de una parte a otra"* en el mar de la vida *"por todo viento de doctrina"*. (Efesios 4:11-16) Igual que incontables generaciones pasadas, tú puedes encontrar las respuestas en esta isla. Puedes encontrar un santuario de toda tormenta en el puerto de esta isla. El pastor piadoso y el consejero sabio conocen esta isla mejor que nadie. Ellos viven allí. Ellos son los mejores guías que puedas encontrar para ayudarte a explorarla y descubrir sus riquezas escondidas y su tesoro múltiple. Ellos pueden revelar la Biblia ante tus ojos y aplicarla a tu matrimonio.

El apóstol Pablo hace esto mismo. Primero, presenta la verdad y luego la explica. La predicación y los consejos bíblicos efectivamente implican la presentación y explicación de la verdad.

La presentación de la verdad es la *"forma de doctrina"* y la explicación de la verdad es aquello a que *"fuisteis entregados"*. La diferencia es significativa. La verdad puede ser presentada de varias maneras sin el impacto total de dar la explicación. Por ejemplo, tú puedes llegar a tu iglesia esta semana y oír una lectura de la Biblia grabada en una cinta, sin sermón ni lección. ¿Se habría presentado la verdad? Por supuesto. ¿Te beneficiarías del poder de la cabal predicación y sana enseñanza del mismo pasaje? Por supuesto que no. De la misma manera, tú puedes encontrar toda la ayuda que necesitas para tu matrimonio leyendo la Biblia por ti mismo. No cabe duda que las respuestas te esperan allí; pero el peregrino agobiado a menudo pasa por alto algunas verdades muy importantes. Aun si las encuentra, no siempre las entenderá. Aun si las comprende, no será fácil aplicarlas a una necesidad específica. En nuestro ministerio de aconsejar a obreros cristianos, frecuentemente tenemos el privilegio de escuchar a hombres bien preparados, los cuales son licenciados y doctores en la teología bíblica y la filosofía. Son fuertes en el conocimiento, pero muchas veces les falta saber cómo aplicar ese conocimiento para solucionar sus problemas. La explicación de la verdad es lo que necesitan.

Probablemente tienes conocimiento de la verdad bíblica. Incluso puedes tener un ministerio cristiano, activo y fructífero. Eso no significa que puedas aplicar lo que sabes a tu propia vida o matrimonio. Esta es precisamente la razón por la cual todos necesitamos la tutela de consejeros. Ellos ven la necesidad que tú no puedes ver y tienen la solución que puedes haber pasado por alto. Ellos proveen la fuerza que te hace falta cuando te aíslas y ven con la claridad necesaria para resolver tu confusión. Ellos han sido provistos por Dios para ayudarte a llevar tus cargas.

Un consejero que conoce las Escrituras presenta la verdad y luego, con consideración cuidadosa de tus necesidades, explica cómo la verdad puede liberarte. La fuente de la victoria para tu matrimonio es la Palabra de Dios, presentada y explicada por un siervo de Dios. Pero aun esto no es suficiente si tú no cooperas con el proceso.

¿Qué de ti? ¿Eres un hijo de Dios? ¿Qué papel juegas? Está claro en las Escrituras que juegas un papel muy significativo. En Romanos 6:16, Pablo comienza sus elogios de los romanos, diciendo: *"¿No sabéis que si os sometéis a alguien como esclavos para obedecerle, sois esclavos de aquel a quien obedecéis, sea del pecado para muerte, o sea de la obediencia para justicia?"* Pablo aclara: "Es tuya la decisión". Tú puedes elegir el pecado y experimentar la muerte, o puedes elegir la justicia y experimentar la vida. No se trata de solamente conseguir los mejores consejos. Ahora, tú, el aconsejado, debes decidir lo que harás y ¡puedes hacer mucho! Puedes actuar en cada uno de los pasos hacia el cambio: en la mente, el corazón y la voluntad. La Biblia dice: *"Haya, pues, en vosotros este sentir que hubo también en Cristo Jesús"* (Filipenses 2:5). Jesús dijo: *"No se turbe vuestro corazón"* (Juan 14:1). Haciéndolo, estarás entre los que siguen a Cristo.

El Proceso de Tres Pasos

Nota el orden de Romanos 6:17. Primero, se enseñó "doctrina", que después alcanzó al "corazón" y el resultado fue la obediencia (*"habéis obedecido"*). Como repaso: "doctrina" se refiere a las enseñanzas bíblicas las cuales se dirigen a la mente o al intelecto. El "corazón" se refiere a los sentimientos y/o a las convicciones; y "obediencia" es la volición o la voluntad del hombre. Por lo tanto, la vía para el cambio es primeramente intelectual, segundo emocional y de convicción, y tercero, de la voluntad. El cuadro abajo ilustra esto como un proceso de tres pasos:

El Camino Bíblico para la Victoria Matrimonial—*Romanos 6:17*

"Doctrina" ↓	Intelecto ↓	Cabeza ↓	Aprender ↓
"Corazón" ↓	Emocional/ de Convicción ↓	Corazón ↓	Amar ↓
"Obediencia"	Voluntad	Cuerpo	Actuar

Omitir uno de los pasos en este orden de cosas o comenzar fuera de orden es engañarse e invitar el posible desastre. Y sin embargo, estos son los mismos errores de muchos. Muchos bautistas desconfiados, temiendo asociarse con "excesos" emocionales como los del movimiento carismático, se esfuerzan por evitar cualquier sentimiento cuando adoran. Como resultado, frecuentemente empujan a sus adeptos del paso de la "doctrina" al paso de "obediencia" sin permitirles la participación de las emociones. Cuando empujan para ahondar sus convicciones, éstas resultan ser convicciones imitadas, creencias superficiales, cambios incompletos y un cristianismo de teatro que produce conformidad, pero poco gozo.

Muchos carismáticos, por el otro lado, saltan el paso de la "doctrina," y dirigen a la persona directamente al "corazón," o a una decisión emocional; y luego, basándose en los sentimientos les exigen servir a Dios. Como saltaron el paso de la doctrina, buscan alguna explicación para sus sentimientos con verdades bíblicas sacadas de su contexto y aun confusas.

Los dos grupos se quejan de convertidos, tipo "estrellas fugaces" o de corta duración, cuyas decisiones del domingo raramente sobreviven hasta el lunes. Ninguno de ellos ha seguido el plan completo de Romanos 6:17; por lo tanto, el cambio es incompleto, y la obediencia no dura mucho tiempo.

La mayoría de las parejas que he aconsejado ha pasado por alto completamente el paso de la doctrina cuando se casaron. Su relación comenzó con un romance eufórico, de alto voltaje, entonces tenían poca motivación para buscar instrucción prematrimonial y hasta se burlaban de la idea. Como dijo un joven a su pastor cuando éste lo desafió a buscar consejos prematrimoniales: "¿Para qué necesitamos esto? ¡Estamos enamorados!" No nos debe sorprender que la mayoría de las parejas pasen más tiempo planeando su boda que planeando su matrimonio. Saltan el paso de la doctrina por "*la ignorancia que en ellos hay, por la dureza de su corazón*" (Efesios 4:18).

La solución es comenzar donde comienza Dios: con la doctrina. Extrañamente, en todos mis años de ser consejero cristiano, jamás he encontrado a una persona, ya sea casada o no, que quería comenzar por allí. La mayoría de las personas quieren comenzar en el nivel del corazón. Muchos me dicen: "Ayúdame a sentirme mejor". Otros quieren enfocarse en la voluntad. Ellos me dicen: "Ayúdame a actuar diferente". Pero no puedo acordarme de alguno que haya dicho: "Ayúdame a pensar bíblicamente".

¿Está mal querer sentirme mejor o querer actuar de manera mejor? Por supuesto que no. ¿Pero producirá un cambio duradero? Raramente. Las decisiones emocionales, aunque intensas y conmovedoras, suelen ser temporales si no están basadas en la doctrina. Las decisiones radicales y lógicas que te obligan a cambiar tus acciones, también serán de corto plazo, a menos que sean alimentadas por un corazón motivado por la verdad.

Cualquier matrimonio que desea un avivamiento real debe volver a la verdad fundamental de la doctrina del matrimonio bíblico. Pablo dijo: "*Tenéis necesidad de que se os vuelva a enseñar cuáles son los primeros rudimentos de las palabras de Dios*" (Hebreos 5:12).

La enseñanza doctrinal tiene que ver con la mente y la sana verdad bíblica, y con las cuestiones de la vida. Una vez que conozcas la verdad del amor y del matrimonio, tendrás una fuerza vigorizante que te motivará el corazón y librará la voluntad. Jesús dijo: "*y conoceréis la verdad, y la verdad os hará libres*" (Juan 8:32). Las parejas que separan tiempo para repensar y replantear sus creencias fundamentales están años luz más adelantados que las que no lo hacen.

A este nivel, el cambio viene por la doctrina verdadera. La doctrina incorrecta debe ser identificada y "desechada" (Efesios 4:11-16). Las ideas falsas, las mentiras, distorsiones y teorías creadas por el hombre sobre el amor y el matrimonio deben ser claramente identificadas y erradicadas antes de que la pareja pueda adoptar la verdad de la Biblia. Este proceso de desechar presupone que primero uno reconozca la clase de mentiras que controlan sus pensamientos. Aunque sea doloroso, tienes que permitir que la Palabra de Dios exponga estas mentiras. La Biblia *"penetra hasta partir el alma y el espíritu, las coyunturas y los tuétanos, y discierne los pensamientos y las intenciones del corazón"* (Hebreos 4:12).

La enseñanza nunca debe apelar directamente al corazón para cambiar la voluntad. Si las emociones están basadas en una doctrina inexistente o errada, se debilitarán con el tiempo, y la resolución morirá pronto. Una de las apelaciones más populares para los cónyuges y el matrimonio es la idea de recobrar los sentimientos perdidos. "Vengan y descubran cómo enamorarse de nuevo", dice el folleto de cierta conferencia. Esto no es necesariamente erróneo, pero sí, es débil.

Otro peligro de apelar al corazón es que el énfasis se ha puesto en renovar los sentimientos perdidos del romance solamente. Después de ir repetidas veces al altar de compromiso emocional y fallar, la persona comienza a despreciar el altar. Resultan grandes desánimos cuando uno iguala el altar emocional al doctrinal.

Tampoco debe la enseñanza dirigirse directamente a la voluntad para hacer un cambio de conducta. Una vez que la presión puesta sobre la voluntad cesa, la conducta volverá a los hábitos cómodos del pasado. Presionar al cónyuge para quedarse contigo con amenazas o coerción no generará una devoción duradera. Tomar una decisión basada solamente en el deber o la obligación, tampoco lo hará. El deber es bueno, pero es un sustituto débil para el compromiso basado en la doctrina y cargado de convicción.

El segundo paso en el plan tiene que ver con el corazón. Si el paso de la "doctrina" es el paso de "aprender", entonces el "corazón" es el paso de "amar". Es el momento cuando la información se convierte en fe, el conocimiento se convierte en convicción, el deber se transforma en devoción y la verdad llega a ser parte de su persona. Está escrito acerca de los israelitas que *"tuvieron corazón voluntario"* para dar (Éxodo 35:29), y eso motivó a los hombres a trabajar también (Éxodo 36:2). El apóstol Pablo lo describió así: *"de corazón haciendo la voluntad de Dios"* (Efesios 6:6).

Toma tiempo para que la verdad de Dios (especialmente una verdad nueva) gravite de la cabeza al corazón. El corazón es lento para asimilar esos grandes preceptos de la Palabra de Dios y más lento aún para convertirlos en convicciones firmes. Por ejemplo, la persona promedio necesita escuchar hasta siete veces la verdad de la salvación para creer en Cristo. ¿Por qué? Porque cuando uno oye esta nueva información por primera vez, ella va en contra de todo lo que ha creído (o no ha creído) en su vida. Su respuesta inicial típicamente comienza con el primer paso de la negación. Dice dentro de sí: "Esto no puede ser verdad". Luego sigue pensando: "¿Me pregunto si puede ser la verdad?" Si se pasa por alto al corazón y la persona hace una decisión rápida de aceptarlo, el resultado será de poca fuerza. Mas cuando el corazón es conmovido, también, el mismo deber llega a ser un placer, y su andar se hará con devoción.

La verdad sobre el matrimonio cristiano, ya sea aprendido por el estudio bíblico personal, por la predicación y enseñanza sólida de la Biblia, por recibir consejos bíblicos o a través de buenos seminarios o conferencias matrimoniales, Jesucristo debe estar en el centro de toda propuesta para el cambio en cualquier matrimonio. No son los sentimientos que te darán la victoria completa, ni el poder de la voluntad, sino que es la verdad que te hará libre. No es una decisión fría y racional la que te libera, sino la que se guía por la Verdad.

Cuando la doctrina penetre la mente y llegue al corazón, el resultado natural será el cambio. Pero los rosales de Dios brotan en su tiempo. Querer forzar a los pétalos a abrirse prematuramente sería dañarlos y dañar la planta. Un cambio necesita paciencia para permitir que la verdad de Dios haga su obra. La inversión de tu tiempo te dará grande ganancia.

Un Cambio Triple

Así como hay un proceso de tres pasos, también hay un cambio triple. A menos que haya cambio en los tres niveles, lo que se logre no será completo ni duradero.

Un amigo mío fue predicador por años sin ser salvo. Se crió en un hogar cristiano, toda su vida asistió a la iglesia, asistió a escuelas cristianas, estudió en un instituto bíblico y un seminario. Incluso fue pastor por varios años, pero sin ser salvo. Una vez, cuando estuvo predicando sobre el infierno, cayó bajo tremenda convicción de su propia condición perdida. Él me dijo: "¡Jim, casi no podía esperar hasta terminar el sermón para pasar al frente para recibir a Cristo como mi Salvador!" Y eso es exactamente lo que hizo. Fue el primero en responder a su propia invitación y conoció a Cristo de verdad. ¿Qué había sucedido? Su conocimiento de Cristo estaba en su cabeza solamente; pero en aquel momento Dios tocó su corazón y todo cambió. Experimentó un cambio triple.

Laura, por el otro lado, fue diferente. Era una estudiante de una escuela secundaria local, y asistió al servicio de nuestra iglesia un domingo. Cuando hicimos la invitación, ella corrió al frente para recibir la salvación. Su llanto fue intenso. Después de presentarle cuidadosamente el evangelio, le pregunté: "¿Laura, entiendes cómo ser salva?"

"Sí", dijo.

"¿Quieres ser salva?" le pregunté.

"¡Oh, sí, yo quisiera ser salva!" exclamó entre lágrimas.

"¿Estás lista para recibir a Cristo como tu Salvador y ser salva ahora?"

Todavía sollozando, me miró y susurró: "No".

"¿Por qué no?" le pregunté.

"Si me hago cristiana, perderé a mi novio," respondió.

Laura había entendido la verdad de la salvación. Había sido conmovida emocionalmente a confiar en Cristo, pero su voluntad seguía inflexible. Hasta donde yo sé, ella todavía no ha confiado en Cristo como su Salvador. ¿Por qué? (Porque "todo aquel que en él cree será salvo"). El problema fue que la voluntad de Laura no se rindió a Cristo. Ella estaba convencida, pero en contra de su voluntad. Es obvio, como dicen, "un hombre convencido en contra de su voluntad sigue teniendo el mismo razonamiento".

Cuando una pareja conoce la verdad y ha sido conmovida por esta verdad, pero sigue firme en contra de la reconciliación, puede ser que haya sido convencida en contra de su voluntad. Esto se puede deber a una de dos causas: primero, quizás no se haya rendido en un punto de resistencia, o segundo, quizá no sea el tiempo indicado para el cambio.

La mayoría de las personas que están viviendo en pecado tienen un punto particular de resistencia o un área de su vida a la cual se amarran, donde resisten cualquier esfuerzo de cambiarlo. El punto de resistencia del joven rico era obvio. Cuando él se acercó a Cristo, preguntó cómo podía tener la vida eterna mientras insistía que había satisfecho los requisitos de la ley. Entonces Cristo dijo: *"Aún te falta una cosa: vende todo lo que tienes, y dalo a los pobres, y tendrás tesoro en el cielo; y ven, sígueme"* (Lucas 18:22). En un golpe de discernimiento, nuestro Señor había puesto Su dedo exactamente en el problema: *"se fue triste, porque tenía muchas posesiones"* (Mateo 19:22). Jamás fue parte del plan de salvación que las personas que creyeron en Cristo tuvieran que vender todo lo que tenían para dárselo a los pobres. Muchas veces, como pastor, deseé que fuese así (¡estoy bromeando!), pero para este hombre, en ese momento de su vida, su amor al dinero era la barrera más grande a la decisión de seguir al Maestro.

Una vez aconsejé a un hombre que rehusaba abandonar a su amante. Era un hombre "cristiano" y conocía la enseñanza de las Escrituras acerca de este pecado. Sin embargo, había endurecido su corazón y no quería doblegarse. He aconsejado a dos pastores de sesenta años de edad que habían tenido buena fama por décadas, los cuales abandonaron a sus esposas, sus hijos, sus nietos y aun sus ministerios y su llamado, todo por estar en una relación ilícita con una mujer. Todos ellos tenían un punto fuerte de resistencia.

No estoy sugiriendo que todos los que se resisten son culpables de inmoralidad sexual. Ésta es solamente una de muchas posibles causas. Por ejemplo, conozco a un hombre que jamás dejó su hábito de fumar tabaco. Finalmente el tabaco destruyó su andar con Dios y aun a su matrimonio.

El hijo pródigo, por el otro lado, dejó su punto de resistencia. Cuando volvió en sí en el chiquero, se rindió ante la necesidad de reconciliarse con su padre. Puede ser que se rindió porque era el tiempo de Dios. Éste, por cierto, tenía más tiempo y oportunidad para experimentar el pozo amargo de su rebelión que aquel joven rico con toda su riqueza y comodidad.

Como dije antes, hay una diferencia entre la voluntad de Dios y el tiempo de Dios para realizarse. Cuando dos personas se casan en el tiempo de Dios, su matrimonio será fructífero y bendecido.

Hace algunos años, cuando comenzamos nuestro ministerio de conferencista y consejero, recibíamos a cualquier persona que necesitaba ayuda, sin hacer muchas preguntas. Pronto aprendimos que aunque una pareja necesitara ser aconsejada y quisiera arreglar sus problemas de inmediato, no estaban siempre dispuestos a reconciliarse. Si los dos tenían su agenda o motivo ulterior para venir a recibir consejos, invariablemente quedaban desilusionados. Cuando se desilusionaron, culparon al consejero, al cónyuge o aun a Dios porque el problema no se arregló. El problema se agrava más porque Moorehead Manor es un centro para ayudar a casos extremos. Somos la última parada para muchos, y cuando *"esto"* no funciona, las parejas sienten que no tienen adónde más ir. Hasta llegan a justificar el divorcio porque sienten que han agotado el último recurso al venir a nosotros. Las agendas personales y los motivos ulteriores para buscar nuestros consejos son indicadores de que no es el tiempo para comenzar todavía.

Dios pone una alta prioridad en su tiempo perfecto. Aunque

Cristo compartió el deseo mutuo de María, Marta y los discípulos de resucitar a Lázaro, Él se demoró dos días antes de ir a su casa. No era tiempo todavía. A la vez que Dios vio la necesidad de salvar a la humanidad, cuando envió a Su Hijo a morir, Él esperó hasta que *"vino el cumplimiento del tiempo"* para *"enviar a su Hijo"* (Gálatas 4:4). Su llegada era a la hora perfecta.

Dios en Su infinita sabiduría conoce los tiempos, y mientras sea difícil que un cónyuge herido vea claramente la necesidad de que su matrimonio espere su tiempo, Dios ha querido que sea así. Él quiere que ese cónyuge confíe en Él, y la confianza se mide más en los malos tiempos que en los buenos. El Señor dice: *"No nos cansemos, pues, de hacer bien; porque a su tiempo segaremos, si no desmayamos"* (Gálatas 6:9).

Tiene que haber un cambio triple para tener una victoria duradera en tu matrimonio. Tienes que dejar que la doctrina conmueva el corazón y que, a su vez, dirija tu voluntad. Solamente entonces podrá tu matrimonio disfrutar de un avivamiento duradero como lo deseas.

Un hombre de Florida, cuya propiedad bordeaba una carretera, oyó un estrepitoso ruido que venía de un puente cercano. Al llegar a la escena del choque, vio que una lancha había chocado con los pilares de este puente bajo, expulsando al conductor a la carretera arriba. Allí vio al hombre, boca abajo, en un charco de sangre que se hacía cada vez más grande. En lo que llegaba el gentío, un hombre se apoyó en el riel del puente y prendió un cigarrillo de manera muy casual.

"Alguien debe hacer algo por este hombre", dijo echando humo al aire y siguió diciendo: "Parece que está perdiendo mucha sangre".

Después llegaron los paramédicos y dieron vuelta al hombre herido.

De pronto el hombre apático tiró su cigarrillo y gritó, "¡Ay, mi alma! ¡Es mi hermano! ¡Alguien haga algo!"

¿Qué había sucedido para cambiar el comportamiento de este

hombre? La verdad había ido de su cabeza a su corazón y eso cambió todo. Así es contigo. Hasta que la verdad de Dios no se comprenda claramente, y el amor, el matrimonio, el compromiso y la responsabilidad no se entiendan bien y sean asimilados en tu corazón, jamás cambiará tu matrimonio.

Nuestra meta para ti y tu matrimonio: *"Pero gracias a Dios, que aunque erais esclavos del pecado, habéis obedecido de corazón a aquella forma de doctrina a la cual fuisteis entregados"* (Romanos 6:17).

3

¿Por Qué Estás Casado?

Dos soldados fueron a la guerra, uno a pelear por su país, y el otro para alejarse de su esposa. El último aun le escribió una carta a su mujer, diciendo: "¿Podrías dejar de escribirme para que yo disfrute de esta guerra en paz?" ¿Crees que estos dos hombres merecen el mismo reconocimiento y la misma honra?

Aunque no existan motivos que excusen hacer el mal, los motivos son importantes para todo emprendimiento en la vida. La mayoría de las veces la razón por hacer algo es tan importante como el acto mismo. ¿Por qué entraste al matrimonio? ¿Por qué *permaneces casado*?

Los motivos revelan mucho acerca del futuro de las decisiones entre los casados. Una de las causas más comunes de desánimo en el matrimonio es que no se cumplen las expectativas. Tus motivos por casarte tienen una relación directa con tus expectativas. Si tus motivos por casarte eran egoístas, tus expectativas siempre serán egoístas, y *"la esperanza que se demora es tormento del corazón"*.

Un motivo errado tuyo producirá un compromiso débil a tu matrimonio. Después de todo, si tus motivos egoístas no se cumplen, y son las únicas cosas que te atan a tu cónyuge, ¿por qué quedarte en el matrimonio? Me hace pensar en el ladrón nervioso que una vez asaltó un banco y apresuradamente escribió una nota y se la dio a la cajera. Decía: "¡Huya! ¡No tengo arma!" (en vez de decir: "No huya, tengo un arma"). Como este ladrón, el cónyuge cuyo motivo principal es egoísta huirá cuando se vea desarmado.

Tus motivos determinan tus prioridades verdaderas. Si tu motivo central es la felicidad, verás tu matrimonio como una fuente para satisfacerte y a tu cónyuge como el principal agente para dártela. Estarás siempre atado por esas motivaciones invisibles, y gravitarás hacia este fin.

Más importante, tus motivos determinarán si tendrás la bendición de Dios en tu relación o no. Habrá una consideración crucial ante el Trono del Juicio de Cristo para saber la razón por la cual Le has servido. Cada creyente tendrá que rendir cuentas de sus motivos por servir a Cristo. Como dijo Robert Ketchman: "Nuestros secretos, nuestros motivos y nuestras decisiones serán probadas bajo la luz pura de Sus ojos. ¡Le diremos *todo*; no solamente *lo* que hicimos, sino *por qué* lo hicimos!"[1] Cuando era un pastor joven, me quedé impresionado al darme cuenta de que estaba enseñando a mi congregación a servir a Dios por razones equivocadas. Al leer Mateo 6 un día, me impactó el hecho de que los motivos equivocados traen su compensación, pero es compensación mala. Si los hombres ayunan, dan a los pobres u oran *"para ser vistos"* o *"para ser alabados por los hombres,"* Cristo aclara que *"ya tienen su recompensa"*. ¿Y cuál es? *"Ser vistos"*. En otras palabras, si el motivo de un cristiano para servir a Dios es ser alabado, reconocido o aplaudido por los hombres, eso será su única recompensa. Los motivos del corazón serán vistos o por los hombres o por el Padre. Igualmente, las recompensas son diferentes. Por un lado, se recibe el halago de los hombres solamente, y por el otro lado, se recibe el agrado del Padre. Jesús dijo: *"Guardaos de hacer vuestra justicia delante de los hombres, para ser vistos de ellos; de otra manera no tendréis recompensa de vuestro Padre que está en los cielos"* (Mateo 6:1).

Cada persona casada tuvo algún motivo por casarse. Puede variar de un individuo a otro, pero la motivación de hacerlo es muy importante para el matrimonio, para sus expectativas, para su compromiso, para sus prioridades y para determinar las bendiciones de Dios. ¿Qué motivos llevaste *tú* al altar cuando te casaste? ¿Por qué estás casado? ¿Por qué sigues casado? Aquí hay algunas de las razones más comunes para casarse y permanecer casado. Considera si éstas pueden ser las tuyas.

EL MOTIVO DE ESCAPAR

En primer lugar tenemos la motivación de escaparse. A veces se ve en la vida de la persona que tuvo una niñez mala el deseo de escapar y comenzar de nuevo. Una vez aconsejé a una mujer que me dijo: "Me crié en un hogar abusivo, y mi novio de dieciocho años de edad fue para mí un caballero con armadura de acero. Entró a mi vida montado en un caballo blanco. Me enamoré locamente y él me llevó hacia la puesta del sol prometiéndome un comienzo nuevo." Veinte años y cinco hijos después, ella vio tristemente que los problemas de su niñez, aquellos de los que pensaba que había escapado, en realidad habían hecho morada en su corazón. No se había librado de ellos después de todo.

Otra mujer me confesó una vez: "Me casé para salir de mi casa. Mis padres peleaban constantemente, y yo odiaba el ambiente depresivo. Cuando cumplí los dieciséis años, mi novio me prometió sacarme de todo eso. Me casé con él, pero hoy me doy cuenta de haberlo hecho más por escapar de mi hogar que por querer estar con él". Dieciocho años después de casarse, esta esposa se dio cuenta de que las mismas cosas que más odiaba del matrimonio de sus padres estaban duplicadas en el suyo. Finalmente tomó la decisión de dejar a su esposo y a sus hijos para estar con otro hombre que le "sacaría de todo eso."

No es raro que las personas repitan en sus matrimonios los mismos problemas que odiaban en el matrimonio de sus padres. Quizás no comprendan sus razones. No entienden por qué los niños maltratados llegan a ser abusivos, o por qué víctimas de abuso llegan a ser abusadores, o por qué hijos de alcohólicos llegan a ser alcohólicos.

Una de las razones es porque la persona se convierte en la imagen de lo que más piensa. Se dice del hombre: *"cual es su pensamiento en su corazón, tal es él"* (Proverbios 23:7). Cuando uno se enfrasca en lo pecaminoso que es el hombre, se convierte en aquel hombre, aun duplicando el pecado que odia. Al enfocar sus pensamientos en los pecados de sus padres y consumirse en su propio enojo y odio, se convierte uno mismo en aquello que más odia. Salir del hogar en un rápido "escape de emergencia" no va a sacar del problema a la persona; sino que ella va a llevar aquellos mismos problemas consigo. Cuando una persona piensa en Cristo, disfrutará de la paz de Dios. El profeta dijo: *"Tú guardarás en completa paz a aquel cuyo pensamiento en ti persevera; porque en ti ha confiado"* (Isaías 26:3). Reflexionar continuamente en Cristo es, para un cristiano, lo que lo moldea a Su persona. A través de este proceso somos *"hechos conformes a la imagen de su Hijo"* (Romanos 8:29).

El Motivo de Rehabilitación

En una de mis conferencias para matrimonios, distribuí una encuesta escrita para que los participantes la llenasen. Una de las preguntas de la encuesta era: "¿Por qué te casaste?" Un señor respondió: "Sabía que ella me podía ayudar", mientras que otro contestó: "La necesitaba". Estos hombres se habían casado aparentemente por una necesidad de ser rehabilitados. Tenían la idea equivocada de que, si se casaban, los monstruos escondidos del pecado y del fracaso de su pasado estarían mágicamente conquistados al tener una buena esposa.

He oído comentarios semejantes de mujeres solteras cuando se enfrentaban a las deficiencias obvias de sus pretendientes y minimizan sus defectos con una simpleza idealista. A pesar del alcoholismo crónico, un temperamento explosivo, la inhabilidad de mantener un trabajo, un antecedente penal o la mala condición física de su posible pareja, estas chicas lo tildan como el resultado de un pasado malo, y afirman: "Yo sé que tiene algunos problemas, pero yo le podré ayudar. El poder del amor lo convertirá en el hombre de mis sueños".

Sea la meta de rehabilitación propia, o la de la otra parte, hay que darse cuenta de que, en realidad, solamente Dios puede cambiar a una persona. *"Porque Dios es el que en vosotros produce así el querer como el hacer, por su buena voluntad"* (Filipenses 2:13) y que *"nosotros todos... somos transformados de gloria en gloria en la misma imagen, como por el Espíritu del Señor"* (II Corintios 3:18). El esposo que busca ayuda en su esposa para cambiar, está buscándola en el lugar equivocado. Y la esposa que piensa poder cambiar a su esposo, terminará sintiéndose responsable por él.

EL MOTIVO DEL AMOR A LOS NIÑOS

¿Qué niña cuando juega con su muñeca favorita no sueña con el día en que tendrá un bebé de verdad en sus brazos? Esto es natural, y es el deseo de Dios que la pareja disfrute de la paternidad; pero cuando un hijo llega a tomar el primer lugar, frecuentemente uno de los cónyuges se queda en segundo lugar. Esto fue obvio cuando una mujer me confió: "Vinimos a buscar tu ayuda para mantener unido el matrimonio por los niños". Cuarenta por ciento de las parejas dicen que tener hijos en casa es un factor que impide que se divorcien.

Puedo ver a esa pareja "hijo-céntrica" en su vejez. Se sientan en la galería en unas mecedoras viejas. Aun a sus ochenta años, siguen llamándose "Mamá" o "Papá". No tienen mucho que esperar más que la visita o una llamada de sus hijos o nietos. Se han descuidado por tanto tiempo por causa de sus hijos que han destruido la relación entre ellos mismos.

EL MOTIVO DE GRATIFICACIÓN

La motivación de gratificación es probablemente la más común entre los jóvenes cuyas glándulas han hecho un corto circuito en sus cerebros. Cuando un participante de mi encuesta reveló su razón por casarse era: "¡Quería una mujer!", no pude más que reírme. Me imaginé un cavernícola gruñón y bruto con un garrote sobre un hombro yendo hacia su guarida, arrastrando de los cabellos a su trofeo, mientras se le caía la saliva de la boca.

La necesidad de gratificación sexual no es un motivo bueno para casarse. La motivación de la canción de cuna es más común entre las muchachas y ésta se ve más entre los varones. Sienten la energía de las glándulas súper activas y tienen siempre "ganas de hacerlo". Ellos ven al matrimonio como una salida legítima para satisfacer estos impulsos.

No es malo ver el matrimonio como un medio aceptable para controlar a la carne. De hecho, el apóstol Pablo aconseja a la juventud que se case por esta misma razón: *"a causa de las fornicaciones, cada uno tenga su propia mujer, y cada una tenga su propio marido"* (I Corintios 7:2); pero ésta no debe ser la razón principal para el matrimonio. ¿Por qué? Porque el enfoque básico es egoísta. Es una actitud interesada. Dios quiso que el matrimonio fuera un refugio donde esta necesidad básica encuentre satisfacción, pero ningún matrimonio prosperará a menos que este deseo se someta a los propósitos más elevados de Dios.

El Motivo de Obligación

Esto nos trae a la persona que es motivada por obligación o que se siente presionada a casarse. Gran parte de esta presión se origina en la mentalidad de moda donde lo socialmente aceptable es "casarse". Es una experiencia común entre los universitarios que están por graduarse, los cuales se llenan de "pánico" o temor porque es el último año y la última oportunidad para encontrar su pareja; y el tiempo se acaba. A veces, aun hay algo de presión espiritual puesta por miembros, bien intencionados, de la familia. Dicen: "Estamos orando por ti para que encuentres tu pareja y nos des nietos." O "¿cuándo te vas a casar?" o "¿qué piensas de tal o cuál?" o "¿no harías buena pareja con ése o aquél?"

Además puede haber obligaciones sexuales que provocan urgencia. Como respondió una esposa cuando le pregunté por qué se había casado: "Fuimos promiscuos antes del matrimonio, y me sentí obligada a casarme con él". Ella se casó con él, aunque no quería hacerlo.

El Motivo de Seguridad

Una mujer que dependía totalmente de su esposo para el sustento quedó devastada cuando él murió. Su vida entera se deshizo y entró en una depresión larga. Simplemente no podía arreglárselas con el pensamiento de que su proveedor ya no estaba para cuidarla. Su fracaso no fue depender de su marido, sino depender de su provisión más que de la de Dios. Sentirse deprimido por una perdida tal es normal, y el duelo es saludable; pero este colapso emocional cuando perdió a su esposo es una clara indicación de que su perspectiva era equivocada.

Si uno entra al matrimonio para encontrar la seguridad de aceptación, para tener compañerismo o el sostén económico que otro pueda proveer, en vez de depender del Señor, estará condenado a la desilusión.

No es malo que una mujer confíe en su marido. Pero es malo que ella ponga su fe en él, en lugar de Dios. Si la esposa desarrolla una fe fuerte en Dios, ella confiará en Él para obrar en su marido para suplir sus necesidades. Pero el esposo es solamente uno de una gran variedad de medios que Dios usa para lograr ese fin.

Algunos maridos se sienten amenazados por esta manera de pensar. A ellos les gusta el hecho de que su esposa se apoye en ellos, y no les gusta la enseñanza que aminora esa dependencia. Un esposo sabio, guiará a su esposa a una fe más y más fuerte en Dios para prepararse para ese día inevitable de su muerte y separación. Así como un esposo amoroso hace planes para el bienestar financiero de su viuda con ahorros y un testamento, también debe planificar su bienestar espiritual dejándole un legado de fe en Dios.

¿Y tú? ¿Por qué te casaste? ¿Por qué *permaneces* casado? Si tus motivos determinan la calidad de tu matrimonio y las bendiciones que vendrán de Dios, entonces te conviene replantear tus motivos.

Hay varios motivos más elevados para el matrimonio revelados en las Escrituras, pero para nuestros propósitos, consideraremos solamente tres de ellos.

El Motivo de Glorificar a Dios

Para un cristiano comprometido la mayor consideración en cualquier proyecto que emprenda sería: "¿Glorificará a Dios lo que vamos a hacer?" Darle a Él alabanza y honor es lo que más importa. El deseo, más que nada, debe ejemplificar la amonestación de Pablo: *"Si, pues, coméis o bebéis, o hacéis otra cosa, hacedlo todo para la gloria de Dios"* (I Corintios 10:13). Cuando estaba en la universidad tuve el privilegio de trabajar en un campamento cristiano con el Dr. Ken Hay, uno de los ministros de campamento más destacado de Norte América. Durante dos veranos, cada mañana, me paraba ante el mástil, con todo el personal y los campistas, para recitar I Corintios 10:31 en voz alta. Debo confesar que en aquel momento solamente fue un bonito pensamiento, pero ahora ha llegado a ser un principio de mi vida. Si es importante comer y beber *"para la gloria de Dios,"* ¿cuánto más importante es casarse para Su gloria?

Es mejor hacer este compromiso de glorificar a Dios antes de casarse, pero siempre se puede hacer en cualquier momento. ¿Es la primera prioridad de tu matrimonio darle gloria a Dios?

El Motivo de Ministerio

Cuando el Señor Jesucristo vino a la tierra, dijo: *"El Hijo del Hombre no vino para ser servido, sino para servir, y para dar su vida en rescate por muchos"* (Mateo 20:28). Si tu matrimonio va a ser "cristiano" en verdad, habrá que imitar a Cristo. Si se va a imitar a Cristo en tu matrimonio, Su espíritu de sacrificio y ministerio debe saturar tus vidas.

El ministerio principal del hombre en esta tierra no es testificar, enseñar o aun pastorear. Estas, por cierto, son metas importantes, pero Dios le ha dado a cada esposo y a cada esposa la prioridad de ministrar y suplir las necesidades de su propia pareja.

No hacer que éste motivo sea el primordial de tu matrimonio, es tomar el primer paso hacia la degeneración del mismo y a convertirlo en una manipulación, en vez de un ministerio.

El Motivo de Imitar al Señor

Un breve vistazo a Efesios 5 permitirá al lector ver uno de los designios más grandes de Dios para el matrimonio. La clave está en una pequeña palabra de tres letras. Pablo dijo: *"Porque el marido es cabeza de la mujer, así como Cristo es cabeza de la iglesia... así que, como la iglesia está sujeta a Cristo, así también las casadas lo estén a sus maridos en todo... maridos, amad a vuestras mujeres, así como Cristo amó a la iglesia"*. El modelo de la sumisión para la esposa y del amor del esposo por su mujer es la relación de Cristo con la iglesia. Para que el cristiano entienda el matrimonio, debe primero entender esta relación especial entre Cristo y Su iglesia. Esto es lo primordial en cualquier diálogo sobre el matrimonio.

Así como el amor de Cristo por la iglesia es el modelo sobre el cual el matrimonio se basa, también es el motivo para el matrimonio. La esposa debe ser motivada a sujetarse a su esposo para ilustrar cómo la iglesia se somete a Cristo. El marido es motivado a amar a su esposa de tal manera que ilustre el amor de Cristo por la iglesia. Esta verdad envía un mensaje poderoso al mundo.

Cristo siempre se ha preocupado por alcanzar al mundo, usando el testimonio de las relaciones cristianas. Él dijo: *"En esto conocerán todos que sois mis discípulos, si tuviereis amor los unos con los otros"* (Juan 13:35). En Su famosa oración sacerdotal oró por la unidad entre los hermanos y por su impacto poderoso en el mundo. *"Para que todos sean uno... para que el mundo crea... para que sean perfectos en unidad, para que el mundo conozca que tú me enviaste, y que los has amado a ellos"* (Juan 17:21-23). Jesús sabe que el mundo observa al cristiano, y que el mensaje de amor y unidad entre los creyentes envía un mensaje poderoso a los perdidos. En realidad puede ser un medio de salvación para ellos.

Cuando vivía en las residencias de la marina, mi esposa y yo vivíamos al lado de una joven pareja que tenía un bebé. Les gustaba tomar alcohol, maldecían y hacían fiestas continuamente. A veces las fotos en la pared que separaban nuestros apartamentos temblaban por las vibraciones fuertes de su música "rock". Después de unos meses, Francine se acercó a mi esposa, Sandra, y le dijo: "Veo que tú nunca maldices y que tú y tu esposo parecen tener una relación muy especial. ¿Por qué?" Sandra pudo testificarle de su fe en Cristo. Francine aceptó a Cristo como su Salvador y no pasó mucho tiempo hasta que su esposo lo hizo también. No mucho después, fue tan hermoso poder ordenar al esposo como un ministro del evangelio, convirtiéndose en pastor.

Cuando un esposo ama a su esposa *"como Cristo amó a la iglesia,"* está creando una imagen para el mundo de cuánto Cristo ama a Su iglesia. Cuando una esposa se sujeta a su marido, ella está creando una imagen para el mundo de cómo la iglesia se sujeta a Cristo. Este testimonio causa una atracción poderosa a nuestro Cristo amoroso. Cuando el mundo ve que el amor de Cristo trae unidad a dos personalidades que son totalmente diferentes y ve que ese poder produce y sustenta un amor sobrenatural en su relación, habla volúmenes. Es lo que muchos quieren y lo que buscan. ¡Qué testimonio tan lindo!

El tremendo pecado del divorcio entre cristianos no es tanto que dañe el matrimonio, destruya el hogar o devaste a los hijos. Estas son cosas terribles, sin exagerar; pero el divorcio hace más daño ante el mundo que los observa, porque se queda con una impresión equivocada del poder y del amor de Dios. Para ellos, el hecho de que se divorcien los matrimonios cristianos a un ritmo acelerado, significa que la iglesia y Dios y el cristianismo no ofrecen más esperanza ni más poder para cultivar el amor que el mundo. La luz preciosa de la esperanza se ha puesto debajo del almud del divorcio. Un mundo agonizante está destinado a tropezar en la oscuridad porque la luz especial del amor de Dios se ha opacado.

El Gran Artista de todos los tiempos y la eternidad pintó una obra maestra para mostrar Su amor y poder. Esta obra maestra es el matrimonio cristiano. Dios desea que esta obra de arte sea puesta en alto para que el mundo la vea. Si seguimos Su patrón, Dios recibirá mayor gloria en los matrimonios de hoy. Este es el motivo más alto, la causa más noble y la razón más santa para la existencia del matrimonio. El buscar ilustrar el amor de Cristo, la sujeción de la iglesia a Él y Su poder unificador de dos almas en una, eleva al matrimonio a un nivel que jamás conocerán las multitudes egocéntricas. Un matrimonio cristiano es una ayuda visual poderosa. ¡Qué ministerio! ¡Qué bendición para otros y qué desafío para los matrimonios mediocres y agobiados que andan en la mundanalidad!

Ciertamente Dios tiene un propósito alto para el cuadro que presenta tu matrimonio de Su amor y poder, pero es tan triste cuando es manchado y desfigurado por el horrible espectáculo del divorcio. El daño real no se ha hecho al lienzo ni a las pinturas usadas ni aun a los pinceles, sino al Pintor mismo. La tragedia del divorcio no es que se echen a perder vidas, ni que los sueños sean frustrados ni que los sentimientos sean heridos. Esto es terribles sin duda, pero hay un pecado más grande - la pintura de Dios se ha destruido. Su propósito no se ha cumplido. Es como si alguien hubiera tomado un cuchillo y rasgado una obra de Rembrandt o de Miguel Ángel. Pero peor, mucho peor, es cuando la meta de Dios de ilustrar Su amor a través del matrimonio cristiano se ha reducido a una mera estadística. En vez de pasar por la iglesia viendo que sus matrimonios se mantienen dentro de sus cuatro paredes, el mundo concluye que no hay mucha diferencia entre el poder que tiene la iglesia y lo que ellos poseen. Hay poco que convence al mundo de su necesidad de Dios cuando se nota tan poca diferencia. Tu matrimonio no tiene que ser perfecto, pero sí puede ser poderoso. Su poder e influencia más grandes se verán cuando se cumpla el propósito de Dios para su existencia.

Quizá al leer esto, temes que sea el fin de tu matrimonio. ¿Qué puedes hacer? Para comenzar, debes replantear con tu pareja el propósito mismo de tu unión. ¿Por qué se casaron? ¿Por qué estás casado? ¿Por qué sigues casado? ¿Tienes buenos motivos? ¿Altas aspiraciones? ¿Está puesta tu vista en lo alto? Si no, ¡tengo buenas noticias!

Aun si tu matrimonio comenzó por todas las razones equivocadas, por los peores motivos e intenciones, Dios está más interesado en el presente y el futuro que en el pasado. *"Mejor es el fin del negocio que su principio"* (Eclesiastés 7:8). Seamos realistas, pocos jóvenes cristianos consideran todos sus motivos ni pesan los impulsos de su corazón a la luz de esas razones. ¿Cuántos jóvenes comprometidos toman el tiempo para analizar sus inclinaciones? Cuando me paré frente al altar viendo acercarse a mi hermosa novia y la tomé de la mano, no tuve pensamientos como: "Ah, aquí viene la oportunidad de ilustrar ante el mundo el amor de Dios." Lo siento. Eso no sucedió. Mis pensamientos corrían más como: "¡Caramba! ¡Algo bueno está por sucederme!"

Quizás Pablo alude a estas emociones cuando escribe: *"Cuando yo era niño, hablaba como niño, pensaba como niño, juzgaba como niño"*. En algún punto, sin embargo, debemos todos llegar al lugar de ver la necesidad de cambiar las ideas infantiles por ideas maduras: *"Mas cuando ya fui hombre, dejé lo que era de niño"* (I Corintios 13:11).

¿Has dejado los motivos equivocados de tu matrimonio? Si no es así, ahora lo puedes hacer. Es verdad: *"Mejor es el fin del negocio que su principio"*. Y mejor el final de tu matrimonio que el principio. No es demasiado tarde para marcar el comienzo de la diferencia. Mucho depende de cómo respondas a esta pregunta: "¿Por qué estás casado?"

4

El Significado Del Matrimonio

"El Hijo del Hombre no vino para ser servido, sino para servir"

Mateo 20:28.

El verdadero propósito de cualquier emprendimiento se entiende mejor por la intención original de sus fundadores. Un vistazo breve a la historia de algunas instituciones claves estadounidenses es ejemplo de ello. Tanto la Universidad de Harvard como la de Princeton comenzaron con la intención de preparar predicadores del evangelio. Al estudiar la intención original de sus fundadores, es fácil ver lo lejos que se han desviado con los años. Para entender la importancia de la Constitución de los Estados Unidos es necesario volver al propósito que los Padres Fundadores pretendían. Juzgar las leyes actuales a la luz de las intenciones de los que dieron forma a la Constitución es entender sus deseos escritos en el contexto de la historia. Esas intenciones originales forman la base de las leyes de Estados Unidos.

MINISTERIO

Lo mismo es cierto para el matrimonio. Nadie puede comprender del todo o apreciar el propósito de esta maravillosa institución a menos que vuelva a la intención original de su fundador. Sabemos que Dios es el fundador. La pregunta es ¿cuál fue Su visión para el matrimonio? ¿Cuál era Su propósito? Afortunadamente, no tenemos que adivinarlo. Dios nos dejó instrucciones claras en Su Palabra. De acuerdo a las Escrituras, el propósito del matrimonio en una palabra es "ministerio". *"Someteos unos a otros en el temor de Dios"* (Efesios 5:21).

¿De qué sumisión escribe Pablo? No se refiere a una línea de autoridad en el matrimonio ni a la estructura del liderazgo en el hogar. Sabemos esto porque en los siguientes versículos se dice claramente que el hombre es la cabeza de la mujer y que ella debe seguirle. La línea de autoridad está claramente establecida.

El mensaje de este versículo es que el esposo debe someterse a las necesidades de su esposa, y la esposa a las de su marido. Pablo amplía este pensamiento en Filipenses capítulo 2. La pareja que quiera disfrutar de un buen matrimonio se incentivará con estas palabras inspiradas: *"Por tanto, si hay … algún consuelo de amor… antes bien con humildad, estimando cada uno a los demás como superiores a él mismo; no mirando cada uno por lo suyo propio, sino cada cual también por lo de los otros"* (Filipenses 2:1, 3-4).

Lo intrigante del enfoque de Dios para el matrimonio en estos pasajes es que Él intencionalmente no menciona las necesidades del lector. A diferencia de la literatura de hoy, la Biblia lo pasa por alto totalmente. Un ochenta por ciento de todos los libros sobre el matrimonio que se venden en las librerías cristianas son comprados por mujeres. La gran mayoría de estos libros hablan de los derechos o de las necesidades del lector. Los títulos incluyen: *"Como Ser Feliz A Pesar de Estar Casado"*, *"Lo Que las Esposas Quieren Que Sus Maridos Sepan Acerca de las Mujeres"*, (muchas esposas compran este libro) y *"Lo que Los Maridos Quieren Que Sepan Sus Esposas Acerca de los Hombres"* (muchos hombres compran éste). De hecho, este enfoque vende libros, pero no desarrolla una carga para ministrar a las necesidades de tu cónyuge. En cambio, estos libros compelen al lector a manipular a su cónyuge para que satisfaga sus propias necesidades.

El enfoque de Dios es totalmente diferente. Dios no anima al lector a pensar en sus necesidades, sino en su responsabilidad de suplir las necesidades de su cónyuge. Una buena manera de discernir esas necesidades es estudiar las responsabilidades de cada cual hacia el otro. Por ejemplo, al leer *"las casadas estén sujetas a sus propios maridos"*, Dios revela que la necesidad básica del esposo es la de ser seguido. Dios hizo al esposo para guiar, y él se siente lo más realizado cuando lo hace.

Cuando Dios dice: *"maridos, amad a vuestras mujeres,"* está revelando la necesidad básica de la esposa de ser amada. Dios hizo a la esposa para ser amada y apreciada por su esposo, y ella se siente lo más realizada cuando es así. Dios no dice: "Pobrecito esposo. Necesitas que alguien crea en ti". Tampoco dice: "Pobrecita esposa. Lo que realmente necesitas es un hombre fuerte que te ame". La Biblia no se enfoca en la *necesidad* del lector. Hacer esto promueve la autocompasión y el egoísmo. En cambio se enfoca, en términos muy claros, en la *responsabilidad* del lector.

Es un dicho que "Enseñar derechos cultiva rebelión. ¡Enseñar responsabilidad trae avivamiento!" En el matrimonio, Dios enfatiza lo que debemos dar, en vez de lo que queremos recibir. Esto es el significado de la palabra "ministerio".

¡Piensa en ello! Cuando tú te enfocas en tus necesidades en el matrimonio o luchas por tus derechos, te pones a ti mismo en una posición desequilibrada. Primero, tendrás que depender de la respuesta de tu cónyuge para sentirte satisfecho. La respuesta de él o de ella será la única garantía para tu felicidad. Por otro lado, si tu sentir de logro es aumentado por lo que haces, en vez de lo que hacen por ti, lograrás una medida de control sobre el nivel de placer que gozas en tu matrimonio. Siempre puedes elegir ministrar. Esa elección es tuya y de nadie más. Cuándo lo hagas, cómo lo hagas y cuántas veces lo hagas están bajo tu control únicamente.

Segundo, si dependes de tu cónyuge para suplirte lo que te satisface, y él o ella no cumple tu deseo, posiblemente encontrarás que la desesperación resultante te mueve a usar presión y manipulación para obligarle a suplir lo que necesitas. Recurrir a la manipulación es un camino doloroso hacia la satisfacción; sin embargo, es el estilo de vida para muchas parejas.

Estoy hablando acerca de tu compromiso para con el ministerio que Dios te pide en tu matrimonio, y de no usar la manipulación. El ministerio de suplir la necesidad de tu cónyuge mantendrá vivo tu matrimonio y entusiasmado tu corazón.

Diga "No" a La Manipulación

Mencioné arriba que había trabajado unos cuantos veranos en un campamento cristiano en el estado de Carolina del Sur. Muchos jóvenes con problemas venían de las ciudades para recibir el programa del campamento. Estos niños habían experimentado el abandono, el abuso y la falta del amor—en cantidades que jamás he visto yo. Para mí, como un consejero joven, ellos presentaban un desafío grande. Este desafío fue más claro durante una semana memorable del campamento. Una de mis responsabilidades era supervisar una mesa de unos adolescentes insolentes durante la hora de comer. En una ocasión nos sirvieron una comida que se acompañaba con salsa de tomate. Una botella tamaño industrial fue puesta en nuestra mesa. Miré a Frankie, un niño de ocho años que estaba sentado al otro lado de la mesa, y le dije, "Me pasas la salsa de tomate, por favor."

Me miró con ojos extrañamente desafiantes y respondió: "¡Todavía no me he servido!"

"Bueno, úsala tú y cuando termines, pásame la botella", le dije.

Pensé que este sería un momento oportuno para enseñarle algunos buenos modales a este pequeño insolente, así que continué diciendo: "La respuesta correcta debería ser: '¿Puedo usarla primero, por favor?'"

En vez de demostrar gratitud por esta lección sobre sus modales, pareció resentirlo. Me miró fijamente y sin pestañear, volcó la botella y comenzó a derramar el contenido. La salsa de tomate empezó a amontonarse en su plato, pero él siguió echando más. Vi una lucha de voluntades entre este niño insolente de ocho años y yo, un joven maduro de dieciocho, y sentí las primeras señales de "indignación justa". Aquello comenzó por mis pies y fue subiendo por todo mi cuerpo. Mientras tanto, la salsa de tomate había llegado a la etapa crítica de derramarse de su plato. Mi indignación había llegado a mis rodillas. Siguió bombeando hasta que el conocido sonido de succión dejó de oírse, anunciando que la botella estaba vacía. Hasta aquí mi indignación estaba al nivel de mi cintura. Ningún niñito iba a desafiar a un consejero veterano de dieciocho años, como yo. Sin pestañear, le dije: "¡Te vas a comer todo!"

Creí que se iba a abrumar y a acobardar ante tanta autoridad.

"Ah, sí", respondió. "¿Y quién me va a obligar a hacerlo"? dijo.

La indignación ahora estaba al nivel de mi pecho. Me puse de pie. Entonces, puso su mano debajo del plato, y con sus ojos fijos en los míos, y sin pestañear, lo estrelló en la mesa con un "zas paf". La salsa de tomate voló por todos lados. Mi indignación ya me había rebasado.

Rodeé la mesa para alcanzarlo, pero él me vio venir y salió como un tiro por la puerta doble. Lo perseguí de cerca. A veces lo tenía a centímetros cuando se lanzaba en otra dirección. Sus piernas cortas le daban la ventaja entre los arbustos del bosque, y afortunadamente lo perdí. Digo "afortunadamente" porque si lo hubiera agarrado, probablemente estaría en la cárcel, en vez de estar escribiendo este capítulo.

Después de un rato lo encontré sentado en el tronco un árbol, cerca de la laguna. Me fui despacito por detrás para agarrarlo, cuando noté algo curioso. Sus hombros flacos se sacudían de arriba hacia abajo. Al acercarme más, me di cuenta del por qué. Estaba llorando de todo corazón. En ese momento el Espíritu Santo me agarró la atención; y en seguida, volví a la seriedad. Silenciosamente me senté en la otra punta del tronco sin decir palabra. Se dio cuenta de que yo ya no era una amenaza y se quedó donde estaba. Fui acercándome, poco a poco, le envolví en mis brazos y le dije: "Sientes mucho dolor en ese corazón tuyo, ¿no es cierto?"

Con eso, comenzaron en serio a correr las lágrimas, pero también, se abrió su corazón al mío. Comenzó a contarme cosas que me impresionaron. Me enteré de que su madre era prostituta y su padre era su proxeneta. Los dos eran drogadictos y traficantes, y regularmente usaban su dormitorio para ejercer sus "negocios". Nunca lo habían mandado a dormir, o a levantarse ni a prepararse para la escuela. En su casa no se preparaba comida. No le decían que se bañara; no le lavaban la ropa y nunca lo castigaron. No le hablaban excepto para darle una orden, nunca le dieron un beso, nunca lo abrazaron y nunca lo tocaron excepto cuando estaban enojados. En síntesis, no le brindaron ninguna expresión de amor. Sus padres ni siquiera sabían que él estaba en el campamento, ni tampoco les importaba. La única forma que él conocía para recibir la atención de sus padres era por medio de "portarse mal". La confrontación en la mesa era la única manera de responder que él conocía.

¿Y qué me había pasado a mí, el consejero listo? Lo único que yo pensaba era que este niño me estaba dejando en ridículo, y que ¡no iba a salirse con la suya! En este momento, Dios me mostró la frialdad de mi corazón y el egoísmo de mis acciones. Me di cuenta que toda mi motivación era la de sentirme bien de mí mismo y de vengarme de este "chiquillo mal criado". No había pensado en sus necesidades, sino en las mías. Me había propuesto no ministrarle a él, sino a mí mismo. No podía ministrarle a él porque yo estaba demasiado ocupado manipulándolo por razones egoístas mías. Si no hubiera aprendido esta horrible verdad, mi corazón habría seguido endureciéndose a las necesidades de mi esposa, cuyo nombre es Frankie, también.

Amigo(a) mío(a), hasta no reconocer tus propias acciones egoístas, seguirás endurecido a las necesidades de tu cónyuge.

Como Ministrar a las Necesidades Básicas de Tu Cónyuge

El Ministerio de la Esposa: La Sujeción

El propósito básico del marido es guiar, y su necesidad básica es ser seguido. La esposa está puesta estratégicamente para suplir esta necesidad cuando se sujeta a la guía de su marido. El tema de la sumisión en el matrimonio crea muchas contenciones y animosidad. Esto puede ser por el trato duro que se da al tema y a que muchas mujeres lo perciben como de un machismo egoísta. Admitámoslo, hombres, ha habido mucho abuso de esta doctrina. Una forma extrema de esta enseñanza insiste que la mujer debe obedecer a su marido, "no importa lo que él pida que haga". La lógica aquí es que él es responsable ante Dios, y ella a él. Si él le ordena hacer algo malo, aun pecaminoso, y ella lo obedece, él llevará toda la responsabilidad por su acción. Sorprendentemente, hay algunos cristianos bien conocidos que enseñan esto.

El Apóstol Pedro escribió: *"Por causa del Señor someteos a toda institución humana"* (I Pedro 2:13). Cuando los apóstoles se enfrentaron a los magistrados civiles quienes les ordenaron que no enseñaran ni predicaran más en el nombre de Cristo, ellos protestaron vehementemente, diciendo: *"Es necesario obedecer a Dios antes que a los hombres"* (Hechos 5:29), e inmediatamente desobedecieron la ley. ¿Por qué? Porque reconocían que toda autoridad humana es derivada de una autoridad mayor. La autoridad mayor es Dios, como se revela en su Palabra.

Si un hombre crea una ley que es contraria a la Palabra de Dios, ¿qué debemos hacer? ¿Qué pasaría si el gobierno de los Estados Unidos, para aplacar a otras religiones, aprobara una ley que dijera que los cristianos ya no pueden testificar de su fe en público? (Pronostico que esa ley llegará.) ¿Cuál debe ser nuestra respuesta? No solamente tenemos el derecho de desobedecerla, sino la obligación de desobedecerla como hicieron los apóstoles. Pero también debemos estar preparados para ir a la cárcel como ellos. Hay una lección aquí, tanto para la esposa, como para el esposo. La esposa debe sujetarse a su esposo en cada caso excepto cuando haya una clara violación de la autoridad de Dios. (La responsabilidad queda sobre la esposa para asegurarse del hecho.) El esposo no debe alardear de su autoridad o abusar de su poder con demandas rigurosas, sobre todo cuando violan la letra o el espíritu de la Palabra de Dios.

Muchos forman su opinión sobre la sumisión en base a su experiencia. Los jóvenes pueden haberse criado en un hogar donde se veían los extremos de la sujeción: una esposa maltratada que se deja pisotear por un esposo bruto; o de la Berta Brava que trata con rigor a Daniel Debilucho. De un hogar donde la mujer es humillada, una joven puede decir: "¡Ningún hombre me va a tratar así!". Del hogar de Daniel Debilucho, un joven puede emerger diciendo: "Hay que poner a la mujer en su lugar". Las experiencias de uno no siempre son su mejor guía.

Otros forman su opinión de enseñanzas populares, filosofías, modas culturales pasajeras o aun de las creencias feministas. Pero cualquiera que sea la fuente de la ideología que se opone a la sujeción, los resultados serán igual de malos. Se producen hijos rebeldes, se anima a la homosexualidad, se destruye el plan de Dios para la armonía familiar, desalienta la iniciativa masculina, promueve la holgazanería en los esposos y aun aleja a algunos maridos de sus esposas. *"Mejor es vivir en un rincón del terrado que con mujer rencillosa en casa espaciosa"* (Proverbios 21:9).

¿Por qué debes sujetarte a tu marido? Primero, porque es un mandamiento de Dios. No es opcional. No es una sugerencia, sino un mandamiento. Aunque no tenga ningún otro motivo, cada mujer debe desear obedecer a su Dios. La obediencia trae Su bendición y la desobediencia trae Su desagrado. De hecho, saber que esto es lo que debes hacer, y no lo haces es un pecado. *"Al que sabe hacer lo bueno, y no lo hace, le es pecado"* (Santiago 4:17).

La segunda razón para la sujeción es que expresa confianza en Dios. Ese es el significado de la amonestación de Pablo en Efesios 5:22. *"Las casadas estén sujetas a sus propios maridos, como al Señor"*.

El problema entonces es el objeto de tu sujeción: no es a tu esposo, sino a Cristo mismo. Tu sujeción es una expresión de confianza en Dios: "*Porque así también se ataviaban en otro tiempo aquellas santas mujeres que esperaban en Dios, estando sujetas a sus maridos*" (I Pedro 3:5). La expresión de confianza de estas santas mujeres era la sujeción a sus maridos. Cuando te sujetas a tu esposo, estás demostrando tu confianza en Dios. Cuando te sujetas a una autoridad designada, muestras tu confianza en el Otorgador de aquella autoridad.

El problema nunca fue el carácter del esposo, sino su lugar sobre ti como la autoridad propiamente designada por Dios. No es la perfección de su carácter en cuestión, sino la pureza de su posición como "cabeza" del hogar.

De hecho, Dios parece ir al extremo para demostrarte que lo importante para la sujeción no es tanto confiar *en* un hombre, sino mostrar tu confianza en Dios por medio de obedecer a tu esposo. Cuando Cristo se sometió a Pilato, no fue por el carácter excelente de Pilato, ni por la profundidad de su espiritualidad. ¡No lo hizo en vista de su persona, sino que fue por medio de la fe y *a pesar de* quien era! La confianza de Cristo no estaba en Pilato, sino en Dios Quien le había mandado someterse a él.

Cuando Pilato se frustró porque Cristo no le contestaba, él declaró arrogantemente: "*¿A mí no me hablas? ¿No sabes que tengo autoridad para crucificarte, y que tengo autoridad para soltarte?*" (Juan 19:10). Nuestro Señor no vacilaba. Sabía en dónde se originaba su autoridad. Respondió: "*Ninguna autoridad tendrías contra mí, si no te fuese dada de arriba*" (Juan 19:11). Está claro en las Escrituras que la sujeción de Cristo a la autoridad de Pilato no fue una expresión de confianza en él, sino de obedecer a Dios *por medio de* someterse a él. Cristo "*encomendaba la causa al que juzga justamente*" (I Pedro 2:23).

Es en este contexto de la sujeción a una autoridad injusta (Léase I Pedro 2:21-3:6) que exhorta a la mujer cristiana a que se sujete a un esposo inconverso. Pedro escoge una frase clave para ligar la sujeción de Cristo al Padre Celestial, con la de la esposa a su marido: "*Asimismo vosotras, mujeres, estad sujetas a vuestros maridos*" (I Pedro

3:1). Esta es una referencia directa al ejemplo de Cristo descrito tan poderosamente en los versículos anteriores.

El punto de la sujeción, entonces, se trata, primero y principalmente, del objeto de tu confianza. Dios es este objeto, y la sujeción a tu esposo es meramente la expresión de tu confianza en Él.

Dios es glorificado maravillosamente cuando la esposa confía en Él para someterse a su esposo como la "cabeza" del hogar.

Esto no quiere decir que la sujeción sea fácil o indolora. Al contrario. Para Cristo la sumisión significó la cruz. Puede significar lo mismo para ti. Pero la gloria más grande del hombre es aquella de la cruz (Gálatas 6:14), y la gloria más grande de Dios viene de la mujer piadosa que decide sujetarse a su esposo como una expresión de su confianza en Dios.

Tercero, cuando obedeces a Dios con un espíritu sumiso, manso y tranquilo, ejerces una gran influencia positiva sobre tu esposo (más de lo que te imaginas). Dios va más allá y dice que la sujeción de una esposa puede influenciar para bien a su marido. *"Asimismo vosotras, mujeres, estad sujetas a vuestros maridos; para que también los que no creen a la palabra, sean ganados sin palabra por la conducta de sus esposas"* (I Pedro 3:1). Una definición graciosa de sumisión es: "el arte de agacharte para que Dios pueda alcanzar a tu esposo". No puedes agacharte mejor que cuando te pones de rodillas en oración. Ésta es la expresión máxima de tu confianza en Dios. Este enfoque bíblico logra más que el enfoque mundano de las rencillas. *"Gotera continua en tiempo de lluvia y la mujer rencillosa, son semejantes"* (Proverbios 27:15). En otras palabras, si eres rencillosa con tu marido, ¡eres como una gotera constante!

El problema con esta idea de ser más mansa en el matrimonio, de acuerdo con la opinión de muchas esposas, es que lleva demasiado tiempo para lograr tu objetivo. Un poco de presión en el lugar apropiado produce resultados más rápidamente. Por cierto, las drogas hacen lo mismo; pero los efectos a largo plazo son muy costosos. El plan de Dios, normalmente, no produce cambios rápidos, sino cambios a largo plazo.

Cuarto, cuando te sometes a tu esposo, ministras a sus necesidades. Dios lo hizo para guiar. Tu disponibilidad para seguirle lo impulsará a guiar con más esmero. Requerirá mucha paciencia de tu parte, querida esposa, pero si tú confías en Dios para obrar en tu marido, aun con todo y faltas, Dios honrará tu fe.

El Ministerio del Marido: Sacrificio

Pablo capta la esencia del ministerio del marido hacia su mujer con esta frase: *"se entregó a sí mismo"*. Esto habla de sacrificio. Un esposo debe ofrecer a su mujer el sacrificio de su dirección. Él debe ser la *"cabeza de la mujer"*. Te preguntarás: "¿cómo puede ser un sacrificio guiar?" Se paga un alto precio por ser líder, cualquier tipo de líder. No importa si diriges un país o un hogar, te costará. Lo menos que te puede costar es el precio de la crítica. Alguien lo dijo bien: "¡Si te dan una patada en el trasero, quiere decir que tú vas por delante!" O para decirlo de otra manera: "¡Si vas adelante, te van a dar patadas en el trasero!"

Cuando estaba en el entrenamiento de la marina, dirigí a ochenta y dos hombres. Era responsable de hacerles levantarse de mañana, hacerlos acostarse y aun instruirlos en las maniobras de marchar. Este trabajo tedioso de marcar el compás en las prácticas aparentemente se veía muy atractivo para mi segundo líder del pelotón. Como me seguía en la línea de comando, me pareció bien dejarlo experimentar las riendas del liderazgo. Finalmente, llegó su gran oportunidad. Me llamaron al otro lado de la base, y dejé la compañía a su mando. Una hora después, volví y no tuve dificultad de encontrar a mi pelotón. Estaban marchando en una decena de direcciones, chocando entre sí y riéndose como unos escolares. Un par de ellos estaba acostado en el suelo, asaltado violentamente por la risa. A un lado estaba parado el líder del pelotón. Era un cuadro de fracaso total. Cuando me vio, corrió hacia mí y dijo: "¡Binney, cuánto me alegra verte! Esto no es tan fácil como parecía. ¡Puedes quedarte con tu trabajo!"

Descubrió lo que cada líder debe aprender: que hay tiempos

cuando el romance del liderazgo es eclipsado por sus cargas pesadas. Llevar la carga y aguantar el dolor es parte del sacrificio de ser el líder.

Tu esposa necesita ver que tú tienes un deseo genuino de buscar al Señor. Cuando una esposa ve a su marido de rodillas o con su Biblia abierta, le dará una quieta y dulce confianza de que Dios está en control y esto le dará mucha seguridad.

Segundo, ella necesita saber que tú tienes convicciones firmes, establecidas, que no se negocian, convicciones basadas en la Palabra de Dios. *"El hombre de doble ánimo es inconstante en todos sus caminos"* (Santiago 1:8). Un sistema de fe aguado que es caliente hoy y frío mañana crea una enorme inestabilidad y temor en el corazón de tu esposa. Cuando te comportas de una manera en la iglesia para agradar a las personas y luego, te doblegas bajo la presión del mundo por agradarles a ellos, tu esposa no sentirá confianza en tu liderazgo. Por ejemplo, es muy importante que la convicción de involucrarte en la iglesia no sea una cosa negociable. Llevar a tu esposa y familia a la iglesia cada semana trae una enorme estabilidad y confianza en ellos. Muchos hombres fallan en el liderazgo espiritual.

Sobre todo, debe haber amor en tu liderazgo. Hablaremos más acerca de esto en otro capítulo, por ser un tema que no se puede exagerar. Durante muchos años, los expertos en la crianza de niños advertían a los padres sobre la necesidad de usar técnicas apropiadas, siguiendo el orden correcto de las cosas y conformándose a los pasos establecidos de disciplina. Como resultado, miles de padres se concentraron en hacer bien las cosas, pero se olvidaron de pasar tiempo con sus pequeños. Trabajaron para proveerles una buena vida, pero se olvidaron de enseñarles con su ejemplo. Hoy estos "expertos" se disculpan por su enfoque desequilibrado. Estudios recientes han revelado que lo más importante para los padres es que sus niños lleguen a ser adultos con un sentido íntegro y profundo de que mamá y papá les aman. La necesidad más grande de tu esposa, por quien eres responsable, es darle esta misma seguridad.

Otro sacrificio necesario para el esposo es amar a su esposa *"como*

Cristo amó a la iglesia, y se entregó a sí mismo por ella". Al principio, pareciera que algo anda mal cuando comparamos el amor con el sacrificio; y esta actitud es parte del problema. Muchos hombres, aun hombres cristianos, tienen la idea de que el amor, aunque sobrepase el precio, no cuesta nada. Para ellos, el amor ofrece mucho pero requiere poco. La Biblia describe el amor no en términos de sentimientos, sino de acción, la clase de acción que conlleva sacrificio. Cuanto más grande sea el amor, más grande será el sacrificio.

Esto plantea una pregunta interesante. ¿Quién ama más? El adolescente que anda por un centro comercial pegado a su novia, cuyas expresiones de amor fluyen de emociones efusivas; o el esposo de cincuenta años que cuida a su esposa postrada, quien no lo reconoce, ni menos, puede devolverle su cariño. Podríamos decir mucho acerca del sacrificio y de la fidelidad de esta clase de amor; pero, hoy, son pocos los que lo mencionan.

Hay hombres a los que les gusta hacerles recordar a sus esposas lo que han tenido que dejar por ellas. Dicen: "¡Dejé el fútbol de la noche del lunes para llevarte a ver a tu madre! ¿Y qué agradecimiento recibí?"

Esta motivación no revela sacrificio, sino inversión. Si tú das para recibir, lo haces con interés. Si das voluntariamente, aun con ganas, sin esperar recibir algo a cambio, ¡esto es un sacrificio! ¿Qué has sacrificado últimamente por tu esposa?

CONCLUSIÓN

¿Qué significa el matrimonio? Es un ministerio. Tristemente es el ingrediente faltante de muchos matrimonios con problemas hoy en día. Si hay un hilo común que veo en los matrimonios que aconsejo, es que no tienen ni la más mínima noción de cómo ministrar a sus cónyuges. En cambio, se han dedicado a querer lograr que su cónyuge les ministre a ellos. Si Cristo *"no vino para ser servido,"* ¿deberíamos tener la meta de satisfacer nuestras propias necesidades en el matrimonio? Si Cristo vino *"para servir,"* ¿debemos acercarnos al matrimonio por alguna razón inferior?

5

Ministrando a La Necesidad
Más Grande de Tu Esposo

En el último capítulo, vimos la importancia de ministrar a nuestro cónyuge. En este capítulo y el próximo, te mostraremos la necesidad más grande de tu cónyuge. Esto te dará una meta clara para tu ministerio hacia él o ella. Aprenderás cómo entender a tu cónyuge, a ayudarle, y, como resultado, a unirte a él o a ella con un pegamento espiritual.

La Biblia misma es la fuente para entender. Nuevamente miraremos a la obra más importante de la literatura que jamás se haya escrito sobre el tema del matrimonio, a Efesios 5. Esta es la Carta Magna de todo pensamiento sobre el tema. Se originó en Dios, fue dado al apóstol Pablo por el maravilloso proceso de "inspiración" y luego fue puesta en imprenta para las generaciones venideras, ¡incluyendo la tuya!

El mundo ha tratado de entender el matrimonio desde una perspectiva totalmente diferente. Como resultado, su conocimiento, en el mejor de los casos, carece de sentido; y en el peor, está torcido. El mundo tiene una ignorancia insoportable acerca del sexo opuesto porque no tiene la misma fuente de conocimiento que tenemos nosotros. Ellos miran dentro de sí, pero nosotros miramos a Dios. ¿Qué es lo que Él dice?

LA NECESIDAD MÁS GRANDE DEL ESPOSO: QUE LE SIGAN

"*Someteos unos a otros en el temor de Dios*" (Efesios 5:21). Aprendimos que esto se refiere a someterse a las necesidades de tu cónyuge. La necesidad de cada cónyuge está revelada en la responsabilidad que se le indica al lector. Al leer Efesios 5, notarás que la necesidad más grande del esposo es que le sigan, que lo respeten como un hombre y que le tengan confianza como un líder.

"*Las casadas estén sujetas a sus propios maridos*" (Efesios 5:22) se refiere a la responsabilidad de la esposa de seguir su liderazgo espiritual. Debes someterte a él. Es tu "*cabeza*" y debes "sujetarte" a él (vs. 22-23). Todo esto se debe hacer "*como al Señor*". Recuerda que esta sumisión es una función espiritual y requiere la asistencia espiritual del Espíritu Santo. Saber esto no borra el temor ni la vacilación de muchas esposas. Ellas tienen una aversión natural a este concepto. Hay varias razones por esto.

LAS ESPOSAS SE SIENTEN RESPONSABLES POR SUS ESPOSOS

La cara de Susana registró conmoción y estupor. Cuando se dio cuenta del verdadero significando de mi pregunta, pude observar cómo se le iba abriendo el entendimiento. Una sonrisa reveladora comenzó a alumbrar su rostro, y aun antes de que su lengua pudiera formular una respuesta, su semblante había revelado la misma. ¿La pregunta? "¿Te sientes responsable *a* tu esposo o *por* tu esposo?"

Mi pregunta había sido provocada por su admisión de tener la tendencia de querer controlar a su marido, porque se sentía ser igual a él. El éxito de él lo veía como propio, y su fracaso era causa de bochorno y vergüenza para ella. Ella había tomado toda la responsabilidad por su infidelidad reciente, y era su hábito tomar como una afrenta personal cualquier crítica dirigida hacia él. Ella le expresaba su enojo a través de quejas, críticas e intentos de venganza. Estaba frustrada con la pasividad rezagada de su marido para tomar decisiones, y ella crónicamente tomaba el mando (al principio con su permiso), luego sintiéndose obligada a cubrir sus faltas; y finalmente, se ponía en abierta oposición a sus deseos.

Mi pregunta había puesto al descubierto su propensidad de querer controlar al esposo y su concepto errado de ser la responsable de sus hechos.

Considera esta pregunta tú misma. ¿Cómo responderías tú? ¿Te sientes responsable a tu esposo o por él? He planteado esta misma pregunta a incontables esposas en las sesiones de aconsejar, en seminarios para matrimonios; y en numerosos casos, un mismo patrón ha surgido. Como Susana, muchas otras sostienen sentimientos similares.

Las Esposas Miran la Debilidad Humana de su Marido

En Vez de Enfocarse en su Posición Divina

Dios ha creado tres instituciones divinas: el estado, la iglesia y el hogar. Sobre cada una de estas instituciones Él pone un líder humano. Aclara que en cada caso el líder sostiene una posición divinamente establecida, y Dios arropa a su siervo con gran dignidad. Un líder del gobierno es *"servidor de Dios para tu bien"*, y los que ocupan estas posiciones *"por Dios han sido establecidas"* (Romanos 13). A los pastores los llama *"ancianos"* para denotar su madurez, *"obispos"* para mostrar su función, y *"pastores"* para señalar su responsabilidad. Hablando a la iglesia les hace recordar *"que os hablaron la palabra de Dios"* (Hebreos 13:7) y deben ser obedecidos. El esposo y padre es llamado "cabeza" de la esposa y la sujeción a él se compara a la sumisión de la iglesia a Cristo.

El plan de Dios para cada una de estas instituciones es la armonía. Él desea que todos los que están bajo el líder que Él ha establecido vivan en unidad - unidad y no meramente unión. Puedes atar la cola de un perro a la de un gato y colgarlos de una soga y estarán unidos, ¡pero no estarán en unidad! Puedes amarrar a un hombre y a una mujer con papeles legales y ataduras matrimoniales, pero esto tampoco garantiza la unidad.

El plan de Dios para la unidad se logra a través de sus líderes establecidos. Dos cosas se necesitan para lograr esto: primero, la integridad de la reputación del líder; y segundo, la pureza de la evaluación del seguidor. El líder es responsable por la integridad de su reputación y el seguidor es responsable por la pureza de su evaluación del líder. Entra Satanás. Él tratará de desbaratar esta unidad, venciendo al líder y tentándole a pecar de alguna manera. Al mismo tiempo tratará de difamar al líder ante el seguidor, pues él es el "acusador de nuestros hermanos". Comienza a sembrar discordia, plantando pensamientos viles en la mente del seguidor para deshonrar al líder, especialmente en la de su esposa. Ella vive con este hombre, conoce lo que hace con sus medias sucias, lo ve patear al perro y gritar a los niños. Entonces el diablo susurra al oído de la esposa: "¡No tienes que someterte a aquél! Míralo. ¡Es solamente un pecador!" El diablo la acaba de engañar y desplazar su atención del puesto divino que ocupa su marido para fijarse en su debilidad humana.

El ser humano tiene una aversión natural a la autoridad. Nadie quiere que le digan lo que debe hacer. Todos los medios de comunicación se aprovechan grandemente de esta aversión innata y carnal a la autoridad. Sucede todos los días. Observa cómo las personas en autoridad se representan como menos que buenos. Los medios hacen esto a propósito. La televisión jamás ha tenido que ver con el intelecto, sino con las emociones. El temor, la ira, la codicia y la avaricia son la materia prima detrás de la mayoría de los programas. El enojo puede ser despertado fácilmente enfatizando las injusticias perpetradas por las autoridades. Recientemente me enteré de una entrevista hecha con "gente de la calle" donde pedían a los encuestados que pronunciaran la primera palabra que se les venía a la mente al escuchar estas palabras: "congresista, policía, padre, evangelista". Noten que cada uno de estos títulos representa una de las tres divinas instituciones de Dios. La respuesta más destacada para el congresista fue "corrupto"; para la policía, "cruel"; para el padre, "bueno para nada"; y para el evangelista, "inmoral". ¿De dónde sacaron los americanos una opinión tan baja de la autoridad? La respuesta en gran parte viene de los medios de comunicación. A través de un ataque constante e implacable en contra de la autoridad para subir su propia popularidad, han creado una confusión en la mente de los televidentes, exagerando la diferencia entre la dignidad del puesto que ocupa y los pecados personales de algunos. No se dice nada en cuanto a la opinión de Dios acerca de estos cargos. Cuando predomina este desequilibrio en la perspectiva, el resultado natural es resentimiento hacia toda autoridad. ¿Cuándo fue la última vez que viste a un policía presentado como un héroe, a un político como un siervo público verdadero, a un evangelista como admirado o a un esposo como estimado? Observo los anuncios de la televisión donde figuran un hombre y una mujer, especialmente cuando son una pareja casada. Sin excepción, cuando esto ocurre, al esposo lo ponen en ridículo. Quizás el propósito es venderle productos a la mujer, pero el resultado con el tiempo es de constante ridiculización de la personalidad humana del hombre, lo cual desluce su posición dada por Dios.

Esta representación ha dañado severamente la relación de los esposos con sus esposas. Ha reducido el respeto de la mujer por el cargo espiritual de su esposo. Ya que la mujer ha sido condicionada para mirar la personalidad humana de su marido, en vez de ver el puesto que le ha sido dado por Dios. Por esta razón, ella no titubea en ocupar el cargo de esposo para lograr sus propias metas. El "*lugar santo*" llega a ser solamente otro compartimiento del tabernáculo; el arca del pacto llega a ser un objeto de curiosidad en vez de ser un lugar de adoración; y el vehículo que lleva el arca solamente es otra carreta que necesita que la mano de Uza la sostenga para que no caiga. Una visión descuidada de las cosas santas siempre va de la familiaridad pecaminosa a la tragedia. Estudiar el rol divino del esposo ayudará mucho para restablecer el respeto debido y darle a la esposa una base bíblica para tener una sumisión espiritual hacia él.

Falta de Fe en Dios

A muchas esposas les falta la fe para creer que Dios pueda obrar en el corazón de su cónyuge, y por medio de él en el suyo. Cuando la idealización de ser esposo cede a la realidad de la naturaleza humana, algunas esposas se desilusionan—no solamente porque sus esposos no cumplen sus expectativas, sino también por la ausencia aparente de Dios en sus matrimonios. Esta doble desilusión puede degenerarse a un punto de vista de independencia, aislamiento y autosuficiencia. Un código silencioso emerge: "Si yo no hago una diferencia, nadie la hará".

Una razón importante por la falta de fe de parte de la esposa está en su forma de ver a Dios. Algunas esposas han llegado a verlo como remoto y distante, otras lo ven como indiferente, y aun otras lo ven como caprichosamente cruel porque Él permite la negligencia y el mal trato que sufren a manos de sus maridos. En cualquier caso, interpretan su dolor como una justificación para tomar las cosas en sus propias manos.

¿Qué se necesita? Volver, o quizás, comenzar de nuevo a ver, la soberanía amorosa de un Dios santo. Después de todo, en contra de lo que algunos piensan, Él *está* en control. Él obró en las circunstancias que los unieron en el matrimonio. *"La suerte se echa en el regazo; mas de Jehová es la decisión de ella"* (Proverbios 16:33). Él controla la puesta de líderes, de un esposo piadoso y aun la de un esposo intolerante en tu vida. Considera este hecho asombroso: *"el Altísimo gobierna el reino de los hombres, y que a quien él quiere lo da, y constituye sobre él al más bajo de los hombres"* (Daniel 4:17). ¿Y por qué pone Dios al más bajo de los hombres en lugares de autoridad? Aunque no podremos jamás entender los caminos y pensamientos de Dios, es claro que Sus propósitos son para nuestro bien (Romanos 8:28). El apóstol Pablo se dio cuenta de ello cuando escribió: *"Quiero que sepáis, hermanos, que las cosas que me han sucedido, han redundado más bien para el progreso del evangelio"* (Filipenses 1:21).

Algunas esposas pierden de vista esto y se olvidan del hecho de que Dios puede usar la necedad y pecaminosidad de su esposo para formar el carácter divino en ella, la esposa, y así lograr Su propósito. En cambio, en una desesperada lucha por evitar el dolor, gradualmente ella cede a la tentación de manipular al esposo para satisfacer sus propias necesidades.

EXPECTATIVAS FRUSTRADAS

Otra razón para la determinación errada de la esposa de querer controlar a su esposo está relacionada a expectativas frustradas. Ella esperaba ciertas cosas, y él no se las dio, produciendo el desánimo en ella. Si "*la esperanza que se demora es tormento del corazón*" (Proverbios 13:12), luego, el desánimo por el aplazamiento o cancelación de sus expectativas poco realistas producen en ella la sensación de pérdida. Eso a su vez, puede llevar a la esposa frustrada a tratar de presionar a su esposo a que cumpla esas expectativas. Por ejemplo, desde la niñez se nos ha enseñado que los eventos de la vida traen felicidad. ¿Recuerdas "y vivieron felices para siempre"? Agrega a esto el lema de las canciones de amor, de las novelas románticas y de películas de "niño conoce a niña", y muchas mujeres serán propensas a esperar lo que real y perpetuamente los hombres no pueden proporcionar: un romance vibrante, palpitante y punzante. De hecho, en los dos o tres primeros años de matrimonio aportarán esta promesa sutil, juvenil; pero, como se lamentó una esposa desencantada: "Me casé con un ideal, y recibí un mal trato; ahora, yo quiero un trato nuevo".

Si la esposa pone su expectativa irreal de amor romántico en su esposo, y él no la cumple, ella tratará de sacársela de cualquier forma. Ésta llevará consigo un portafolio de grandes proporciones lleno de artimañas femeninas, donde usará de la adulación, zalamería, amenazas, aislamiento, lágrimas y aun puertas de su dormitorio cerradas con llave. Tanto el espíritu de la mujer como el mismo matrimonio se beneficiarán si ella hace un replanteamiento cuidadoso de sus expectativas para su esposo.

UNA ESPOSA PUEDE SEGUIR BÍBLICAMENTE A SU MARIDO

RESPETÁNDOLO COMO HOMBRE

A veces, es más fácil para una mujer seguir a alguien que no conoce muy bien. El pastor y el policía evocan respeto, pero es fácil acomodarse a un esposo de muchos años y encarar el deber de seguirle con una actitud arrogante. Es por esto que las Escrituras enfatizan el deber de sujetarse a su propio esposo: *"Las casadas estén sujetas a sus propios maridos"* (Efesios 5:22). La Biblia lo hace muy personal y lo trae a la misma casa donde vives.

El hombre tiene la necesidad natural de establecer su masculinidad, y hay un sinfín de maneras necias que usa para lograrlo. Muchos hombres buscan medir su masculinidad con la cantidad de cerveza que toman. Otros hacen ver cuánto peso pueden levantar y el tamaño de sus músculos. Aun las conquistas sexuales, los logros profesionales y la cantidad de dinero que acumulan son prioridades para muchos hombres errados e inseguros. Pero Dios tiene un camino mejor. Él quiere satisfacer la necesidad de sobresalir, pero de manera espiritual; lo que no se encontrará en el mundo, sino en su propio corazón y hogar.

El sentido de valor del hombre se satisface, en primer lugar, a través de su relación con Dios. Cuando éste experimenta la plenitud de Dios y las bendiciones de la comunión con Él, entonces podrá sentir gran realización. Pero ésta viene por el ministerio directo de Dios en el hombre. Dios también tiene un ministerio indirecto hacia el hombre por medio de su mujer.

Al someterse la mujer a su marido, Dios la usa para destacar su sentido de valor. "Mi esposa cree en mí", es una verdad que generaciones de hombres han logrado entender. Un jugador famoso de fútbol hizo una jugada espectacular que ganó el partido en los segundos finales. Las tribunas estaban repletas de miles de aficionados apasionados gritando mientras miles más lo veían por televisión. El futbolista corrió a la línea lateral con la pelota ganadora en la mano, se paró en la línea de la yarda 50 y miró a la tribuna, ajeno a la aclamación del público. La pantalla de televisión se llenó del rostro de una mujer sonriente. El locutor informó a la audiencia televidente que ésta era la esposa del jugador. El héroe del momento sonrió y saludó a su esposa con la mano en señal de aprobación. Ella le sonrió y le devolvió el saludo. Luego salió corriendo con la pelota de la victoria en alto. Demostró al mundo el valor que un marido pone en la aprobación de su esposa. Todo esposo entiende esa necesidad del corazón varonil.

Como esposa, tú puedes hacer mucho para suplir la necesidad de aprobación de tu esposo. Déjale saber que tú lo necesitas y dependes de él. Esa sensación caballerosa de proteger a la bella dama del peligro no está limitada a los caballeros de la Mesa Redonda del Rey Arturo de Inglaterra, sino que sigue vivo en el corazón de todo hombre decente. Mujer, tu autosuficiencia destruirá esa dependencia; después de todo, si tú eres demasiado competente y tienes todo bajo control, ¿para qué lo necesitas a él? El escritor de Proverbios escribió, *"Mantenme del pan necesario; no sea que me sacie, y te niegue, y diga: ¿Quién es Jehová?"* (Proverbios 30:8-9). Es una verdad básica de las Escrituras que la autosuficiencia destruye la confianza. A veces una barriga llena es lo peor para cultivar nuestra relación con Dios, y una billetera llena es lo peor para hacer crecer tu relación con el esposo.

Deberías considerar seriamente el valor de trabajar fuera del hogar. Hay un creciente desinterés en carreras de tiempo completo entre las mujeres, especialmente entre las mujeres cristianas. Cuando se les preguntó: "Si tuvieras suficiente dinero para vivir cómodamente a tu gusto, ¿preferirías trabajar a tiempo completo, tiempo parcial, trabajar como voluntaria o trabajar en tu hogar cuidando de tu familia?" el 85 por ciento de las mujeres en general no desearía trabajar fuera de su hogar. "La mayoría de las mujeres estudia una carrera, pero de todas formas, ponen a la familia como su prioridad número uno. En realidad, no son pocas las que quieren ser amas de casa de tiempo completo."[2] (Y el 74 por ciento de las feministas estaba de acuerdo con estas mujeres.) De estos resultados, yo concluyo que las esposas quieren ser *"cuidadosas de su casa, buenas, sujetas a sus maridos, para que la palabra de Dios no sea blasfemada"* (Tito 2:5), y que *"se casen, críen hijos, gobiernen su casa; que no den al adversario ninguna ocasión de maledicencia"* (I Timoteo 5:14). Esta encuesta demuestra una conciencia creciente entre las mujeres de que el hogar es el lugar donde deben estar.

Cuando tú, como esposa, esperas la provisión de tu marido, sacas a relucir lo mejor de él. Al ser así, él responderá a tu necesidad de provisión y protección. Él sabrá que tú confías en él y no querrá defraudarte. Esta respuesta del hombre está bien documentada en las Escrituras. Primera de Pedro 3:1-6 afirma la verdad de que el hombre responde positivamente a una esposa que confía en él.

Esto no implica que por alguna circunstancia extenuante la esposa no tenga que trabajar fuera de la casa, pero esto debe venir por la guía del marido y no solamente por un deseo de "tener más". Los estudios muestran que las ventajas económicas obtenidas cuando la esposa trabaja fuera del hogar son pocas.

Una cualidad importante del liderazgo es proveer para las necesidades de la familia. Cuando tu esposo asume la responsabilidad de generar las finanzas para la familia, él está ejerciendo liderazgo. Cuando tú trabajas fuera del hogar, tu jefe (la fuente de tu dinero) puede llegar a asumir mayor importancia para ti que tu propio marido.

Otra forma de mostrar el respeto que tienes para tu marido es aceptar sus decisiones en tu espíritu. El padre de un pequeño niño le ordenó sentarse. Este padre le tuvo que decir una segunda y hasta una tercera vez antes de que el niño le obedeciera. Cuando por fin se sentó, arrugó la frente y dijo: "¡Estoy sentado por fuera; pero por dentro estoy parado!" Aceptar la decisión de tu esposo en tu espíritu significa más que esto. Significa honrar y respetarlo. El espíritu de una esposa influencia grandemente las ambiciones de su marido. Este conocimiento pudo haber movido a Ralph Waldo Emerson a escribir las siguientes palabras: "La esposa del hombre tiene más poder sobre él que el mismo estado". La crítica y el sacar a relucir los fracasos pasados dañarán mucho su relación, pero la alabanza le hará mucho bien.

Una de las mejores maneras en que una mujer puede seguir a su marido es...

Reverenciándolo como Líder

"La mujer respete a su marido" dice Efesios 5:33. Esto significa reverenciar y respetar su oficio y autoridad. Se logra por medio de hacer varias cosas, y todas fortalecerán al matrimonio.

Asegúrale a tu esposo que confías en Dios para obrar a través de él y que tú puedes ver la evidencia de ello. Déjale saber que respetas su autoridad porque viene de Dios. Muchos esposos luchan con la idea de ser líderes competentes. Tu confianza en él fortalecerá las manos de tu esposo para ser un buen líder.

Expresa palabras de confianza a tu marido, diciéndole: "Sé que nos cuidarás. Siempre lo has hecho", o "yo sé que Dios te me dio para mí". Tales palabras harán mucho para demostrarle a tu marido que respetas su liderazgo.

Anímale a sostener las metas dadas por Dios cuando las cosas andan mal. Todo matrimonio tiene momentos difíciles cuando las nubes bloquean la vista del sol. La luz de tu sonrisa hará mucho para disipar aquellos momentos de oscuridad.

Busca consejo espiritual de tu esposo. Apela a su liderazgo expresando tu necesidad de dirección espiritual. Esto fortalecerá tu relación, lo animará a estudiar la Biblia, a honrar a Dios y a dar un buen ejemplo piadoso a tus hijos. Con tu manera de hablar, puedes elevar el testimonio de tu esposo ante otros. Habla de lo que significa la reverencia.

Tendrás una tremenda influencia sobre tu esposo cuando ministres a sus necesidades. Tu obediencia a Dios en este asunto, le dará libertad para bendecirte a ti y a tu matrimonio. Llega a ser una experta en cómo suplir las necesidades de tu esposo, y experimentarás más gozo que cuando te preocupas más por conseguir tus propias necesidades.

Sujetándose "Como al Señor"

La tierra firme para cualquier diálogo que tenga que ver con la sumisión de la esposa es el motivo noble mencionado por el apóstol Pablo: las esposas deben sujetarse *"como al Señor"* (Efesios 5:22). Esto no es un llamado para someterse igualmente al esposo como al Señor. Como hizo notar Lloyd-Jones sobre esta frase: "No significa, 'Esposas, sométanse a sus propios esposos de la manera exacta como se someten al Señor'." No significa eso, porque eso sería irse muy lejos de la intención divina. Todos somos siervos de Jesucristo, pero a una esposa jamás se le dice que sea una esclava de su marido".³ Esta mala perspectiva de la vida es contraria el espíritu de sumisión que Cristo desea para la esposa cristiana.

La sumisión no viene por sentir adoración hacia el hombre, ni por sentimientos de inferioridad o aun de deber u obligación. Dios dice: *"hacedlo todo para la gloria de Dios"*, y esto incluye la sujeción a tu marido. La sujeción hacia tu marido es una expresión de tu sumisión a Dios. Lo debes hacer por amor a Cristo y para Su gloria. Esto levanta el ministerio de sujeción del valle oscuro del deber y la pone sobre la cima de la montaña del placer.

Conclusión

El autor de un libro popular sobre las necesidades matrimoniales recomienda que la esposa se separe de su marido como un medio para mejorar el matrimonio: "Cualquier persona que esté considerando una separación debe simplemente tomar esa acción y después trabajar para mejorar su matrimonio".· Tal aprobación absoluta de la filosofía pragmática que dice que el fin justifica los medios utilizados refleja la manera de pensar del mundo, pero no concuerda con el pensamiento de Dios. La Biblia anima a la esposa a tomar responsabilidad por el resultado del matrimonio, diciendo: *"Que... no se separe"* (I Corintios 7). La Palabra de Dios es clara y condena esta idea.

El plan de Dios, por el otro lado, es que los maridos *"sean ganados sin palabra por la conducta de sus esposas, considerando [su] conducta casta y respetuosa"* (I Pedro 3:1-2). Esto está lejos de la manipulación desesperada de una esposa que siente que tiene el derecho y la responsabilidad de cambiar a su marido.

¿Recuerdas a Susana, la esposa disgustada al principio del capítulo? Cuando ella aplicó estos principios a su matrimonio, descubrió que no solamente estaba libre de una carga indebida; sino que también, el espíritu de su esposo fue atraído al de ella. Su esposo había estado esperando este cambio en ella por mucho tiempo. Quizás tu esposo también lo esté esperando.

---

[1]Frank S. Zepezauer, "Women Want Careers with 'Mommy Track,'" *Insight on the News* 12, no. 47 (1996): 30.

[2]Zepesauer.

[3]D.M. Lloyd-Jones, *Life in the Spirit: In Marriage, Home, and Work* (Grand Rapids: Baker Book House, 1975), 101.

[4] Willard F. Harley Jr., *His Needs, Her Needs,* (Grand Rapids: Fleming H. Revell, 1986), 35.

6

Ministrando a la Necesidad Más Grande de tu Esposa

Así como la necesidad más grande del esposo es revelada en las Escrituras, también la de la esposa lo es. Así como la clave para entender la necesidad del esposo es estudiar la responsabilidad de la esposa, la clave para entender la necesidad de la esposa es mirar de cerca la responsabilidad del esposo.

LA NECESIDAD MÁS GRANDE DE LA ESPOSA: SER AMADA

"Maridos, amad a vuestras mujeres…. Así también los maridos deben amar a sus mujeres…. Cada uno de vosotros ame también a su mujer como a sí mismo" (Efesios 5:25, 28, 33). El tema que atraviesa toda la instrucción de Dios al marido es que la esposa necesita ser amada. Esposo, depende de ti satisfacer esa necesidad. La clase de amor del cual habla Dios es el amor *ágape*. Probablemente has experimentado ya otras formas de amor, pero este amor requiere de atención especial. Dios ha provisto un manual de instrucción para este propósito. El manual para el "software" que estoy usando en este momento para escribir este capítulo tiene más de cuatrocientas páginas. Y supuestamente ésta es la era de lo fácil y rápido. En contraste, el manual de Dios para este tema consiste de solamente nueve versículos de

las Escrituras. ¿Qué dicen?

Cómo Amar a tu Esposa

Para entender cómo amar a tu esposa, debes comprender el amor de Cristo. *"Maridos, amad a vuestras mujeres, así como Cristo amó"* (Efesios 5:25). Comprender el amor de Cristo es una tarea de gran envergadura, y no simplemente algo que viene naturalmente. Requiere *"conocer el amor de Cristo, que excede a todo conocimiento"* (Efesios 3:19). ¿Suena difícil? No realmente. Dios ha hecho sumamente fácil conocer Su amor por nosotros: *"Maridos, amad a vuestras mujeres, así como Cristo amó a la iglesia, y se entregó a sí mismo por ella"* (Efesios 5:25).

Se les manda a los esposos a amar como Cristo amó a la iglesia y *"se entrego a sí mismo por ella".* Puedes acudir a muchas fuentes para tratar de entender el tema importante del amor, pero las Escrituras son el mejor lugar a dónde ir y la mejor manera de conocer exactamente la clase de amor que tu esposa necesita. Es un...

Amor que Sacrifica.

La evidencia del amor bíblico siempre se mide por su costo. Cuando Dios quiere mostrar cuánto nos ama, nos pide que consideremos cuánto le costó a Él. *"Porque de tal manera amó Dios al mundo, que ha dado a su Hijo unigénito"* (Juan 3:16) y *"Mas Dios muestra su amor para con nosotros, en que siendo aún pecadores, Cristo murió por nosotros"* (Romanos 5:8).

La evidencia de tu amor, al igual que el amor de Cristo, se mide por el sacrificio hecho. Cristo sacrificó mucho en la cruz por Su novia, la iglesia. Él entregó Su orgullo cuando fue colgado en la cruz con vergüenza. Cristo sacrificó Sus amigos cuando ellos *"dejándole, huyeron"* (Mateo 26:56). Él entregó todas Sus relaciones, aun y especialmente la que disfrutaba con Su Padre. Perdió Su principal fuente de gozo cuando Su Padre le dio la espalda por causa del pecado del mundo que fue puesto sobre Él. Cristo amó tanto a la iglesia que abandonó toda comodidad y sufrió como ningún hombre había sufrido. Finalmente, sacrificó Su propia vida. *"En esto hemos conocido el amor, en que él puso su vida por nosotros; también nosotros debemos poner nuestras vidas por los hermanos"* (I Juan 3:16). Si tú quieres comprender el amor de Cristo, solamente tienes que contemplar Su sufrimiento. Si quieres que tu esposa comprenda tu amor, debe haber un mayor intento de comunicarle lo que sientes. Si *"debemos poner nuestras vidas por los hermanos,"* y ¿qué puede ser más grande que ese amor?, obviamente, Dios quiere que la palabra "hermanos" incluya a tu esposa. Él la puso sobre los demás como el objeto de tu sacrificio. Por eso dice *"amad a vuestras mujeres, así como Cristo amó a la iglesia"*. ¿Qué sacrificio has hecho últimamente por tu esposa?

Cuando el Rey David quiso honrar a Dios por Su bondad, le ofreció un sacrificio. Un amigo bien intencionado le quiso dar lo que necesitaba para ese acto de devoción. David dijo: *"No, sino por precio te lo compraré; porque no ofreceré a Jehová mi Dios holocaustos que no me cuesten nada"* (2 Samuel 24:24). El rey sabía que no era amor si no había un costo involucrado. Un esposo sabio concluirá lo mismo. La evidencia más grande de amor no es lo que sientes, ni el provecho que puedes sacar de tu esposa; sino lo que tú le puedes dar. Más que eso, es el sacrificio que haces para hacerlo.

Mi padre me enseñó esta lección de primera mano. Mi madre sufrió la enfermedad de "Alzheimer" por años. Al principio, ella solamente se olvidaba de algunas cosas aquí y allá; pero llegó un tiempo más adelante en que le era difícil hablar coherentemente. Cuando progresó la enfermedad, ella ni siquiera reconocía a mi padre. En contra de su buen juicio, pero porque ella necesitaba cuidados constantes, la puso en una clínica de reposo. La visitaba diariamente, pero se angustiaba de no poder estar con ella las 24 horas del día. Contrató una enfermera de planta, y la mudó a la casa nuevamente. Una vez me dijo: "Jimmy, mi oración es que yo pueda vivir un día más que tu mamá". Lo vi cuidarla tiernamente: ayudándole a meterse y a salir de la cama, vistiéndola, y aun cepillando su cabello, dándole de comer y limpiando su boca. Me maravillé del amor que le tenía porque ella no podía corresponderle con un amor propio. Por años, siguió su ministerio de sacrificio y amor, jamás flaqueó en su devoción a ella. Ella siguió deteriorándose y finalmente en la Noche Buena del año 2002, ella dio su último aliento. Aun en ese momento, papá estuvo a su lado, sosteniendo su mano y consolándola. El la amó hasta el fin, sin recibir nada a cambio.

El tiempo llegará en tu matrimonio cuando tendrás que hacer sacrificios por tu esposa. Cuando eso suceda, le demostrará cuánto la amas y tus ofrendas de amor fortalecerán tu matrimonio como los dones de Cristo fortalecen el lazo que hay entre Él y Su iglesia.

Amor que Satisface

No es suficiente amar a tu esposa con un amor que te satisfaga a ti, sino con un amor que la satisfaga a ella. Éste es el amor puro. Así como la salvación de la iglesia fue el objetivo de Cristo en Su expresión de amor en la cruz, la felicidad de tu esposa debe ser una gran prioridad de tu vida. El esposo *"sustenta y cuida"* a su esposa como Cristo sustenta y cuida a la iglesia (Efesios 5:29). La palabra "cuida" tiene una connotación fuerte de protección. Se ilustra con la gallina que junta sus pollitos debajo de sus alas, lugar cálido y suave, para protegerlos de cualquier peligro. Tu esposa necesita esta clase de amor. Ella quiere sentir tu calidez y protección; lo necesita, ya que es la vasija "más frágil".

Tú la cuidas cuando la tratas con ternura, cuando buscas, sobre todo, entender su sensibilidad y cuando la tratas con honra. Y a esto Dios le da un lugar muy importante, porque mide las oraciones contestadas de acuerdo a la fidelidad del esposo en satisfacer esta necesidad. *"Vosotros, maridos, igualmente, vivid con ellas sabiamente, dando honor a la mujer como a vaso más frágil, y como a coherederas de la gracia de la vida, para que vuestras oraciones no tengan estorbo"* (1 Pedro 3:7). Dios estima de gran valor a tu esposa.

¡¿Y cuánto valor tiene ella?! *"Mujer virtuosa, ¿quién la hallará? Porque su estima sobrepasa largamente a la de las piedras preciosas"* (Proverbios 31:10). "Virtuosa" quiere decir "moralmente pura, de excelencia moral". Cuando encuentras a una mujer que vive en pureza y en sujeción a Dios (no necesariamente alguien con un pasado perfecto, sino una persona con un presente puro), has encontrado algo de tremendo valor. El hombre moderno parafrasea este versículo así: "¿Quién puede hallar a una mujer hermosa... una mujer con buen cuerpo... una mujer talentosa... una mujer brillante... una mujer simpática?" Dios pasa por alto todas estas cosas y estima más la virtud. ¿Qué es lo que tú estimas más? Tu amor por tu esposa debe ser como el amor de Dios. Tener un amor como el de Dios significa estimar lo que Dios estima. *"Pues el hombre mira lo que está delante de sus ojos, pero Jehová mira el corazón"* (I Samuel 16:7). Dios mira el corazón y pone gran valor en él. ¡No solamente dice que la virtud tiene más valor que las piedras preciosas, sino que el alma de tu esposa tiene más valor que todo el mundo! *"Porque ¿qué aprovechará al hombre si ganare todo el mundo, y perdiere su alma?"* (Marcos 8:36). Cuando Dios mide el valor del alma de tu esposa, lo pone en un lado de la balanza, y en el otro lado pone todo el oro del mundo. Le agrega la plata, los diamantes, los bienes raíces, las acciones y los bonos y todos los otros bienes que todo millonario, negociante, corporación y nación en la tierra puedan poseer. Luego declara: "¡El alma de tu esposa tiene más valor que todo esto!"

Una vez entré a una tienda de antigüedades para comprar un escritorio para mi hijo. En mi ignorancia, las cosas que vi que estaban de venta, las vi como un montón de cachivaches, mas los amantes de las antigüedades, las llaman "reliquias". Vi un escritorio que me serviría, aunque era un poco viejo.

"¿Cuánto cuesta?", le pregunté, pensando que serían como diez dólares.

"Trescientos dólares", me contestó el empleado.

"¿Cómo puede ser?", dije. "Tiene golpes y rayones por todos lados. ¿Cómo llegaste a ese precio?"

Me dio una mirada aristocrática que mostraba su desdén por tanta ignorancia y me dijo:

"El dueño le puso ese precio porque hay personas que lo

pagarían."

"Quizás lo harían, pero yo no", repliqué. Cuando un comprador y un vendedor están de acuerdo en el precio, no hay problema con pagarlo. Cuando un esposo está de acuerdo con el dueño de su esposa acerca de su valor, no hay problema en hacer sacrificios por ella. Este es el amor puro: amar lo que Dios ama y de la manera que Dios ama. Esto es estar de acuerdo con Dios acerca de su valor. Significa atesorarla y cuidarla.

¿Por Qué amar a Tu Esposa?

En principio puede sonar como una pregunta tonta, pero es importante. Hay muchas razones egoístas por amarse mutuamente. La razón de Cristo para amar a la iglesia, en contraste, describe el motivo más alto del amor y contiene una lección increíble para el esposo. ¿Por qué amó el Señor a Su iglesia? *"A fin de presentársela a sí mismo, una iglesia gloriosa, que no tuviese mancha ni arruga ni cosa semejante, sino que fuese santa y sin mancha"* (Efesios 5:27-28). Fíjate en Su meta para la iglesia. Él quiere santificarla. Esta debe ser la meta del marido para su esposa.

De la misma manera que Cristo se dispuso a ministrar a las necesidades espirituales de la iglesia, tú debes ministrar a la vida espiritual de tu esposa. Tú la amas cuando le ayudas a santificarse, lo cual simplemente significa separarla para el propósito especial de llegar a ser más y más como Cristo. Hace años, un príncipe deformado le encargó a un artista traer un bloque de mármol al patio de su palacio para esculpir una estatua de él, de cómo habría sido, si él fuera normal. El escultor comenzó su proyecto, y no pasó mucho tiempo cuando el rostro del amado príncipe comenzó a emerger. Sin embargo, cuando hizo el cuerpo, no era aquel del príncipe deformado, sino de un hombre con un cuerpo normal y bien erguido. Después, cuando el escultor limpió los escombros, el príncipe fue visto acercándose a la estatua. Lo estudió por un momento y luego se puso de espaldas a la estatua, poniendo sus manos en las caderas de la misma. Se forzó para enderezar su espalda.

Continuó así hasta que le dieron calambres en sus músculos. Siguió así por días, semanas y aun meses. Un día se fue a la estatua, puso su espalda contra ella, y para alegría de todos, afirmó su cabeza a la de la estatua y sus hombros a los de la estatua. Literalmente se había conformado a la estatua. Esto mismo es la santificación - llegar a ser *"hechos conformes a la imagen"* de Cristo (Romanos 8:29). Amar a tu esposa con el motivo de santificarla es ayudarla a poner sus ojos en Cristo, a estudiarlo y compararse a él de todos los ángulos, para que gradualmente se vaya conformando a Su imagen. Este es el más alto motivo del amor: ayudar a tu esposa a llegar a ser más como Cristo. Solamente cuando esta meta penetra el corazón del marido puede su matrimonio alcanzar todo su potencial.

¿Cuándo Debes Amar a tu Esposa?

Quizás sea mejor preguntar: "¿Hasta cuándo debes amar a tu esposa?" Es sorprendente saber que mientras la Biblia enseña que el amor *"nunca falla"* y es *"sufrido"*; el amor moderno casi no sobrevive el eco de las palabras de la ceremonia matrimonial, "hasta que la muerte nos separe". Es desalentador que en vez de imitar el modelo bíblico del amor que *"todo lo sufre"*, los esposos de hoy cambian de pareja por otra nueva, como un hombre cambia un auto por otro. La duración del amor en los matrimonios, hoy en día, difiere mucho de aquel en las Escrituras. Pero el amor *ágape* puro de un esposo por su esposa se entiende mejor comparándolo al amor de Cristo por la iglesia. ¡Y cuán duradero es ese amor! Romanos 8 nos hace saber que nada, absolutamente nada, puede apagar el amor de Cristo. *"¿Quién nos separará del amor de Cristo? ¿Tribulación, o angustia, o persecución, o hambre, o desnudez, o peligro, o espada?... Por lo cual estoy seguro de que ni la muerte, ni la vida, ni ángeles, ni principados, ni potestades, ni lo presente, ni lo por venir, ni lo alto, ni lo profundo, ni ninguna otra cosa creada nos podrá separar del amor de Dios, que es en Cristo Jesús Señor nuestro"* (Romanos 8:35-39). Este concepto es muy distinto al amor de "aquí hoy y mañana se va" de muchos románticos. Cuánto mejor es el amor de Dios en comparación con ese amor tan frágil que no puede aguantar la brisa del descuido, mucho menos las tormentas de la tribulación. Si tú amas a tu esposa con el amor de Cristo, no hay poder en la tierra ni en el infierno que pueda detenerlo. Cuando consideras el momento de tu boda y te acuerdas de la pregunta más famosa de todos los tiempos: "¿Prometes amarla en enfermedad y en salud, en pobreza como en riqueza, renunciando a todas las demás, guardándote para ella y solamente para ella, hasta que la muerte los separe?", ¿te das cuenta de la seriedad de tu respuesta? Pero aun, más allá de estos votos, se requiere que ames a tu esposa *"como Cristo amó a la iglesia, y se entregó a sí mismo por ella"*.

Conclusión

Toda esposa necesita ser amada, no con sentimentalismo vaporoso de emociones poco pensadas y precipitadas; sino con el amor de Cristo, nacido en el corazón de un hombre de conocimiento y compromiso que se ha forjado por medio del estudio cuidadoso del amor de Cristo. La necesidad más grande de tu esposa es tu amor. ¡Qué ministerio tan maravilloso tienes! ¡Qué matrimonio tan feliz podrás disfrutar!

7

Mitos Acerca del Amor
y el Matrimonio

Un matrimonio con veinte años de casados, agotado por tanta lucha, acababa de completar una semana de recibir consejos en Moorehead Manor. Dijo la esposa: "Hemos aprendido tanto en esta semana, cosas que jamás supimos antes. Somos una pareja típica, supongo, que se casó apresuradamente. No recibimos consejos prematrimoniales y jamás nadie nos enseñó acerca del matrimonio. Si solo hubiésemos sabido lo que ahora sabemos, nuestro matrimonio habría sido mucho mejor".

Esta pareja había tomado una decisión apresurada, basada en información incompleta. Como muchas parejas que vienen a mí para recibir consejos, a ellos les faltó el conocimiento básico de cómo tener un matrimonio exitoso. Desafortunadamente, es imposible volver al pasado y comenzar de nuevo con el nuevo conocimiento. Pero, aunque no puedes volver a vivir el pasado, puedes cambiar el presente y el futuro, por medio de aprender lo que necesitas saber para esos momentos críticos.

Parte de este aprendizaje para el futuro requiere que ajustes tu enfoque y busques una fuente nueva de información que pueda servirte mejor, a diferencia de las ideas borrosas que motivaron a la joven mencionada arriba. No siempre es fácil hacer esto.

En un día cuando más personas sacan sus ideas acerca del amor y el matrimonio de la televisión, más que de la iglesia, no es de sorprender que haya mucha confusión sobre el tema. Cuando el Crucero del Amor reemplaza al Libro del Amor como autoridad sobre las relaciones, es comprensible que la oscuridad prevalecerá sobre la luz, y los mitos triunfarán sobre la verdad.

Siempre ha sido el conflicto de las edades, esta batalla entre la verdad y el error, que se ha llevado a cabo con alarmante regularidad en el área del matrimonio. Por un lado el mundo, la carne y el diablo se despliegan. Parece ser que existe una conspiración entre ellos para presentar el error de manera tan ingeniosa que tenga un atractivo universal. Su decepción ofrece gratificación instantánea, incluso negando que haya consecuencias por complacerse uno mismo.

Por el otro lado está la verdad. Tan simple y poco atractiva, como es la cruz, promoviendo el sacrificio en vez de la gratificación y ofreciendo el castigo por el pecado en vez de placer. Además, promete felicidad más para después de esta vida que para el presente. A menudo se presenta con tanta franqueza que su naturaleza misma es ofensiva para muchos. Es por esto que Pablo hace la pregunta: *"¿Me he hecho, pues, vuestro enemigo, por deciros la verdad?"* (Gálatas 4:16). Muchas veces la verdad es rechazada por muchos como el Rey Acab quien dijo: *"porque nunca [nos] profetiza bien, sino solamente mal"* (1 Reyes 22:8).

Es por esta propuesta menos esplendorosa que aun los cristianos, creyentes en la Biblia, son atraídos a la trampa del error. Ellos mismos se encuentran atraídos a la forma de pensar del mundo, sin darse cuenta. Su necesidad de satisfacción y su impulso de recibir gratificación, muchas veces, los ciega al valor de la verdad que es más difícil.

La batalla para el alma es crucial. Mucho pende del hilo del resultado. ¿Cómo puede ser ganada esta batalla? La estrategia de la Biblia es simple y eficaz: identificar la mentira, rechazarla y reemplazarla con la verdad. Este es el consejo de Dios a Jeremías: *"Mira que te he puesto en este día sobre naciones y sobre reinos, para arrancar y para destruir, para arruinar y para derribar, para edificar y para plantar"* (Jeremías 1:10).

Cuando Dios envió a Jeremías y lo preparó para Su servicio, le dijo que tendría que deshacer la manera normal de pensar, antes de poder reemplazarla con el pensamiento debido. De hecho, usó cuatro frases negativas y dos positivas. ¡Ni hablar de las predicaciones negativas! Le dijo a Jeremías que tendría que sacar de raíz, tirar abajo, destruir y echar fuera todo antes de comenzar a reedificar y replantar.

Dios subrayó utilizando dos metáforas poderosas: un jardín y una casa. El jardín existe para "plantar" y la casa tiene que ser "edificada"; pero antes de poder hacer cualquiera de las dos, tiene que haber preparación. Para que el jardín sea plantado, la tierra necesita preparación, arrancando la maleza. Jeremías debía "sacar de raíz" esta maleza antes de plantar la nueva semilla. Plantar entre la maleza o edificar encima de madera podrida será una necedad y contraproductivo.

Algunos matrimonios son como un jardín hermoso. Abundan de hermosas flores cuya fragancia pueden disfrutar todos los que pasan por sus sendas bien cuidadas. Otros matrimonios son como una casa fuerte bien construida, cuya estabilidad y hermosura atraen muchas visitas. Todos quieren un matrimonio así, pero no se dan cuenta de que requiere mucho trabajo plantar un jardín o construir una casa. El apóstol Pablo alude a esto cuando escribe: *"Porque nosotros somos colaboradores de Dios, y vosotros sois labranza de Dios, edificio de Dios"* (I Corintios 3:9). ¿Colaboradores? Esto suena como trabajo. ¿Quiere decir que es trabajo edificar un matrimonio? ¿Qué pasó con el "enamoramiento" sin esfuerzo? ¿No es el amor algo que te sucede? ¿Algo sobre lo cual no tienes control?

Aparentemente, no. En vez de hablar de "enamorarte", las Escrituras hablan de crecer en amor: *"Y el Señor os haga crecer y abundar en amor unos para con otros"* (I Tesalonicenses 3:12).

Aquella es una de las ideas de los "expertos" de los medios de comunicación y de los novelistas de romances que se oponen al evangelio. Y es esta misma disparidad la que compele a cualquier estudioso del amor y el matrimonio a detenerse en seco para chequear sus fuentes de información. ¿Dónde se originaron tus creencias acerca del amor y el matrimonio?

Si está equivocada la fuente, la enseñanza estará equivocada. *"Mirad que nadie os engañe por medio de filosofías y huecas sutilezas, según las tradiciones de los hombres, conforme a los rudimentos del mundo, y no según Cristo"* (Colosenses. 2:8). La verdad es que muchos matrimonios cristianos se arruinan por creer enseñanzas erradas. Su jardín está lleno de maleza, y su casa se les cae encima.

¿Qué se puede hacer? El lugar obvio para comenzar es identificar las mentiras y los mitos sobre el amor y el matrimonio, los cuales han existido por siglos. Esto puede ser un desafío porque las mentiras vienen de tantas fuentes distintas, como escribe Ken Abraham: "Las parejas que quieren seguir casadas tienen que darse cuenta, tarde o temprano (cuanto más pronto, mejor), que muchas de sus percepciones del matrimonio antes de casarse son poco más que sentimentalismos, aquello con lo cual se inventan mitos y cuentos de hadas. Algunos de estos mitos son transmitidos por nuestros padres. Sacamos otros de amigos, parientes, libros, revistas y películas."[1]

Identificar de dónde vienen no es suficiente. Abraham también nos advierte de la necesidad de actuar sobre los mitos mismos: "Sin importar la fuente, cuanto más pronto disipes los mitos matrimoniales, más oportunidad tienes de encontrar la felicidad matrimonial".[2]

Hacer desvanecer estos mitos es una labor de amor que no debe tener límites, ni tampoco debes ahorrar energía ni esfuerzo. Procurar ser *"como obrero que no tiene de qué avergonzarse"* es trabajo duro.

Con este fin en mente, voy a tener que atacar a algunas personas bien conocidas con lo que escribo. Puede haber mucha sangre, así que prepara tu trapeador. Vamos a identificar algunos de los mitos más populares que he encontrado en mi experiencia profesional, los cuales han causado el fracaso de muchos matrimonios.

Mito 1

"La Luna de Miel Durará Para Siempre"

¿Es verdad que el amor nunca disminuirá ni morirá? De mil jóvenes encuestados en una universidad cristiana, el 56 por ciento pensaba que sí - que el "amor será permanente y durará toda la vida". A pesar del hecho de que los amores pasados hayan fracasado, donde el amor se apagó, y que aquellos amores fueron ya borrados de la memoria, muchos jóvenes creen que la unión del matrimonio será diferente y que el amor nunca menguará. El Señor Jesucristo descalifica esto, diciendo: *"Por haberse multiplicado la maldad, el amor de muchos se enfriará"* (Mateo 24:12). Parece que el amor puede definitivamente menguar. Pero ¿por qué?

Es el orden natural de las cosas pasar por ciclos o estaciones. *"Todo tiene su tiempo, y todo lo que se quiere debajo del cielo tiene su hora"* (Eclesiastés 3:1). Esto se ve claramente en la vida cristiana. Para el creyente nuevo, todo comienza en la estación de la nueva fe, después de experimentar la salvación. Entonces se enfrenta al pecado y a los sentimientos de culpa que lo acompañan. Si el problema no se resuelve, puede resultar en la reincidencia. Pero el nuevo ocupante de su templo, el Espíritu Santo, lo ama tanto que lo convence de su pecado hasta que se arrepiente y experimenta avivamiento en su corazón. La salvación, el pecado, la reincidencia y el avivamiento son estaciones normales de la vida cristiana.

Ser padre también tiene sus estaciones. Cuando llega el nuevo bebé, todo se ve bien entre los arrullos y balbuceos. Entonces ese bebé cumple dos años. ¡Ay! Menos mal que el niño deja atrás sus dos años, pero luego… ¡se convierte en adolescente! Los adolescentes finalmente crecen y llegan a ser adultos---. La infancia, los terribles dos años, la adolescencia y la adultez son estaciones naturales de la vida humana.

Cuando un pastor recién acepta el llamado a una iglesia, experimenta lo que se llama indirectamente el "tiempo de la luna de miel". Después de dos o tres años, sin embargo, el brillo de la nueva congregación y las tareas pastorales caen víctimas de la inevitable rutina y el diario trajín. La rutina, a menudo, es reemplazada por la pesadumbre, luego la intervención de Dios, y es seguida por una nueva visión y un propósito renovado. El periodo de la luna de miel, la rutina, los años difíciles y la renovación son estaciones normales de la vida pastoral.

Los matrimonios igualmente a menudo siguen el camino bien transitado de lo previsible: primero llega el romance, seguido rápidamente por la realidad. Luego, viene la regresión, y con la ayuda de Dios, luego vendrá el renacer. Estas estaciones son normales para la vida matrimonial.

Veamos estas estaciones del matrimonio más de cerca: el gráfico abajo traza las cuatro estaciones del matrimonio como una referencia más fácil de entender.

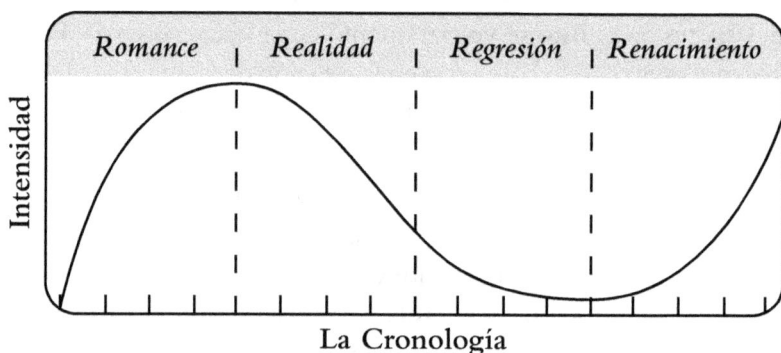

La Estación de Romance

La estación de romance está llena de promesas y emoción. Comienza con la atracción inicial, continúa en el noviazgo y los dos o tres primeros años del matrimonio. Esto no sorprende ya que se toman, por lo menos dos años completos, para conocer bien el carácter verdadero de otra persona.

La característica principal es la intensidad y excitación emocional. Pero esta emoción es el flautista de Hamelín, y puede llevarlos fácilmente por un mal camino. El poder de esta estación puede ser visto en las letras de las canciones populares del pasado. "¡Antes de terminar de danzar, supe que estaba enamorado de ti!" cantó el artista. Otro trovador cantaba: "¡No sabía qué hacer, entonces susurré: 'Te amo'!" Pero un grupo de la década de los sesenta se lleva el trofeo por tener la idea más disparatada: "¡Aló, te amo, dime tu nombre!"

Esta estación tiene abundancia de bochornos, bocas secas, rodillas endebles y palpitaciones del corazón. Estos sentimientos se creen sacrosantos y los devotos creen que es un sacrilegio absoluto referirse a ellos como meras "emociones".

No me malentiendan. Estoy agradecido por esta estación inicial en la relación matrimonial. Es el imán que une los dos corazones. Provee el arranque a la maquinaria del matrimonio. Desafortunadamente, tiene su lado negativo, también.

James Dobson cuenta la historia de un equipo de fútbol de la escuela secundaria donde asistió su madre en 1930 y dice: "Estaba ubicada en un pueblo pequeño de Oklahoma que producía una serie de equipos de fútbol terribles… Finalmente, un productor de petróleo rico decidió tomar el asunto en sus manos… Ese comerciante procedió a ofrecer un coche de marca Ford, nuevo, a cada joven del equipo y a cada entrenador, si tan solamente podían vencer a su rival implacable en el próximo juego… Finalmente, la gran noche llegó y el equipo se juntó en el vestuario. Las emociones estaban a niveles sin precedente… Se reunieron en la línea de juego, juntaron sus manos y gritaron simultáneamente "¡Hurrah!" Entonces corrieron al campo de juego y fueron demolidos, 38 a 0.[3]

Todas sus emociones no podían compensar la falta de disciplina, entrenamiento, experiencia y carácter.

Cuando una pareja entra al matrimonio solo por el impulso de sus emociones, su relación solamente será tan segura como sus sentimientos. Dice la Biblia: "*engañoso es el corazón más que todas las cosas, y perverso*" (Jeremías 17:9). Edificar tu futuro sobre esta base inestable es buscar el desastre.

Los sentimientos románticos son maravillosos, pero si uno no les añade la disciplina, el entrenamiento, la experiencia y el compromiso, es un error. Estas emociones son maravillosas, pero no añadirle el compromiso y la diligencia para desarrollar la relación será perder la bendición de crecer a través de las estaciones del matrimonio.

En la estación del romance, los sentimientos efusivos no dejan tiempo para ver las faltas del cónyuge. Hay una tendencia de idealizarlo a él o a ella y de querer negar la existencia de faltas obvias. Si tienen peleas, la pareja se las arregla rápidamente, y no capta el problema más profundo. Pero el tiempo tiene una manera de sacar el velo del romance y revelar...

La Realidad.

Una noche, poco después de casarnos mi esposa y yo, colgué mi ropa sucia en un poste de la esquina de la cama. Cuando me metí a la cama, me dijo Sandra: "¿Vas a dejar esa ropa allí colgada?"

"No", le dije, tirándola al piso.

"¿No crees que la debes poner en el armario?" ella me preguntó pacientemente.

"¿Por qué?" pensé en voz alta, y seguí: "la ropa y el piso están sucios. Está oscuro, y nadie la puede ver".

"Es porque todo queda más ordenado", contestó ella, "y esto es hacer lo correcto".

Lo de 'más ordenado' podía discutirlo, pero la declaración de lo 'correcto' casi parecía justificable. Obedientemente me bajé de la cama, la tiré al armario y me metí nuevamente en la cama.

"¿Cerraste la puerta del armario?", me preguntó.

"Cariño", respondí, tratando de razonar con ella, "¿puedes ver si la puerta está cerrada o no?"

A esta altura sabía que era una batalla perdida. Mis días de ser soltero despreocupado y de desorden sin inconvenientes se habían acabado. Me di cuenta de que me había casado con una mujer obsesionada con el orden, y Sandra se dio cuenta de que se había casado con el rey del desastre. Por supuesto, ella tenía razón, y yo necesitaba su toque en mi vida. Ella había revelado una parte de mí que yo no había visto antes, o que había ignorado hasta entonces.

Pero, habiendo dicho eso (y dicho, creo, en tono muy humilde), me adelanto a agregar que, para mí, es de vital importancia confesar los pecados. Siento tener que confesar los pecados de mi esposa. Verás, mi esposa es muy sofisticada, pero tenía una falta inexcusable, pues ella no le ponía la tapa a la pasta dental. Esto creaba una capa dura de pasta dental que desafiaba la fuerza de Sansón. Pensé poner el tubo en el piso y darle un pisotón fuerte, pero temí que los titulares del periódico del día siguiente dijeran: "¡Cartero Muerto por Objeto de Origen Desconocido!" Me imaginaba al cirujano en la sala de emergencia quitándo el tapón de mi pasta dental del ojo del cartero, causando un escándalo en el laboratorio del hospital.

Pequeños desaires y desilusiones - un aniversario olvidado, una expresión facial, un gesto o un tono de voz poco amable - rompen la ilusión de la felicidad perpetua. Las necesidades imperiosas de la niñez, bien escondidas bajo el velo del romance, ahora salen en arrebatos fuertes de adultos: "Eres igual que tu madre." "Trabajas todo el tiempo. Jamás estás en casa". "Sencillamente no nos comunicamos".

Pero justo cuando te comienzas a preguntar qué le viste en esta persona, nueva vida es implantada en el matrimonio, con la llegada de un hermoso bebé gordito. Todas las diferencias se olvidan por el brillo de la paternidad. Se pide una tregua en las diferencias personales… por un tiempo, por lo menos. Entonces, las demandas de ser padre desplazan el tiempo a solas. Las presiones de las finanzas, las demandas del trabajo y la relación con los suegros pueden manchar aun más este idílico cuadro.

Es en esta estación de la realidad cuando las semillas de las pequeñas diferencias y los malentendidos son plantados para luego crear gigantescos árboles de amargura. *Mirad bien, no sea que alguno deje de alcanzar la gracia de Dios; que brotando alguna raíz de amargura, os estorbe, y por ella muchos sean contaminados"* (Hebreos 12:15). Cuando estos pequeños resentimientos y desilusiones no se resuelven con comunicación abierta y perdón espiritual, el resultado natural es...

LA ESTACIÓN DE REGRESIÓN

Esta estación, muchas veces, es acompañada por el advenimiento de conflictos, causados por tener adolescentes, por la crisis de la mediana edad, por resentimiento de gran magnitud y la amargura bien arraigada. Estas antipatías, a menudo, fomentan la pérdida de esperanza en la relación y generan fantasías para escapar del dolor. El espectro horrible del divorcio, aunque impensable, a menudo aparece en el horizonte. Esta idea llega a ser el compañero frecuente de tus pensamientos y encuentra una vía de escape en las discusiones fuertes con tu cónyuge. Mientras que la mayoría de las bodas suceden en alguna fase de la estación de romance, la mayoría de los divorcios ocurren durante la estación de regresión. Parece ser que muchos de los que están en este punto salen en busca de alguien que los ame tanto como se aman a sí mismos, y, sin saberlo, comienzan el ciclo de nuevo. Sabemos que el 50 por ciento de los matrimonios nuevos termina en divorcio; el 60 por ciento de los matrimonios en segundas nupcias y el 70 por ciento de los matrimonios en terceras nupcias, fracasan.

Se disipa el brillo del romance, con todo su confort y emociones deliciosas. Los que no entienden la progresión de las estaciones, sueñan con aquellos días que eran mejores o aun con futuras opciones, en vez de trabajar con las necesidades presentes. Las esposas embeben novelas de pura espuma o se pierden en fantasías románticas, como un intento desesperado de revivir el "romance". Los esposos buscan satisfacción en su trabajo o en los deportes. Algunos aun caen presos de la tentación de buscar un amor nuevo, con la esperanza de revivir aquellos sentimientos escurridizos, ya que se han "desenamorado" de su cónyuge.

La estación de la regresión es la más desalentadora, y es cuando muchas parejas se quieren dar por vencidas. ¡Pero no sueltes la esperanza! ¡Esto mejorará! Te espera...

La Estación de Renacimiento

¡La estación de renacimiento viene como resultado del avivamiento del poder del Espíritu! Este tipo de amor y compromiso espiritual no viene como resultado de seminarios sobre el bienestar matrimonial. No viene por intentos débiles de activar los viejos sentimientos, sino que viene de Dios, y todo se le atribuye a Él. *"Y el Señor os haga crecer y abundar en amor unos para con otros"* (I Tesalonicenses 3:12).

No importa donde estés en el ciclo de las estaciones; cualquier persona puede experimentar esta obra sobrenatural de Dios. Aun si te encuentras en el pozo de la regresión, todavía hay esperanza para ti. ¡Dios puede y *hará* que tu amor abunde como nunca!

Aunque puedes necesitar muchas cosas para producir este cambio en tu vida (y tiene mucho valor la buena enseñanza de la Biblia y el consejo bíblico), el ingrediente más básico que necesitarás es el crudo compromiso de sacrificio para verlo realizarse. El denominador común de los matrimonios victoriosos no son las emociones efusivas ni los intereses comunes. No es la meta grandemente recomendable de compatibilidad. Es un compromiso de vida o muerte para tu matrimonio, más que nada.

Las pruebas en cualquier compromiso se ven, no durante los buenos tiempos de la temporada linda del romance, sino más bien durante las estaciones de desilusión. Estas estaciones son de esperar; y tu respuesta a ellas, cuando lleguen, hará toda la diferencia.

Cuando a los que aconsejamos están por irse del programa para volver a lo que uno de ellos llamó "el mundo real", los equipamos para comprender el concepto de la "muerte de una visión". Esta enseñanza muestra que en toda meta espiritual hay niveles predecibles de crecimiento. Cuando Dios da una visión fuerte, también ella pasa por etapas: primero el nacimiento de la visión, luego su muerte, y por último, su renacimiento. Dios le dijo a Abraham que lo haría padre de una nación grande, y su visión nació. Abraham y su esposa Sara envejecieron juntos sin ver nacer un hijo. Su visión murió. Por fin, Sara quedó embarazada de Isaac, y ¡la visión renació!

El crecimiento espiritual no se traza con una línea recta, yéndose al noreste de la página; sino que es una línea irregular como la que sigue:

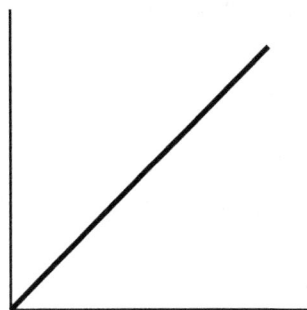

No así...

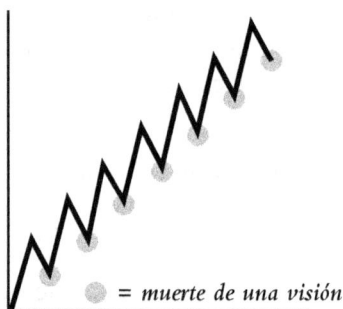

= *muerte de una visión*

Sino así

El progreso es interrumpido muchas veces, pero la clave es que el efecto general va en crecimiento hacia arriba y hacia la victoria. Esto dependerá de tu respuesta a la muerte esporádica de tu visión que es representada por los puntos bajos en el cuadro. Si tienes un compromiso firme de lograr alcanzar el propósito final de Dios para tu matrimonio, experimentarás este crecimiento. Si decides abandonar cada vez que viene la muerte de tu visión, nunca experimentarás el gozo del renacimiento. Por medio de forjar una resolución inquebrantable y comprometerte sin reservas a tu matrimonio, "en las buenas y las malas", "hasta que la muerte los separe", tomarás un paso importante hacia experimentar la bendición de Dios en tu unión.

Mito 2

"Los Problemas Complicados Tienen Soluciones Fáciles"
Es común la creencia dentro de los círculos cristianos que los

problemas difíciles de la vida son fáciles de resolver (especialmente los problemas de otros). Los autoproclamados terapeutas dispensan espiritualismos frívolos que a menudo causan más dolor que sanidad. Tal consejo como: "¡Ore por ello, hermano!", para el que lo dice, parece estar lleno de sabiduría y autoridad piadosa; pero para el corazón herido que ya ha orado, suena hueco. "Lee tu Biblia, hermana", es igualmente un buen consejo, pero está gastado de tanto uso. Hay otro enfoque que es tratar de animar a los desanimados con, "sal a ganar almas, hermano. ¡Necesitas dejar de pensar solamente en tus problemas!" Muchos pastores y misioneros que aconsejé en Moorehead Manor habían hecho precisamente esto por años, pero no pudieron resolver sus problemas matrimoniales.

Tú dirás: "¡Pero espera un minuto! ¿No es verdad que 'Cristo es la respuesta'? Entonces, la solución es sencilla, ¿verdad?" Es verdad que Cristo es la respuesta, y es verdad que las soluciones bíblicas son conocidas por su simpleza. De hecho, el apóstol Pablo escribe a los cristianos de Corinto de su preocupación por ellos: "*Pero temo que como la serpiente con su astucia engañó a Eva, vuestros sentidos sean de alguna manera extraviados de la sincera fidelidad a Cristo*" (2 Corintios 11:3). Pablo estaba preocupado de que la sabiduría de este mundo distrajera a sus convertidos de una fe sencilla en Cristo. Esto era una preocupación legítima, y lo es también hoy en día. Cantidad de cristianos están de acuerdo con las formas mutantes de la "psicología cristiana" porque las complejidades son de alguna forma muy atractivas.

El argumento de Pablo es que la solución final "en Cristo" es sencilla. Él es nuestra fuente de sabiduría. "En Él" se encuentra la respuesta a todos los problemas de la vida.

El problema viene cuando confundimos la *solución* de los problemas con la *resolución* de los problemas. Aunque Cristo es la solución, para muchas personas Él está lejos de ellas e inalcanzable. Está tan lejos que algunos se desaniman cuando otros hablan informalmente de las respuestas recibidas. Ellos saben que Él es la respuesta, pero no saben ni tienen idea de cómo llegar a Él. Los pasos de resolución para ir de aquí hasta llegar a Él son muchos y empinados. Más de uno ha tropezado y caído. Estos han aprendido que *"es necesario que a través de muchas tribulaciones entremos en el reino de Dios"* (Hebreos 14:22). Es en su tribulación que languidecen. Necesitan que alguien les tome de la mano y les diga: *"Este es el camino, andad por él"* (Isaías 30:21). A veces no se trata de "qué hacer" sino de "cómo hacerlo".

Una proporción significativa de clientes del Manor tienen su maestría y su doctorado. Tienen la información teológica claramente en la mano. La han estudiado por años y la han defendido ante paneles hostiles escribiendo artículos complejos y predicando sermones profundos. Lo que no han aprendido, en muchos casos, es cómo aplicar a sus propias vidas lo que han aprendido. Tienen el conocimiento de Dios a nivel del intelecto, pero no lo conocen. Aun trabajan arduamente sirviendo a Dios, pero no tienen una verdadera intimidad con Él. Isaías escribió acerca de este fenómeno: *"Dice, pues, el Señor: Porque este pueblo se acerca a mí con su boca, y con sus labios me honra, pero su corazón está lejos de mí, y su temor de mí no es más que un mandamiento de hombres que les ha sido enseñado"* (Isaías 29:13). Esto no sucede sin pagar un precio: *"Por tanto, he aquí que nuevamente excitaré yo la admiración de este pueblo con un prodigio grande y espantoso; porque perecerá la sabiduría de sus sabios, y se desvanecerá la inteligencia de sus entendidos"* (Isaías 29:14).

Qué cuadro tan triste. El pueblo de Dios llegó a ser un conjunto de cristianos de manos ocupadas, de cabezas llenas y de corazones vacíos. Pero su decisión de cerrar su corazón a Dios les trajo una maldición: Dios les quitaría su sabiduría y entendimiento. Cuando los cristianos de una iglesia se alaban a sí mismos por su conocimiento de Dios, pero no lo conocen, la maldición sigue vigente. Cuando los matrimonios cristianos tienen *"apariencia de piedad, pero [niegan] la eficacia de ella"* no encontrarán la sabiduría que necesitan.

Es aquí donde el Enemigo persuade al creyente de que tiene suficiente conocimiento para este problema sencillo, y de que lo puede manejar en casa. No es necesario buscar un consejero. Tú sabes tanto como él. Puedes arreglártelas tú mismo.

La solución es sencilla, pero no siempre se ve tan fácilmente. Entre la ceguera puesta por Satanás, la sabiduría quitada por Dios, los pasos ascendentes de las circunstancias difíciles y las emociones dolorosas, y la resolución, llega a ser realmente muy difícil.

Si te encuentras en un punto de conflicto porque siempre has pensado que tu problema no es nada, que se puede resolver fácilmente y a la vez, sigues luchando con problemas abrumadores, quizá sea tiempo de buscar ayuda. Un pastor sabio, un amigo espiritual o un consejero cristiano puede ser justo lo que ordene el doctor. Puede ser que necesites a alguien para ayudarte a encontrar el camino a Cristo, y para que te enseñe los pasos hacia la resolución.

"No Es Mi Culpa"

Es común para el consejero matrimonial encontrarse con la antigua práctica de culpar a otros por los problemas personales. Esto se ve a menudo entre los esposos. Una razón favorita para buscar un consejero matrimonial es para poner a su esposo(a) en tela de juicio para que el consejero lo pueda cambiar. Después de todo, el volumen de problemas en el matrimonio es la culpa del cónyuge. Es la historia del matrimonio desde el principio. Cuando Dios confrontó a Adán por su pecado, le respondió: "¡No es culpa mía, es culpa de la mujer que me diste!"

Eva respondió: "No es mi culpa. Es culpa de la serpiente". Y no tenía pruebas. Tampoco las tiene el cónyuge acusador.

En una débil concesión a esta verdad, la mayoría de los cónyuges admiten que un porcentaje del problema les pertenece (un porcentaje muy pequeño), pero siempre la culpa más grande la tiene el otro.

Sentimientos de Culpa

Hay una balanza delicada en el espíritu humano que funciona

de manera parecida a una balanza antigua de carnicero, la cual tenía un platillo en cada lado. En un lado se ponía una pesa, y en el otro la porción de carne que se quería pesar. Cuando se nivelaba la balanza, la persona que pesaba el material comprobaba su peso y se pagaba de acuerdo a ello.

Es de suma importancia que la balanza del espíritu esté balanceada. Para mantener un sentido de equilibrio y armonía mental, debe estar bien. Cuando no está balanceada, el espíritu se siente fuera de equilibrio y fuera de orden. El hombre no puede vivir por largo tiempo en esta condición, así que anhela equilibrio.

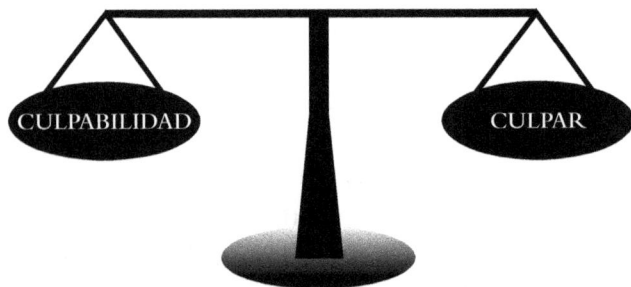

La balanza espiritual tiene dos platillos. Cuando uno pesa más que el otro, entra la discordia. Piensa en una balanza que tiene un lado titulado "culpabilidad". Cuando tú pecas, Dios baja el lado de culpabilidad de la balanza. Para compensar y establecer paridad, tú puedes escoger una de dos cosas: Primero, la decisión espiritual. Cuando eres convencido del pecado y dices: "He pecado" y lo confiesas, luego, la presión se quita, y la balanza vuelve a nivelarse. El método más popular y carnal es de emparejar el otro lado. Esta respuesta se llama "culpar". La naturaleza humana baja el lado de echar la culpa sobre otros. Bajar el lado de culpar a otros cuando Dios está bajando el lado de la culpabilidad revela algo escandaloso de la persona. La tendencia de culpar a otro es, de hecho, una indicación de culpabilidad. La persona que culpa a otros es aquella que no ha manejado bien su culpabilidad. *"Tú que juzgas haces lo mismo"* (Romanos 2:1). La persona que critica mucho a otros es culpable de los mismos pecados que critica.

Un relato fascinante del evangelio de Juan demuestra esto. Temprano en la mañana, Jesús estaba enseñando a una multitud, y su clase fue interrumpida por una conmoción. Irrumpiendo entre la gente, hasta la misma presencia del Maestro, venía un grupo de fariseos y escribas agitados. Venían arrastrando a una mujer desventurada que afirmaban haber sido encontrada en el mismo acto de adulterio. Demandaron saber lo que pensaba Jesús y qué debían hacerle, y le recordaron que la ley requería su apedreamiento. Jesús contestó con tranquilidad: *"El que de vosotros esté sin pecado sea el primero en arrojar la piedra contra ella"* (Juan 8:7). Jesús no hizo un llamado a la falta de información sobre el pecado de ella, sino a la falta de pureza de parte de los acusadores. De hecho, algunos sugieren que Jesús les exigía ser limpios del mismo pecado que ella tenía. A.C. Gaebelein escribe: "¿Estaban sin culpa, o también habían quebrantado el mandamiento, 'No cometerás adulterio'? Si hubiera habido uno en el grupo que no había cometido esta clase de pecado habría tomado un paso adelante para tirar la primera piedra. Todos ellos se avergonzaron. El mayor se fue primero; fueron condenados por sus propias conciencias. Si hubieran sido culpables del mismo pecado que ella, habrían estado bajo la misma sentencia de muerte por el mismo pecado... ¡Qué testimonio es éste de la condición moral del pueblo judío de la época de Jesús! Estos escribas y fariseos, con su posición religiosa y pretensiones tan altas, eran culpables del pecado más flagrante."[4]

Por esta razón se piensa que los acusadores habían hecho lo mismo. La razón principal por encontrar faltas en otro es que los sentimientos propios de culpabilidad tienen que compensarse por medio de culpar a otro.

Apagando al Espíritu Santo

Otra razón de culpar a otros es el vacío espiritual y la frialdad de corazón. Cuando un creyente anda sin comunión con Dios por un día, se da cuenta. Cuando pasan dos días, su familia se da cuenta.

Cuando pasan tres días, todo el mundo se da cuenta.

Piensa en el cuadro de un hombre remando su canoa río abajo. Escondidas bajo la superficie del agua están unas rocas grandes. El que va en la canoa es un creyente, y el agua representa la llenura del Espíritu Santo, y las rocas representan los problemas que él ve en su cónyuge. Mientras sea alto el nivel del agua, la canoa puede deslizarse por encima de las rocas. Como con el agua, cuando la llenura del Espíritu Santo es alta, nada parece molestar al creyente. *"Mucha paz tienen los que aman tu ley, y no hay para ellos tropiezo"* (Salmo 119:165). Éste piensa lo mejor de su cónyuge, y las peculiaridades de su personalidad parecen insignificantes e inofensivas. Está viviendo en la "victoria de la llenura" (se desliza fácilmente).

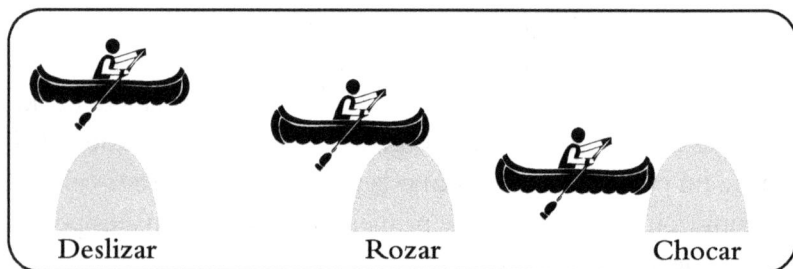

Deslizar   Rozar   Chocar

Pero cuando pasa un día sin Dios, el agua merma. Cuánto más tiempo esté sin Dios, más baja está el agua. Cuando el nivel ha bajado mucho, la canoa comienza a rozar con las rocas. Lo que no molestaba del cónyuge, ahora comienza a irritarle un poco. Está pasando por tiempos de "rozar con las piedras". Ahora las idiosincrasias y las peculiaridades de la personalidad del otro llegan a ser una pequeña molestia y un fastidio... pequeño, pero fastidioso.

Entonces el nivel del Espíritu baja tanto que las rocas surgen imponentes ante el remero. Están de frente y no las puede evitar. Las golpea vez tras vez, deseando que no estén en su camino y culpándolas por interrumpir su andar feliz. Está pasando por guerra y choques fuertes con las piedras. Las cosas que una vez no se notaban, y que luego comenzaron a fastidiar, ahora llegan a ser una fuente mayor de irritación. Este es el punto donde todo remero concluye: "¡Las rocas son todo el problema!", y el cónyuge concluye, que: "¡Mi pareja es todo el problema!" No se le ocurre que el nivel del Espíritu ha bajado; pero sí se nota que el problema se ha hecho más grande. El Espíritu ya no está en control, sino la carne. Cuando uno de los cónyuges no camina en el Espíritu, tiende a querer satisfacer los deseos de la carne. Y la carne dice: "Tu cónyuge es el problema". Esto se puede interpretar como un "debo cambiar de pareja", o un "debo apartarme de él o ella", en vez de decir: "debo buscar la llenura del Espíritu Santo".

"El Acusador de los Hermanos"

El enemigo de tu alma te susurra que estás durmiendo con el enemigo. Él o ella es el problema verdadero. Él te dice: "¡Necesitas cambiar la pareja vieja por un modelo nuevo! ¡Entonces realmente serías feliz!" También te dice: "No te casaste para sufrir todo este dolor. ¡Necesitas una salida!"

Todo el enfoque se ha centrado en el cónyuge. Entonces, naturalmente, cambiar de pareja llegará a ser una prioridad. Pero tu pareja resiste tales esfuerzos, y tú persistes. Un tipo de lucha se desenlaza, pero Pablo nos advierte que debemos darnos cuenta si estamos luchando con la persona correcta o no. Dice: "*Porque no tenemos lucha contra sangre y carne*". Esto significa que tu cónyuge no es realmente el enemigo después de todo, "*sino contra principados, contra potestades, contra los gobernadores de las tinieblas de este siglo*" (Efesios 6:12). Satanás es el enemigo. ¡Has estado luchando con la persona equivocada!

¿Cómo llegan los matrimonios al lugar donde genuinamente creen que su cónyuge es la causa de sus problemas? Satanás es un maestro estratega, el supremo abogado acusador y sutil en sus ataques. A él se le llama el "*acusador de nuestros hermanos*" (Apocalipsis 12:10). En otras palabras, él culpa y acusa.

La palabra para "acusador" en el griego, es *kategoros* de la cual sacamos la palabra en español "categoría" y "categorizar". Cuando Satanás acusa y culpa a tu cónyuge en tu mente, comienzas a pensar en tu pareja dentro de una categoría. "¡Tú eres como tu madre!" "¡Bueno, tú eres igual a tu padre!" "Jamás eres...", "Tú siempre...". Estas palabras que culpan, acusan y ponen etiquetas a la gente crean pensamientos, que a su vez, establecen mentalidades que se convierten en convicciones que finalmente se interponen entre tú y la verdad de la Palabra de Dios, y entre tú y tu cónyuge.

Ahora el enemigo ha logrado su cometido diabólico, está en la sombra y aplauden sus manos huesudas. Él ha logrado la gota que colma el vaso: mientras manipulaba tus pensamientos, controlando tus emociones y llenándote de ira, planteando pensamientos acusatorios en contra de tu cónyuge, se ha mantenido al margen de todo el turbio proceso. Para empeorar las cosas, él te ha convencido de que toda la culpa es de tu cónyuge. ¡Qué ironía!

Culpando el Pasado

Otra razón para creer el mito de "No es mi culpa" es la práctica de echar la culpa por las luchas emocionales y espirituales de la actualidad sobre los traumas del pasado. Los niños que han sido abusados, descuidados, abandonados, molestados y generalmente víctimas de una niñez trágica, a la larga crecen y se casan. Tristemente, ellos suelen cargarse con el bagaje emocional del pasado, llevándolo a su matrimonio. Los niños abusados llegan a ser adolescentes disfuncionales, a quienes, como adultos, se les ponen clasificaciones psicológicas. Se les enseña que sus traumas pasados son la causa de sus luchas personales actuales y que no pueden esperar nada mejor que aprender a vivir con sus discapacidades.

Impone a su pareja aceptarlo como es y a no esperar más que una mentalidad de supervivencia. Cuando surgen los problemas, se culpa el pasado, los padres son los responsables y un cónyuge que no comprende llega a ser parte del problema. Ya no es la culpa solamente de los padres, sino del cónyuge insensible también.

Esta idea está relacionada a una filosofía que se llama "determinismo", que concluye que una persona tiene determinado ser tal como es por factores fuera de su control. Mejor llamarla "pre-determinismo", porque determina su conducta aun antes de vivirla.

No hay duda de que un pasado doloroso puede tener una influencia negativa, de igual manera que un pasado sano puede tener una influencia positiva. Pero el pasado es solo eso y nada más - una influencia. Confundir influencia con causa es abrazar un punto de vista mundano que dice que "nada es mi culpa; es culpa de otro", y ese "otro" puede ser la persona con quien te casaste. Dios destruye esta idea en Ezequiel 18, cuando demuestra que un niño malo puede venir de un hogar bueno, y un niño bueno puede venir de un hogar malo. Es un asunto de decisión personal. Esa decisión, y no la de la otra persona en la relación, es la causa más grande de la mayoría de los problemas en el matrimonio, no importan las influencias negativas que haya tenido en el pasado.

No importa cuántos monstruos del pasado estén presentes, el creyente puede animarse con el hecho de saber que su influencia es limitada. Están limitados porque Dios *"no os dejará ser tentados más de lo que podéis resistir"* (I Corintios 10:13). Están limitados en influencia, porque cualquier generación puede *"[ver] todos los pecados que su padre hizo, y viéndolos no [hacer] según ellos"* (Ezequiel 18:14), y son limitados en duración porque *"si alguno está en Cristo… las cosas viejas pasaron; he aquí todas son hechas nuevas"* (II Corintios 5:17). El poder de cualquier monstruo de tu pasado es cancelado en el momento de salvación por el poder de la cruz.

Puedes usar tu pasado como una excusa por tu conducta en el presente, solamente hasta recibir a Jesucristo como tu Salvador personal. Después de esta decisión, tienes un poder nuevo dentro de ti que puede cambiar tu conducta. Tienes al Espíritu

Santo quien te dará el poder, a la Palabra de Dios para guiarte, a la iglesia para animarte, al pastor para enseñarte y a la oración para mantener la comunión con Dios.

El Señor Jesucristo concluye este argumento de "no es mi culpa", haciendo énfasis en la responsabilidad personal y no en la culpa de otro.

> *"¿Y por qué miras la paja que está en el ojo de tu hermano, y no echas de ver la viga que está en tu propio ojo? ¿O cómo dirás a tu hermano: Déjame sacar la paja de tu ojo, y he aquí la viga en el ojo tuyo? ¡Hipócrita! saca primero la viga de tu propio ojo, y entonces verás bien para sacar la paja del ojo de tu hermano"* (Mateo 7:3-5).

Las palabras de Cristo son claras en que una persona que tiene una viga en el ojo es propensa a buscar una paja en el ojo de otro. Una viga no es más que muchas pajas compactadas en una. Si tienes una viga en tu ojo, tienes que mirar a través de ella para ver. Cuando haces esto, ¿adivina lo que ves en todos lados? ¡Paja! ¡Tus pajas! ¿Alguna vez has conocido a una persona que no te gustaba y no entendías por qué, hasta que te diste cuenta de que él te recordaba a ti mismo? El acusador de otros siente culpa y la proyecta a otros, especialmente en momentos de estrés. *"Porque tú que juzgas haces lo mismo."*

La persona que tiene una viga en su ojo tiene que sacarla antes de tratar de sacar la paja del ojo del hermano. Nadie querrá que un cirujano medio ciego le opere. Cristo enseñó que uno debe hacer una prioridad el limpiar su propio corazón, antes de tratar de limpiar el de otro. Es una tentación adoptar este mito. Es reconfortante pensar que el otro tiene la culpa de nuestros problemas en el matrimonio. Y esto no niega la culpabilidad que pueda tener tu pareja. Es cierto que ella puede ser parte del problema, pero el enfoque de las Escrituras siempre está en tu responsabilidad personal, en vez de la de tu cónyuge. Después de años de echar la culpar sobre otros, el hábito de culpar puede ser difícil de romper, pero es necesario para recibir el avivamiento espiritual que Dios desea para tu corazón y tu hogar.

_____

[1]Ken Abraham, *Unmasking the Myths of Marriage* (Tappan, N.J.: Fleming H. Revell, 1990), 16

[2]Abraham, 16.

[3]James Dobson, *Romantic Love* (Ventura, Cal.: Regal Books, 1989), 9, 11.

[4]Arno Clemens Gaebelein, *The Gospel of John* (Wheaton, Ill.: Van Kampen Press, 1936), 156.

8

Más Mitos acerca del Amor y el Matrimonio

Mito 4

"El Amor Es Todo Lo Que Necesitas"

Aquí estoy sugiriendo que el amor puede no ser todo lo que dicen que es para traer placer al matrimonio. Oigo protestas a gritos:

"¡Cómo te atreves!" "¡Has profanado la diosa del romance!"

"¡Has atacado a los sumo sacerdotes de la religión del corazón!"

"¿Qué significa esta intrusión en el templo de los sentimientos apasionados?"

Nos ayudará entender que hay dos teorías principales acerca del amor que generan descontento en muchos matrimonios. Encuentro este fenómeno consistentemente en mi experiencia como consejero matrimonial. La primera teoría dice que: "el amor es un sentimiento". La segunda dice que: "el amor es la base del matrimonio".

¡Todos saben que el amor es un sentimiento! ¡De eso se tratan las novelas y películas románticas! Las entrevistas de personajes en la televisión y los expertos de psicología concuerdan con esta idea.

(Aquí podría dejar de hablar, pero quisiera evitar el cinismo). Cuando el mundo llega a un consenso sobre cualquier tema, debemos tener cuidado. El Señor Jesucristo nos advirtió: "*¡Ay de vosotros, cuando todos los hombres hablen bien de vosotros! porque así hacían sus padres con los falsos profetas*" (Lucas 6:26). Uno puede darle demasiada importancia a la gente y a su mensaje aun cuando están tan equivocados. Cuando los cristianos le dan mucha importancia al mensaje del mundo en cuanto al amor, no solo puede hacerle daño al matrimonio, sino fundirlo también.

Antes de asumir que la esencia del amor es un sentimiento, puede ser que debas examinar el origen de la idea. ¿Fue sacado de la Biblia o de la cultura? Es cierto que esta idea es muy popular en el mundo. Siempre lo ha sido y siempre lo será, porque el romance, las palpitaciones y la excitación emocional son cosas con las cuales no pueden competir el compromiso rutinario y el deber a la rectitud del matrimonio cristiano. Pero también las drogas dan palpitaciones y hacen volar; y una dieta balanceada no puede competir con ellas tampoco. Con el tiempo, la drogadicción te puede matar. Quizá la "dependencia" de la droga llamada "sentimientos románticos" pueda hacer más daño de lo que tú creas posible.

He visto el daño de primera mano. He visto a hombres dejar sus ministerios, madres e hijos, y a los cristianos dejar a su Dios por un vuelo escurridizo de romance. He visto cuando se excusa el pecado, y a la Biblia cambiada como una revista de historietas por la emoción de "enamorarse" de un(a) extraño(a).

He visto a los hijos desconsolados, con sus corazones rotos, llorando con desesperación y abandono porque a papá o a mamá ya no le interesan sus hijos. Uno de ellos encontró un nuevo traficante que le ofrecía "la droga del romance". Créeme, he visto suficiente pena causada por el monstruo del "romance" como para ignorar los gritos de protesta contra mis enseñanzas.

¡Es tiempo que alguien se ponga de pie y diga la verdad sobre este tema! Como consejero de matrimonios, habiendo pasado miles de horas enjugando las lágrimas y oyendo el llanto de las parejas deshechas, creo que tengo razón para hacerlo. El mito que dice que el amor es todo lo que necesitas es peligroso, pero es probable que sea el más popular en los matrimonios con problemas.

Si el amor es un sentimiento, y el amor es la base del matrimonio, entonces se convierte lógicamente en una convicción que los sentimientos son básicos para el matrimonio. Esto significa que cuando desaparezcan o se marchiten los sentimientos, también tu compromiso lo hará. ¿Por qué se divorcia la gente de hoy en día? Se divorcia porque los sentimientos y el romance han mermado o se han ido del todo; y los sentimientos de ira y odio los han reemplazado o, posiblemente, las dos cosas. Pero vemos que el divorcio tiene más que ver con los sentimientos que con el compromiso de los cónyuges.

¿Y quién dice que el amor es la base del matrimonio? ¿De dónde salió esa idea? Una vez hice esta pregunta en un seminario para matrimonios y un señor trató de responder, señalando que la Biblia misma enseña que el esposo debe amar a su esposa. "Sí", asentí, "pero esto se hace cuando se es un esposo, casado ya". Entonces podríamos decir que el matrimonio es una base para el amor, más que el amor es una base para el matrimonio. La Palabra de Dios enseña que el esposo debe amar a su esposa, y que la esposa tiene que ser enseñada a amar a su esposo y sus hijos (Tito 2:4). Parece que Dios está diciendo: "Ahora que estás casado, ahora que has hecho este compromiso, necesitas aprender a amar". El mundo, por el otro lado, dice: "Primero, déjate llevar por los sentimientos donde ya no tienes control, y luego depende de estos sentimientos para dar seguridad a tu matrimonio. Si estos sentimientos alguna vez cambian, ¡escápate de allí!" ¡Qué diferencia!

El apóstol Pablo oró por los cristianos en Tesalónica: *"Y el Señor os haga crecer y abundar en amor unos para con otros"* (I Ts. 3:12). Pareció creer que el amor era más un don espiritual de Dios que un producto emocional del hombre. Verdaderamente, si *"el fruto del Espíritu es amor"* (Gá. 5:22), tiene razón. Dios, de verdad, contestó su oración porque en su próxima carta a estos mismos cristianos, Pablo escribe:

"*Debemos siempre dar gracias a Dios por vosotros, hermanos... por cuanto...
el amor de todos y cada uno de vosotros abunda*" (2 Tesalonicenses 1:3).
¡Caramba! ¡Aquí no había necesidad de canciones de amor! ¡No
había necesidad de seminarios románticos! ¡Ni de novelas o películas
románticas para despertar las emociones! ¡Solo la oración! ¡Aquella
sencilla, pero poderosa oración eficaz! Y detrás de cada oración está
el Dios de la oración. No son la formación de sílabas, ni la forma de
los labios ni los sonidos emitidos por la lengua los que cambian las
cosas. Es el Dios a quien suplicamos. Quizás es hora de descartar
el mito que dice: "el amor es todo lo que necesitas" y cambiarlo por
"¡Dios es todo lo que necesitas!"

Mito 5

"No Me Casé con la Persona Debida"

Este mito embriagador es uno de los más comunes y peligrosos
de todos. Es el resultado natural (o debería decir carnal) del des-
encanto de tu pareja, la que te lleva a compararle a él o a ella con
"aquél o aquella que se me escapó".

"Me Equivoqué"

Una esposa está lavando los platos, sus brazos hasta los codos en
agua caliente y jabonosa; mientras que en la sala, su esposo se aco-
moda para ver un partido de fútbol en la televisión. Su cara tiene
una barba de tres días, su pelo está desordenado y su camiseta está
subida, descubriendo su barriga peluda. Mientras saborea una bolsa
de papas fritas que se le caen en la barriga, los desengancha y bebe
otra gaseosa.

Esto no afecta el hábito acostumbrado de la mujer de fantasear
con lo que podría haber sido o con lo que debería ser. Está absor-
bida en los mejores recuerdos de su novio de la secundaria. Éste
era alto, de hombros anchos, tenía una cabellera negra y ojos azules.
Mientras ella sueña despierta con este Adonis, se acuerda de su
nombre: Gustavo Galán.

De repente su esposo eructa. Y ella piensa para sí misma:

"Podría haberme casado con Gustavo Galán, pero me quedé con Pedro Perezoso. ¡No es justo!"

Un esposo hacendoso está limpiando el ático para su esposa cuando se topa con un baúl que contiene el anuario de su secundaria. Cuando comienza a hojear detenidamente sus páginas amarillentas, la nostalgia lo invade. ¡Entonces la ve, Carina Cariñosa; su primer amor! Tal como la recordaba, de cabello largo y rubio, tiernos ojos azules y un cutis perfecto, y todo iluminado suavemente en el trasfondo. El hombre es transportado a la tierra del "¿y si...?", cuando de pronto su sueño es interrumpido bruscamente por la voz fuerte de su esposa sargenta: "¿Ya sacaste la basura?" Le viene este pensamiento, "podría haber tenido a Carina Cariñosa, pero ¡me casé con Pati Pesada! ¡No es justo!"

¿La conclusión? "Cometí un grave error. Me casé con la persona equivocada." Es muy común este sentimiento de haberse casado equivocadamente. En más de un cuarto de siglo de aconsejar a matrimonios, una de las quejas más comunes que oigo es: "Me casé con la persona equivocada". La mayoría de los adultos casados de mis clases de principios para el matrimonio albergan tales pensamientos. El resultado trae un sufrimiento indecible con desánimo, amargura, culpa, desesperanza, y, tristemente, aun pensamientos de divorcio.

¿De dónde vienen tales pensamientos? ¿Por qué tantas parejas luchan con este mito?

Creo que comienza en la adolescencia, cuando líderes de jóvenes, pastores y aun los padres bien intencionados advierten a sus jóvenes que "Dios tiene *una* persona especial para ti". Esta intención de poner temor en la mente de los jóvenes para hacerles conscientes de la necesidad de escoger sabiamente, puede fallar. El joven a menudo lo traduce como: "Vaya, esto significa que en todos los Estados Unidos, Canadá, Centro América, Sudamérica, Europa, Gran Bretaña y Australia hay solamente una persona para mí. ¡Y yo la tengo que encontrar!" Es una tarea abrumadora, ¿no dirías tú? ¿Y qué pasa si te equivocas al escoger? El ochenta y uno por ciento de los estudiantes de universidades cristianas creen que "Dios selecciona a una persona en particular para casarse con uno", y el 41 por ciento piensa que la felicidad del matrimonio depende principalmente de casarse con la persona correcta.

Si, como dicen, tu cónyuge es la base de tu felicidad, y él o ella no te hace feliz, o peor aún, comienza a causarte dolor, tú podrías comenzar a concluir: "Es obvio cuál es el problema aquí. Me casé con una persona que no era para mí."

CONCLUSIONES PELIGROSAS

El peligro de la filosofía que dice que "Dios tiene únicamente una persona para ti" es que hay un desplazamiento serio de prioridad y enfoque. "Encontrar a la persona correcta" llega a consumir a la persona, mientras el llegar a "ser la persona correcta" es minimizado o ignorado totalmente. Hay jóvenes a los que se les enseña a hacer una lista detallada de las características que desean en un cónyuge, pero no se les enseña cómo desarrollar su propio carácter.

Segundo, esto coloca toda tu felicidad futura en una sola decisión – lo cual es demasiado. Aun la salvación, aunque comienza con la decisión de confiar en Cristo como Salvador, no termina allí. La decisión inicial es solo el comienzo. El proceso de crecimiento espiritual involucra muchas decisiones futuras de seguir a Dios en varias áreas de tu vida. La decisión de casarse con una persona es el principio de una relación y no el final. Se deben hacer muchos ajustes en la relación, y cuando cada ajuste es confrontado responsablemente y con una firme dependencia en Dios, el matrimonio prospera, a pesar de las peculiaridades del cónyuge con sus faltas.

Tercero, a este mito se le olvida que la vida presupone que habrá cambios. Nadie será exactamente la misma persona dentro de veinte años. La vida está bombardeada por pruebas, dificultades y una variedad de otras presiones a las cuales cada persona debe responder. Estas incontables variables tienen un impacto acumulativo en el carácter y la personalidad de todos. Esto es la verdad tanto para ti como para tu pareja. El tiempo presupone el cambio, y el cambio puede ser para bien o para mal. Por eso los votos en la boda de para bien o para mal son tan importantes. No puedes realmente predecir lo que vendrá más adelante, pero puedes determinar que tu compromiso siga hasta el final.

Cuarto, se ignora la exageración de las cualidades personales durante el periodo del noviazgo. Seamos realistas - cuando tú estabas de novio, querías causar una buena impresión. Pocas personas, como norma, revelan todos sus temores, faltas de carácter y pecados. Queremos que nuestro novio crea lo mejor de nosotros, no lo peor. Una niña católica conspiró con su madre para convencer a su novio protestante que tenía que convertirse al catolicismo para poder casarse. El día antes de la boda la joven irrumpió en la casa llorando: "¡Mamá, enfatizamos el ser católico demasiado! ¡Ahora él quiere ser un sacerdote!" Creemos que una creyente debe casarse con un creyente, pero usamos esta ilustración para decir que hay demasiada exageración y simulación durante el periodo del cortejo y noviazgo.

Quinto, este mito niega tu propia responsabilidad personal en el matrimonio. Amar a tu esposa, como Cristo ama a la iglesia, no quiere decir que solamente amarás a la amable o amorosa. Cristo murió por los pecadores. Tu responsabilidad para amar a tu esposa no depende de la calidad del carácter de ella, sino de la calidad de tu amor. También someterte a tu esposo incluye a aquellos que *"no creen a la palabra"* (I Pedro 3:1), no solo a los que son espiritualmente maduros. La sumisión y la confianza se pueden medir mejor en los momentos del fracaso que en los momentos del éxito. Si tu esposo fuera exitoso y no pecara nunca, ¿cuánta confianza necesitarías? A la esposa le toca confiar que Dios obrará a través de las faltas de su esposo. El esposo tiene la responsabilidad de amar; la esposa la responsabilidad de sujetarse, y ambos deben aceptar sus responsabilidades en vez de pelear por su derecho y felicidad personales. Negar esto y enfocarse más en elegir a la persona correcta es errar y perderse la bendición de Dios.

A pesar de estas cosas, muchas personas todavía creen ardientemente que se casaron con una persona que "no era para mí". Puede estar relacionado con la decisión inicial u otros factores, como haberse casado en contra de los deseos de sus padres, no haber sido salvo en el momento de casarse, estar casado con un inconverso o la infelicidad general de la relación. Aunque se pueda trazar este pesar a una decisión mala del pasado o a la infelicidad del presente, el resultado sigue siendo: "me casé con la persona equivocada".

¿Pero es realmente posible casarse con la persona equivocada? ¿Será posible que la persona con quien estés casado sea realmente la correcta, después de todo? Tus respuestas a estas preguntas tendrán una tremenda repercusión, para bien o para mal, en tu matrimonio. Es tremendamente importante que tú te detengas a ponderar este asunto ("ponderar" es otro nivel más profundo de pensar). Para ayudarte a ponderar tu situación, considera estos hechos.

Debes Tener un Concepto Correcto de Dios

Creer que estás casado con la persona equivocada presupone que estás viviendo en pecado. Si tú comenzaste el matrimonio en pecado, o sea, hiciste una decisión pecaminosa, puedes concluir que vas a vivir perpetuamente pagando las consecuencias de este pecado. Esto resultaría en un estado de pecado sin posibilidad de corregirse ni de superarse. Será una herida abierta que desafía la sanidad. La pregunta más importante sería si el pecado inicial ata a la pareja a un estado de pecado perpetuo e inescapable.

La Biblia dice que un acto de pecado puede ser confesado y abandonado. No es posible que un estado de pecado exista una vez que el pecado haya sido puesto bajo la sangre de Jesucristo, que *"nos limpia de todo pecado"* (Véase: I Juan 1:7-2:2). Aun cuando el pecado abunda tan intensa y extensamente, la sangre de Cristo y la gracia de Dios abundan más. *"Más cuando el pecado abundó, sobreabundó la gracia"* (Romanos 5:20).

Muchas parejas se casan apresuradamente por una variedad de razones equivocadas - gratificación, obligación, pasión, inmadurez, entre otras cosas. Pero aun cuando la decisión de casarte haya nacido de una motivación equivocada, de hecho, por ser pecado, se trata como pecado, confesándolo y recibiendo el perdón. Por el otro lado, vivir bajo un sentimiento de culpa continuo no es el plan de Dios para nadie. (<u>Véase</u>: Juan 8:36)

"Dios Me está Castigando"

Cuando le pregunté a una mujer su razón por casarse, le dije: "¿Amabas a tu marido cuando te casaste?"

"No", respondió.

"Entonces ¿por qué te casaste?"

"Fuimos promiscuos y nos tuvimos que casar."

Volví a preguntarle: "Cuando te encuentras a solas con tus pensamientos, y te viene a la mente tu esposo, ¿cuál es tu primer pensamiento de él?"

Su sorprendente respuesta vino sin vacilación:

"Veo a mi esposo como un agente de castigo, asignado por Dios para purgarme de mis pecados."

Como ella había comenzado mal, pensó que Dios estaba imponiendo un castigo de por vida sobre ella, usando el dolor de su matrimonio para lograr alguna forma de redención.

Tristemente, este sentimiento ha sido confesado muchas veces por personas que he aconsejado. La conclusión llega a ser: "Como tomé una decisión pecaminosa, Dios me está castigando por medio de un matrimonio infeliz". Ya que el divorcio no es una opción, y la felicidad es impensable, ese cónyuge debe aguantar la miseria por el resto de su vida natural. Esto eleva el viejo refrán a un nivel nuevo: "Cásate apresuradamente, arrepiéntete por largo tiempo".

En muchas decisiones importantes se experimenta un tiempo de incertidumbre y duda. Una vez, después de firmar la hipoteca para una casa, un amigo me preguntó: "¿No te ha venido el remordimiento del comprador todavía?" Ni siquiera sabía que existía tal cosa, pero tiene sentido. Cuando haces un compromiso tan grande, es fácil preguntarte si hiciste lo correcto. Lo mismo sucede con el matrimonio - cuando las dudas se vuelven temores, y el temor se vuelve arrepentimiento, uno comienza a sentir algo semejante al 'remordimiento del comprador'.

"Dios Tiene la Culpa"

Queda otra opción: puedes culpar a Dios. Después de todo, ¿no oraste por la persona correcta? Aun buscaste consejos santos. ¿No es cierto? Confiaste en que Dios te iba a traer ese alguien especial a tu vida. ¿No es cierto? ¿Entonces, qué pasó? Dios debe haberte defraudado. Por supuesto, estos sentimientos probablemente no se expresarían conscientemente, sino que se esconderían en los rincones de tu conciencia, carcomiendo todo el gozo que te quedaba en tu espíritu.

"Dios no Puede Sacar el Bien del Mal"

Una de las cualidades más pasadas por alto es el poder de Dios para lograr un bien de un mal. ¡Él se deleita en llevar a las personas que tuvieron un comienzo adverso a un final grandioso y glorioso! La vida de José es un ejemplo de esto. José dijo a sus hermanos: "*Vosotros pensasteis mal contra mí, mas Dios lo encaminó a bien*" (Génesis 50:20).

El matrimonio de David con Betsabé es otro ejemplo de esto. Si alguna vez hubo un matrimonio que comenzó mal, era éste. Surgió de la lujuria, el adulterio, el asesinato y la decepción. Era el colmo de todo lo que podría salir mal al comienzo de una relación. Si alguna vez hubo un matrimonio que debía fracasar, era éste. ¡Si alguna vez hubiera habido una unión que Dios habría abandonado, era ésta!

Sin embargo, curiosamente, Dios escogió coronar esta unión con bendiciones excepcionales. Aun escogió a esta pareja, de todas las parejas, para traer el largamente anticipado Mesías al mundo por medio de su descendencia. ¡Y Él lo hizo con gusto! No dejó nada al azar ni a la especulación. Dios registra audazmente Su decisión en las Escrituras, primero en el Evangelio de Mateo, y luego en Lucas.

Dos cosas eran necesarias para satisfacer los requisitos proféticos y confirmar la llegada del Mesías. Primero, el Mesías debía tener las calificaciones legales al trono de David por ser su hijo. Para establecer este requisito había que documentar minuciosamente su linaje hasta el rey David. Esta documentación para José se encuentra en Mateo, capítulo 1. Allí, en el linaje legal del Mesías, es evidente que el "padre" de Cristo podía trazar su linaje hasta David. En medio de esta genealogía, hay una anomalía que dice: *"Y el rey David engendró a Salomón de la que fue mujer de Urías"* (Mateo 1:6). Dios está señalando algo importante aquí; cuando traza a José hasta Salomón, y Salomón hasta David, pone énfasis en el matrimonio de David con Betsabé, la *"que fue mujer de Urías"*. Al hacerlo, está estableciendo el derecho de José de ser el padre del Mesías, pero en el proceso recuerda al lector el pecado de David.

Segundo, era necesario trazar la relación física del Mesías al rey David también. En Lucas capítulo 3, tenemos la historia que traza el linaje de María a David. En los versículos 31 y 32, dice que María era de la descendencia de *"...Natán, hijo de David"*. Así como David era ancestro de José, también, lo era de María.

Aquí es donde se pone interesante; sabemos quién era la madre de Salomón, pero pocos saben que Salomón y Natán tenían la misma madre... ¡Betsabé![2] Las credenciales físicas y legales del Mesías son fáciles de trazar al matrimonio de David y Betsabé.

¿Por qué este matrimonio? ¿Por qué esta esposa de todas las esposas de David para traer al Santo de Israel?

Dios está dándonos una lección profunda de Su habilidad de sacar un bien de un mal. ¡Un matrimonio que surgió por todas las razones equivocadas, finalmente fue el instrumento que Dios usó para hacer el bien más grande que se ha dado a la humanidad! Es verdad que David y Betsabé comenzaron mal, pero *"mejor es el fin del negocio que su principio"* (Eclesiastés 7:8). Por supuesto, todo esto nació en el corazón de David, pero Dios seguía en control en todo momento. *"El corazón del hombre piensa su camino; mas Jehová endereza sus pasos"* (Proverbios 16:9).

Aun si tu matrimonio ha comenzado bajo las circunstancias más malas, aun si jamás consideraste el rol que Dios ha tenido en tu vida, aun si escogiste mal o comenzaste en pecado, ¡Dios jamás se equivoca! Estás casado con la persona correcta. Dios la quiere usar para bien en tu vida. El Señor ha dirigido tus pasos durante todo este trayecto.

Quizá no te casaste por las razones correctas, pero la persona con quien te casaste es la persona correcta para ti (Mateo 19:4-6). Dios quiere mostrar al mundo cómo Él puede recibir la gloria por un comienzo inestable. Él quiere demostrar Su poder para unir dos personalidades dispares, "opuestas" literalmente, y convertirlas en una unión sólida. Él desea aplicar el poder de Su resurrección a un amor sin sabor y a corazones fríos. Él quiere que trates a tu cónyuge como *"la persona correcta, después de todo"*.

---

[1]Steve and Annie Chapman, *Married Lovers, Married Friends* (Minneapolis: Bethany, 1989), p. 32-33.

[2]Orville J. Nave, "Nathan," Naves' Topical Bible (Nashville: Southwestern Company, 1962), p. 896.

9

Cinco Mentiras Comunes sobre las Corazonadas

Durante la Guerra en Vietnam, un soldado joven pisó una mina que le destrozó las dos piernas y un brazo. Mientras estaba inconsciente, tirado en un charco lleno de su propia sangre, fue impactado con una descarga de napalm la cual quemó su cuerpo severamente. Supe de él por un amigo que había sido testigo de sus últimas horas en un hospital de Tokio, Japón. El temor más grande del soldado no fue el de enfrentar una vida de discapacidad, ni aun del dolor de la cirugía y rehabilitación, sino de cómo esto afectaría sus planes de casarse con su novia. Sin ser consciente de la extensión de sus heridas, su novia llegó a Tokio. Él temía su llegada e imaginaba lo peor. Cuando ella entró a su cuarto y vio que tan solo quedaba el tronco de un hombre con un solo brazo, su rostro quemado, ennegrecido y su cabeza hinchada, se quedó impactada en un silencio total. Sin decir ni una palabra, se quitó su anillo de compromiso de matrimonio, lo puso al pie de la cama, dio la media vuelta y salió del cuarto y de su vida. Por 24 horas el soldado lloró continuamente, sin decir nada, y después murió. Su muerte, dijeron los doctores, no fue por sus heridas, sino por el desánimo, ya que no deseaba vivir más y simplemente se dio por vencido. Murió de un corazón roto.

Como sucede con muchas parejas alguna vez en sus matrimonios, esta pareja tenía que pasar por una crisis, provocada por el desengaño de encontrar imperfecciones en la persona que aman. La novia tuvo que luchar con la desilusión de la incapacidad repentina de su novio. Tristemente, son más las parejas que pierden esta batalla que las que la ganan.

La queja más común que oigo en mi ministerio con matrimonios es: "¡Ya no nos amamos más!". ¿Y cuál es la pregunta más común? Es: "¿cómo podemos volver a amarnos como antes?" Para muchas parejas cristianas hoy en día, lo que predomina en su mente es la idea de cómo avivar el amor en su matrimonio. Tienen hambre de algo mejor, de algo más profundo que lo que tienen ahora.

Esta hambre de amor comienza en el noviazgo; y en la mayoría de los casos, los jóvenes se acercan al altar, sin tener la menor idea de lo que se les espera al casarse. La mayoría de las parejas entran ingenuamente al matrimonio en un estado de euforia inducido por la cultura, y ellos esperan que estos sentimientos duren para siempre. De hecho, el 78 por ciento de los jóvenes comprometidos creen absolutamente que son diferentes a sus predecesores y a sus propios padres. "¡Jamás nos divorciaremos!" exclaman enfáticamente. "Estamos enamorados."

A pesar de las protestas, el 60 por ciento de los matrimonios nuevos terminan disueltos (el 50 por ciento por divorcio y el 10 por ciento por separación). Una de las razones principales para este fracaso tiene que ver con algún problema en sus relaciones personales.

Un avivamiento del amor, para muchos matrimonios, no puede llevarse a cabo porque existe un esfuerzo mal dirigido a satisfacer una necesidad espiritual de manera carnal. Y por lo general, esto describe a los matrimonios moribundos. Motivados por las novelas románticas, no por la Biblia, aun algunos cristianos siguen ciegamente a sus padres, lamiendo la porquería de las cloacas del mundo, en vez de beber de la fuente de agua viva. Las drogas emocionales son poderosas, y son numerosos los traficantes que las proveen de sus grandes reservas.

Los adictos que están bajo sus influencias ilegítimas llegan a ser incapaces de poder discernir entre la fantasía y la realidad. Gradualmente empiezan a confundir lo falso con lo verdadero. ¿Y cómo puede alguien ir en busca del oro puro cuando no sabe distinguirlo del falso? Si las expectativas no satisfechas traen desánimo y depresión, es de importancia vital que las diferencias entre el amor falso y el amor verdadero sean identificadas.

Para ayudarte con este proceso, este capítulo identificará y aislará cinco mentiras conocidas y peligrosas del amor falso. Esta es la fase de *"sacar de raíz y derribar"* mencionada en el capítulo 7. En los siguientes capítulos, edificaremos y plantaremos.

Mentira #1: El Amor Surge Naturalmente

¿Qué? ¡Casi puedo oír las protestas al sugerir que esta idea es rechazada!

Dicen: "Por supuesto que el amor surge naturalmente. Yo lo sé, porque lo he sentido. ¿Cómo puedes decir que es una mentira afirmar que el amor surge naturalmente?"

Pero si el amor surge de manera natural, ¿por qué tenía Dios que mandar al esposo a amar a su esposa?

La segunda ley de la termodinámica nos enseña que cualquier sistema cerrado y dejado solo se deteriora; de igual manera, la inclinación natural del corazón es a la desintegración. Llamo a ésta, "la tendencia hacia abajo de la *gravitación carnal*". En otras palabras, hay áreas identificables donde la humanidad gravita hacia abajo. Para identificar estas áreas, uno no tiene que mirar más allá de los mandamientos de Dios, donde Él señala nuestros puntos de debilidad específicos. Una de estas áreas es el amor, y Dios nos dice francamente: *"Maridos, amad a vuestras mujeres"* (Efesios 5:25).

Una vez pensé que este mandamiento no era necesario para la esposa porque su naturaleza gentil y su predisposición femenina la inclinarían hacia el amor y el cariño. Como pastor joven, una vez dije: "Dios manda al esposo a amar, pero notablemente por el silencio de este pasaje, no le manda a la esposa a amar. Por su carácter natural, es algo innato en la mujer amar y nutrir".

Un miembro de la iglesia se arrimó a mí después del sermón.

"Pastor Binney," me dijo, "¿ha leído usted a Tito 2:4?"

"No," respondí con vergüenza. "Pero estoy pensando hacerlo ahora."

Él siguió diciendo: ¡Pablo aquí advierte a las mujeres mayores *"que enseñen a las mujeres jóvenes a amar a sus maridos y* [asombrosamente] *a sus hijos!"* Aparentemente, el ser humano es incapaz de sostener el amor sin ayuda externa. Juan revela una fuente esencial de esta ayuda cuando escribe: "Y *nosotros tenemos este mandamiento de él: El que ama a Dios, ame también a su hermano"* (1 Juan 4:21). ¿Lo puedes ver? Se le manda al esposo a amar a su mujer, y la esposa necesita que se le enseñe a amar a su familia. Además, se les manda a todos los creyentes a amarse los unos a los otros. ¿Por qué es necesario decir todo esto si el amor surge naturalmente?

Mentira #2: El Amor es Perpetuo

Decir que el amor es perpetuo es otra mentira, porque el amor simplemente no puede sostenerse por sí solo. ¿Por qué? Porque el amor tiene un enemigo natural: *"y por haberse multiplicado la maldad, el amor de muchos se enfriará"* (Mateo 24:12). ¿Recuerdas la segunda ley de la termodinámica? Dice que cualquier sistema que se queda solo, con el tiempo, se deteriorará.

Un día, yo iba conduciendo el automóvil por un camino cuando noté un sonido metálico bajo el capó. El ruido aumentó y apenas me hice a un lado del camino cuando el auto se paró de golpe. Al inspeccionarlo, vi que el motor literalmente se había paralizado. ¿La razón? Yo me había olvidado de revisar el nivel de aceite. Otra vez, la segunda ley de la termodinámica había sido comprobada. En mi ignorancia, había descuidado el nivel del aceite. Suena tonto, ¿no? Pero es igual de necio, para los jóvenes enamorados, suponer que su amor seguirá andando por sí solo. La mayoría de las parejas descuidan el nivel del aceite de su matrimonio. Aprendí una lección cara; pero mientras un auto puede ser reemplazado, no es tan fácil encontrar un nuevo cónyuge.

Cuando estaba pastoreando en el estado de Michigan, mi esposa, Sandra, y yo pasamos una tarde haciendo esquí de fondo. Cuando volvimos a nuestra casa, comenzamos a jugar como un par de adolescentes, revolcándonos en la nieve y saltando (todo el tiempo, rogando al Señor que no pasara ningún diácono de la iglesia). Entonces, decidí besarla. Pero algo raro pasó. Hice contacto con sus labios, pero no sentí la presión de ellos sobre los míos porque habían perdido el sentido de tacto. ¿Por qué? Por haberme expuesto por un tiempo prolongado al frío, se había cortado el fluido de la sangre a los capilares de mis labios. Sin el calor de la sangre, los nervios de mis labios se habían dormido. Mis labios estaban azulados por el frío y toda sensación se había ido. Asimismo, cuando entra el pecado en la vida de uno, aquello tiene un efecto enfriador que corta el suministro de los vasos que llevan el amor de Dios al corazón del hombre. En pocas palabras, el hombre es separado de Dios - la misma fuente de vida y de todo amor. *"Vuestras iniquidades han hecho división entre vosotros y vuestro Dios, y vuestros pecados han hecho ocultar de vosotros su rostro para no oír"* (Isaías 59:2). El pecado es el enemigo natural del amor, bloqueando el acceso a Dios. ¿Dura para siempre el amor? No, no de acuerdo con las Escrituras. No durará el amor si entra el pecado en el corazón o en la relación.

MENTIRA #3: EL AMOR ES EMOCIONAL

No me malinterpretes cuando digo que es mentira la idea de que el amor es emocional. No estoy diciendo que no haya emociones ligadas al amor, ni que esos sentimientos no acompañen el romance; sino como dijo alguien sabiamente: "Los sentimientos son dividendos que Dios paga por la inversión de la obediencia". El problema con muchos hoy en día es que ponen el énfasis en los sentimientos en vez de enfatizar el deber. Ellos definirían el amor *solo* en términos de emoción, poniendo todo el énfasis en la auto-gratificación subjetiva. Esto no debe sorprendernos. Por tanto tiempo nos hemos fijado en los sentimientos, que sospecho que mucho de lo que se hace pasar por amor hoy, no está ni cerca de la realidad. En vez de estar enamorado de una persona, muchos están enamorados de un sentimiento, sin darse cuenta. Una vez que el objeto de su amor deja de producir esos sentimientos, su interés en ese objeto se muere también. Nos reímos del vaivén de los romances de los adolescentes, pero no es para reírse cuando el mismo patrón persiste en el matrimonio.

Una evidencia del amor verdadero es que *"todo lo soporta"* y *"nunca deja de ser"* (1 Corintios 13:7-8). Lo que muchos confunden como el amor es realmente el enamoramiento. Tuve mi primera cita con una niña en el primer grado de primaria. Me enamoré cuando tomé una Coca-Cola de sabor cereza con mi enamorada - una belleza con ojos tiernos, cabellos oscuros y una sonrisa encantadora. ¡Estaba flechado! No podía comer ni dormir. Pensaba solo en ella. Tan intensas eran las emociones que no podía pensar en otra cosa más que en ella. Vivía para verla en clase y estar con ella en el recreo. ¡Esto era el verdadero amor! ¡El cielo estaba pintado por los efectos de los fuegos artificiales que volaban en mi cabeza! El único problema fue que al apagarse los colores, y caer al suelo y desaparecer las cenizas de la pólvora quemada, mis sentimientos por la niña se apagaron también. ¿Era amor? No, no de acuerdo con el estándar bíblico. Aprendí poco de esta experiencia, porque seguí buscando una repetición de su efecto intoxicante.

Durante los años siguientes, entré en decenas de relaciones de intensidad semejante, y terminaron con los mismos resultados decepcionantes.

Muchas veces pienso en el "amor" breve que experimentan muchos jóvenes. ¿Si el amor nunca deja de ser, por qué los sentimientos dejan de ser? Puede ser que los sentimientos que dicen ser amor, realmente no sean amor o, por lo menos, no sean el amor del cual habla la Biblia.

Mentira #4: El Amor es Condicional

Para entender esta mentira que dice que el amor es condicional, debes primero conocer las tres categorías de amor: el amor "porque", el amor "si" y el amor "a pesar de".

El Amor "Porque"

El amor "porque" encuentra su base en el objeto del amor. Esta clase de amor dice: "Te amo porque eres hermosa". Esta afirmación ha hecho maravillas para las ventas de cosméticos. Otra dice: "Te amo porque eres tan guapo". El resultado natural de esta clase de amor, cuando pasan los años, es el temor de sufrir el decaimiento de la apariencia física. Habrá que dudar de la profundidad del amor de aquel que te abandona por un modelo más nuevo, o cuando pones demasiado énfasis y dinero en conservar actualizada tu apariencia física.

El Amor "Si"

El amor "si" encuentra su energía, no tanto en el objeto del amor, sino en los resultados del amor. Dice: "¡Te amo si satisfaces mis necesidades, si me haces sentir bien, si suples todas mis expectativas!" Esta clase de amor es totalmente dependiente de lo que hace el otro por tu felicidad. La persona con un amor "si" es esclava del objeto de su amor. Si su amada anda bien, él está feliz; si ella anda mal, él está mal. Ésta es, en el mejor de los casos, una miserable existencia; pero es la suerte de muchas personas casadas hoy en día. Su manera egoísta de ver el amor los ha encadenado a un ideal que nunca podrá realizarse completamente.

El Amor "A Pesar De"

El amor "a pesar de" no depende de la apariencia de su pareja, ni de su comportamiento. Este amor trasciende todo otro amor. Dice: "Te amo a pesar de tus cicatrices, a pesar de tu peso, a pesar de tu fracaso, y aun a pesar de tu pecado". Este es el amor de Dios, que dice: *"Con amor eterno te he amado"* (Jeremías 31:3). Y esta clase de amor puede ser la experiencia de cada persona que conoce el amor de Dios. No varía ni cambia por la apariencia física, ni por las faltas e imperfecciones, ni por lo que hace; sino que se asemeja al amor de Dios, que *"ha sido derramado en nuestros corazones por el Espíritu Santo"* (Romanos 5:5). Tú también puedes disfrutar de este amor. Tú deberás tener este amor si tu matrimonio y otras relaciones han de prosperar.

Mentira #5: El Amor No Conoce Medidas.

Aceptar esta mentira de que el amor es de medidas absolutas es una tendencia de muchas personas que ven el amor como un producto acabado, que no requiere ensamblaje ni mantenimiento. Ellos entran al matrimonio pensando descansar y disfrutar del nuevo juguete, y nunca sospechan que tienen que hacer algunos ajustes, que algunas partes requieren aceite, que un poco de jabón y lustrador serán necesarios para mantener su brillo.

Cuando mi hijo, Jonathan, estaba en la primaria, vino a mí a decirme: "Papá, me gustaría mucho tener un perro."

¿Qué niño no lo querría?

"Pero hijo," protesté, "no podemos tener un perro. Un perro necesita que lo alimenten cada día."

"¡Yo le daré de comer, papá! ¡Será el perro más gordo del barrio!"

¿Cómo se puede discutir con tanta devoción?

"Será necesario mantenerlo limpio."

"¡Puede bañarse conmigo cada noche!"

¡Oh, qué comprometido este niño! Comencé a debilitarme y rápidamente perdí terreno en la discusión.

"Lo más importante," le dije yo con mi voz de padre, "es limpiar lo que ensucia el perro."

Les ahorraré los detalles de la siguiente promesa que esto provocó en mi hijo porque ya él percibía la victoria. Sí. Lo adivinaron. Le conseguí el perro, y estoy orgulloso de anunciarles que guardó todas sus promesas… por dos semanas. No pasó mucho tiempo cuando nuestro nuevo cachorro buscaba comida en su plato vacío, se rascaba vigorosamente, y... bueno, entienden el cuadro. ¿Qué sucedió? Mi hijo tuvo una visión idealista de tener un perro. El veía al perro como un paquete de felicidad perpetua saltando, lamiendo, moviendo la cola, sin requerir cuidado, alimento y mantenimiento. Este cuadro no es muy diferente a la visión que tienen muchas parejas recién casadas. No es que ven a su cónyuge como un "perro", pero tampoco lo ven como un compromiso. Quizás, la verdad del dicho, "el amor de cachorro lleva a la vida de perro" tiene mérito, después de todo.

Como mi hijo pequeño, muchos cónyuges ven el amor como un producto y no como un proceso; cuando en verdad, el amor es un proceso, no un producto. Esto es lo que Pablo destacó cuando escribió: "*Y el Señor os haga crecer y abundar en amor unos para con otros*" (1 Tesalonicenses 3:12). El amor que veía no era estático; sino fluido, siempre creciendo, siempre aumentando, siempre abundante. Él no trató de medirlo porque el matrimonio es un proceso con un final abierto: nunca acabado, nunca completo y siempre mejorando.

Muchas parejas entran al matrimonio, confiados de que todo el trabajo ya ha sido hecho; después de todo, están enamorados. Claro, algunos viejos tratan de advertirles del trabajo que se les viene, pero obviamente están demasiado viejos para entender. Los matrimonios veteranos no tienen la chispa ni el amor que ellos tienen. Sienten que están adelantados años luz a los matrimonios desgastados, cosa que creen poder evitar. ¿Puedo hacerles una confesión? Cuando estuve parado ante el altar en mi boda, viendo a mi hermosa novia deslizándose a mi lado, mis pensamientos no eran: "¡Dios me bendiga, porque aquí viene un compromiso!"; sino que fueron más como: "¡Ay, ay, ay! ¡Aquí viene el paquetito de amor que me va a hacer muy feliz!" Igual que mi hijo, yo veía un producto empaquetado que no requería ensamblaje, mantenimiento, cuidado, alimento, ni limpieza. No entendía que el amor era un proceso que requeriría constante atención y cuidado. Muchos matrimonios fracasan por esta falta básica de comprensión.

Si tu matrimonio va a prosperar, debe estar basado en la verdad, en vez del error. Tus conceptos del amor deben estar basados en algo más sólido que experiencias, sentimientos e ideas populares. Debes basar tu futuro en la Palabra de Dios. En contra de lo que dicen en las películas de fantasía, el amor de película no es el amor verdadero. Debes entender lo que es el amor verdadero si vas a edificar un matrimonio y una familia que resista el paso del tiempo. El lugar para comenzar es identificar cualquiera de estas cinco mentiras que has creído y reemplazarla con la verdad de la Palabra de Dios.

Hemos aprendido lo que *no es* el amor. Pero, ¿y qué es el amor? ¿Qué dice Dios que es el amor bíblico? Éste será el tema del próximo capítulo.

10

El Hechizo de las Emociones del Amor

Muchas personas se motivan por un cosquilleo del corazón, por el hechizo de "amor a primera vista", por las ondas de emociones volcánicas de la adolescencia. Para bien o para mal, muchas relaciones están basadas sobre recuerdos y sueños elusivos del pasado.

Esto llamó mi atención durante una semana después de dirigir una conferencia para matrimonios. Un buen hermano en la fe estaba lamentándose del hecho de que ya no estaba "enamorado" de su esposa, queriendo decir que ya no tenía sentimientos para ella y que se había "desenamorado".

El matrimonio de otra pareja estaba amenazado porque uno de los cónyuges se había "enamorado" de otra persona, y él estaba a punto de abandonar todos sus compromisos con su familia por esta nueva relación. Entonces yo tenía ante mí a un matrimonio a punto de separarse por falta de sentimientos de amor entre ellos, y a otro matrimonio a punto de disolverse por la presencia de sentimientos para otra persona.

Esto me hizo hacer una pausa para reflexionar sobre las maneras variadas en las que lo que llamamos "amor" impacta las relaciones.

Los Heridos de Amor

El herido de amor es la persona que ha sido abandonada o que añora tener un enamorado. Es víctima lamentable de un amor no correspondido, ha sido el destinatario de la famosa carta de despedida y alberga una herida grande en el corazón. Esta herida emocional puede haber sido ocasionada por el abandono, el olvido o el rechazo por el objeto de su amor; pero siempre el resultado es un corazón que se tuerce de angustia. La desesperación de estas personas fue demostrada vívidamente en la reacción de un quinceañero de Conyers, Georgia, quien, deshecho por la ruptura con su novia, armó una balacera, hiriendo a seis de sus compañeros.

Los Enfermos de Amor

El enfermo de amor es la persona tan desesperadamente "enamorada" que ha llegado a ser casi incapaz de seguir su vida normal. Típicamente esta persona tiene novio o novia y está consumida por los pensamientos de amor. No puede funcionar sin su dosis diaria (¿a cada hora?) de una mirada, un toque, una palabra o más importante, la presencia de su amado. Siente una adicción por esta persona; y en cada momento de separación, experimenta el "síndrome de alejamiento" hasta que consigue su siguiente dosis.

Los Que Están Sin Amor

La pobre alma que no tiene amor experimenta el peor rechazo; no es aquel que rompe con su enamorada, sino el que nunca tuvo una. Ésta puede ser una persona soltera que está desesperada buscando pareja, pero incapaz de conectarse con alguien. Puede ser un adolescente solitario que tiene una sensación total de aislamiento y rechazo, mientras todos sus amigos hablan efusivamente de su último romance. Pero puede también incluirse a aquella persona que se siente incapaz de sentir ninguna clase de emociones. Ésta cuestiona su normalidad y aun su cordura, porque carece de oleadas de sentimientos, de enojo, depresión, gozo y especialmente de amor. Esto crea problemas en el matrimonio, especialmente en el día de hoy, cuando la medida última para el verdadero amor se reduce a emociones y emociones.

Los Ciegos de Amor

El ciego de amor no ve las faltas en el objeto de su amor, ni los problemas en la relación que son claramente evidentes a los demás. Otros están cegados por un amor que no debiera ser: una relación no permitida por la cultura, por la moralidad, por otros y aun por las normas que se solían tener. Sin embargo, experimenta emociones súper cargadas que barren toda oposición y limitación en el camino. He aconsejado a esposos heridos cuyas esposas fieles y constantes de muchos años, conocieron a otro por el "internet" en el "chat room", e inexplicablemente dan la espalda a sus hijos y a su matrimonio, para irse de su casa con un extraño - todo en nombre del "amor". Están ciegos.

El Imán del Amor

Menos conocido, pero todavía alguien para considerar, es el imán del amor; uno que es tan hermoso, bien parecido, popular, talentoso, famoso o rico que parece atraer pretendientes de todas partes casi sin esfuerzo. Tiene un temor persistente de no ser amado verdaderamente por sí mismo. Se pregunta a sí mismo si es realmente lo que él(la) representa lo que atrae a otros a su persona.

El Cerebro Muerto

La conclusión ineludible es que "el hombre moderno" está borracho de "amor". Sus glándulas han neutralizado el proceso normal de pensamiento, y su corazón ha anulado su mente. El cerebro está muerto. Ya no son capaces de razonar clara, lógica ni bíblicamente. Tal persona está fuera de control.

La iglesia no está exenta. Los adolescentes y adultos cristianos igualmente han agotado sus propios sentimientos. Las relaciones de noviazgo comienzan y terminan con las emociones, y los matrimonios surgen y rápidamente se mueren por falta de conocer el amor verdadero. Se hacen compromisos apresuradamente y se abandonan tan rápidamente por esta misma causa. Los "ex amantes" llegan a ser enemigos, y las parejas entran en una cadena adictiva de relaciones que tiene como patrón noviazgos de puertas giratorias y amoríos múltiples. Luego, vienen divorcios repetidos que se basan en poco más que la débil excusa de que "ya no nos amamos más" (traducido: "no tenemos los sentimientos que antes teníamos").

Parece que el amor es una diosa cruel y caprichosa. Deja a su paso los espíritus heridos de millones y descarta a las personas como "bienes de consumo". Los enamorados despechados reaccionan con amargura, y a los infractores se les considera "enemigos". La desconfianza se atrinchera en el corazón del herido, y su vida cambia para siempre.

La pregunta natural, a la luz de todo esto es: "¿Por qué?" ¿Por qué tantos son tan fácilmente engañados por sus emociones?

Acondicionamiento Cultural

¡Admitámoslo! Nuestra cultura marcha en fila encadenada. Hay poco desacuerdo en cuanto a lo que es el amor, cuál es su rol, cómo conseguirlo, cómo perderlo y cómo usarlo. Todos son expertos en el campo del amor. Pocos se atreven a poner objeción a este consenso poderoso del mundo presente.

Los Medios

Desde las novelas románticas hasta las películas; desde las telenovelas hasta las comedias y los programas de entrevistas; desde la música "country" hasta el rock suave, nuestra cultura grita a una voz: "¡El amor es todo lo que necesitas!" Me intrigué hace unos años, cuando vi una entrevista con Burt Bacharach. En ese tiempo era uno de los escritores de la música "pop" más prolífico. Se le preguntó: "¿Cómo encuentras estas ideas para todas las canciones que escribes?"

"Es fácil," replicó, "solo pienso en otra manera de decir 'te amo'".

El Dilema de las Citas Románticas

Los jóvenes están fuertemente acondicionados y enormemente influenciados por el proceso de tener citas románticas. La primera cita comienza con un sentimiento de atracción. Es un sentimiento que los une; y cuando se acaba el sentimiento, dejan de verse para buscar una fuente nueva de aquellas alturas emocionales. Comienzan el proceso de nuevo hasta que se acaban los sentimientos, y se deshacen de su pareja número dos. Esto sigue hasta que se encuentra a la persona "correcta". Antes de que los sentimientos mermen, atan el nudo del matrimonio; y en poco tiempo, como todas las otras veces, los sentimientos se van. Casi por hábito, en base a experiencias pasadas, se supone que los pocos sentimientos significan que el matrimonio se ha acabado. Después de todo, ellos creen que el amor es un sentimiento, y que el amor es la base del matrimonio. ¿No es cierto?

Y parece lógico traducir estos argumentos a la conclusión: "Los sentimientos son la base del matrimonio". Quiero parafrasear el grito lastimero de muchos aconsejados: "Los sentimientos son el pegamento que nos mantiene juntos. Mientras me proveas los sentimientos que necesito, me quedaré contigo. La felicidad en el matrimonio depende de encontrar a la persona correcta, y yo pensaba que tú eras esa persona, o sea, mientras me mantenías feliz. Pero ahora no soy feliz. No me casé contigo para sufrir este dolor. Voy a recurrir a mi programa de citas románticas y dejarte plantada en el momento que no me proveas el beneficio de mi inversión". Y por ende, la experiencia de las citas románticas llega a ser la norma que se espera en el matrimonio.

Presiones de Afuera

Las personas de hoy en día están bajo una presión enorme de conformarse a este concepto ampliamente popular del amor. Hemos ido de ser una sociedad que una vez promocionaba el cortejo, chaperones estrictos y una edad mínima de 16 años para tener citas románticas, a la era de presionar a los preadolescentes a buscar novio. No es raro ver a niños de primaria en una relación de novios. Promover esto puede parecer una buena idea porque se basa en el concepto de que la felicidad se encuentra en el amor. Pero cuando una persona joven pregunta qué es el amor, suele encontrarse con una sonrisa condescendiente, un guiño del ojo y una actitud tolerante que dice: "Tú lo sabrás cuando lo sientas".

Enseñanza Débil o Inexistente sobre el Amor

Las enseñanzas actuales sobre el amor añaden al problema. En muchas predicaciones y enseñanzas de la iglesia acerca del amor no se molestan en explicar minuciosamente qué significa la palabra. Esto deja que el oyente entienda la palabra a su manera. ¿Y de dónde van los oyentes a sacar sus ideas, sino del mundo? El oyente, entonces, está predispuesto a creer la mentira del mundo automáticamente.

Peor todavía, algunas autoridades espirituales aun promueven la idea de que el amor se basa en los sentimientos. Edificando sobre una suposición de que el amor es una emoción, los consejeros hacen que el amor sea un prerrequisito importante para una relación feliz. Los padres dirigen los pensamientos de sus hijos en lo que respecta al matrimonio con la pregunta importante: "¿Lo amas?"

La Promiscuidad Emocional

Una de las características fuertes de la iglesia es la pureza sexual. Desde la adolescencia en adelante, se pone énfasis consistente en la necesidad de guardar el cuerpo puro para el matrimonio. Los cristianos deploran el pecado de la promiscuidad sexual, lo cual se debe hacer.

Pero poco se conoce acerca del pecado de las emociones promiscuas. Así como debemos guardar nuestro cuerpo en sujeción, hay que guardar el corazón de sentir o pensar de manera pecaminosa. *"Sobre toda cosa guardada, guarda tu corazón; porque de él mana la vida"* (Proverbios 4:23). El mismo autodominio que se necesita para el cuerpo, es necesario para el corazón. La promiscuidad sexual tiene que ver con la pérdida del control de nuestro cuerpo, cuando dejamos que nuestras pasiones físicas nos desborden y cedemos a las demandas de nuestro cuerpo para gratificación.

La promiscuidad emocional tiene que ver con la pérdida del control de nuestras emociones, dejando que nuestros sentimientos nos desborden y cediendo a las demandas de nuestro corazón para sentir satisfacción. Es el mismo problema de la falta de templanza. Dios no está en control, sino que nuestras pasiones están en control. Yo no estoy en control, sino que mis emociones están en control. La voluntad y la mente no están en control, sino que el corazón mal inclinado está en control. El espíritu no está en control, sino que la carne está en control.

El peligro de la promiscuidad emocional es mayor que el de la promiscuidad sexual. ¿Por qué digo esto?

IGNORANCIA

Mientras estemos claramente conscientes de los peligros del pecado sexual, somos deplorablemente ignorantes de los efectos de la rendición emocional. Las defensas contra la tentación sexual que hemos erigido tan cuidadosamente no existen para la tentación emocional. No podemos *"resisti[r] al diablo"* si *"ignoramos sus maquinaciones"* (Santiago 4:7).

LA NATURALEZA ENGAÑOSA DEL CORAZÓN

No entendemos que la naturaleza del corazón es mala y engañosa. *"Engañoso es el corazón más que todas las cosas, y perverso; ¿quién lo conocerá?"* (Jeremías 17:9). Muchos no se dan cuenta de esto. Otros se niegan a reconocerlo. El mejor consejo que los humanistas pueden ofrecer a uno es: "Confía en tu corazón". La necedad de tal consejo debería ser evidente. Pero nuestro caso es aún peor.

No solo es engañoso el corazón, sino que es *"engañoso… más que todas las cosas"*. Esto es bastante concluyente, ¿no te parece? *"Todas las cosas"* incluyen, pero no están limitados, a la mente y la voluntad. Pero el mensaje es más claro aún: no hay nada, absolutamente nada, que te engañará o te inducirá al error más rápida y más completamente que tus emociones. Punto final.

Hay más. El corazón también es *"perverso"*. Esto es bastante per-turbador. ¿No es cierto? Dios no solo nos dice que nuestro corazón es engañoso, y engañoso sobre todas las cosas; sino que también nos dice que es total y absolutamente *"perverso"*. Éstas son muy malas noticias para el pretendiente impulsivo que sigue su corazón.

Dios usa estos modificadores poderosos para armar un caso muy fuerte. La conclusión es inescapable: el corazón es tan engañoso y tan perverso, que nadie puede entenderlo. Es tan impredecible e inestable que no puedes confiar en él. La luz del gozo hoy es la oscuridad de la angustia del mañana. La euforia del amor de ayer se convierte en la angustia de la ira de hoy.

Si la madurez es la habilidad de conformar nuestras creencias a la Biblia, el amor maduro se conformará a esta poderosa verdad que dice que ninguno puede conocer su propio corazón. *"El que confía en su propio corazón es necio"* (Proverbios 28:26).

El Corazón de tu Amado te Puede Engañar

No puedes conocer el corazón de otro tampoco, especialmente cuando es el corazón del objeto de tu amor. El hombre en tu cama puede no ser el mismo que estuvo parado a tu lado en el altar en tu boda. La mujer en tu mesa puede ser radicalmente diferente a la joven que buscaste para aquella primera cita. El corazón de tu amada puede llegar a ser agrio.

El Corazón de tu Amado hasta Puede Engañarse a sí mismo.

Tu enamorado no puede entender su propio corazón. Honestamente, él podría haber expresado lo profundo de sus sentimientos, sin darse cuenta de que estos sentimientos eran capaces de cambiar y de llevarlo por un camino equivocado.

"¿Quién lo conocerá?" Esta es la pregunta de las edades. Esta incapacidad universal de poder entender nuestro corazón incluye los motivos, las convicciones y hasta lo que se acepta como la verdadera

fuente de información.

Una vez escuché una pregunta hecha a raíz de la aventura amorosa de un presidente necio con su asistente atolondrada: "¿Por qué el hombre más poderoso de la nación, el líder del mundo libre, arriesgaría todo por ella?"

No hay respuesta a esta pregunta porque presupone que su cabeza estaba en control de sus acciones, en vez de su corazón. El pecado no tiene que ver con la lógica, sino con las emociones. El ex-presidente mismo no pudo responder a esta pregunta porque fue engañado por su propio corazón y estuvo bajo el control de sus emociones. Fue compelido por un corazón engañoso y perverso a hacer lo que él mismo no comprendía. Y es así con toda persona cuyo "amor" se basa en otra fuente que no sea Dios mismo.

Es por esto que se require cierta medida de fe cuando se embarca en el mar del matrimonio. Es un error pensar que tu corazón será siempre una eterna fuente que emana con emoción amorosa.

La Rendición Emocional Precede a la Rendición Sexual

El peligro de la promiscuidad emocional es que generalmente precede a la promiscuidad sexual, y lleva a su preso a ceder a más cosas aún. Pocos casos de adulterio en el matrimonio son puramente de origen físico. Es raro, quizá desconocido, que a una persona se le haga una propuesta sexual que no sea condicionada por un enredo emocional que fue desarrollándose gradualmente. Entonces, cuando la tentación sexual misma se ofrece, la resistencia ha bajado y la habilidad de razonar ha sido apagada por la euforia emocional intensa. La persona está indefensa: *Como ciudad derribada y sin muro es el hombre cuyo espíritu no tiene rienda* (Proverbios 25:28). En la época de este pasaje, la defensa principal de una ciudad eran sus muros. Cuando tenían que enfrentar a los invasores, los habitantes huían a la ciudad y cerraban sus puertas. Naturalmente, si hubiera una brecha en el muro, el enemigo podría entrar fácilmente. Pero no tener muros era impensable. Una persona que no tiene control sobre sus emociones y sus pasiones amorosas es como una ciudad sin muros. El enemigo marcha adentro a sus anchas.

Decepción Satánica

¡Tú tienes un enemigo! Es peligroso, y constantemente busca la manera de destruirte. Dice la Biblia: *"Sed sobrios, y velad; porque vuestro adversario el diablo, como león rugiente, anda alrededor buscando a quien devorar"* (I Pedro 5:8).

Reconócelo, el diablo te quiere agarrar. Uno de sus medios principales para hacer esto es por medio de andar "rugiendo". Afortunadamente, hemos identificado ese rugido. A veces, el diablo cambia de plan y en vez de acercarse a nosotros, tratando de asustarnos, él usa la fascinación; en vez de atemorizar, usa la fantasía; en vez de rugir, surrura. En vez de venir como león, viene como la serpiente sutil y aun como un ángel de luz. *"Porque el mismo Satanás se disfraza como ángel de luz"* (2 Corintios 11:14).

Como ángel de luz, él busca el lugar más vulnerable del hombre por donde pueda ganar acceso a su voluntad, y luego lo lleva a una esclavitud total. ¿Cuál es este lugar? El corazón, el trono de las emociones. Este es su objetivo y es donde su control sutil se manifiesta más. ¿Y por qué? Porque *"engañoso es el corazón más que todas las cosas, y perverso; ¿quién lo conocerá?"* (Jeremías 17:9).

Su expediente está claro: Satanás tiene el poder para engañar a todo el mundo (Apocalipsis 12:9; 13:13-15), y él lleva cautivo al mundo "a su voluntad" (2 Timoteo 2:26), y aun engaña a muchos cristianos (Mateo 24:24). ¿Cómo hace esto? Usa los sentimientos de "amor" para convencer a los incautos que todo amor es bueno y santo. Dice: "No puede ser malo cuando se siente tan bien". El va incluso tan lejos como para usar los sentimientos para reclutar a los ignorantes a unirse a las sectas falsas; para justificar infidelidades con sentimientos de "amor"; para apurar a los impresionables al matrimonio prematuro; y, muchas veces, para dar a los desanimados una excusa para el divorcio.

Más notablemente, el engañador tiene el poder para manipular los sentimientos del corazón con *"prodigios"*. Esta es la clave para entender cómo él puede engañar al creyente. Satanás trabaja *"con gran poder y señales y prodigios mentirosos"* (2 Tesalonicenses 2:9). La palabra *"prodigios"* mencionada aquí es diferente a *"milagros"* y *"señales"* usadas en otras partes de las Escrituras. Los *"milagros"* tienen que ver con el poder y la grandeza del hecho. Las *"señales"* están relacionadas al poder sobrenatural del hacedor, pero el significado de *"prodigios"* es el efecto que tiene al despertar el asombro en el que lo ve.[1] Se trata de la emoción que evoca en el observador. Es la emoción, la sorpresa, el asombro, el estupor que provoca la admiración.[2] ¿Captas la idea? Satanás puede mover las emociones de los humanos al punto que le adoren a él como su dios. Y tiene sus propias doctrinas (*"doctrinas de demonios"*), sus propios mensajeros (*"espíritus seductores,"* y *"ministros [que] se disfrazan como ministros de justicia"* (2 Corintios 11:15), y su propio medio (*"prodigios"*). El apunta todo esto al lugar más débil del ser humano, al corazón, y muchas veces usando la influencia de otra persona. Vemos en la Biblia que "tres veces [los prodigios] que se atribuyen a Satanás, se hacen por medio de agentes humanos."[3]

¡El mismo diablo puede producir sentimientos de amor sintéticos en el corazón del ser humano! Si Satanás puede usar agentes humanos para evocar asombro (hacer prodigios), ¿no podrá él usar un agente humano para excitar amor en otra persona? Estos sentimientos que hacen que uno admire a otro tienen la misma base emocional del encantamiento que algunos llaman "amor". Satanás tiene poder para producir este sentimiento y puede hacerlo por medio de usar a seres humanos como instrumentos suyos. Si la verdad se conociera, mucho de lo que pasa por amor se vería como un *"prodigio"* satánico. ¿Cuánto de lo que afirmamos que ha venido de Dios, realmente ha sido originado por espíritus seductores que nos han provocado con sentimientos y emociones ardientes que nos han engañado? ¿Cuántas personas son engañadas por torcer las Escrituras, diciendo que *"Dios es amor"* y "el amor es de Dios"? ¿Será que se está preparando al mundo para adorar a Satanás por medio de los prodigios emocionales? ¿Hemos caído en su juego al subir los sentimientos al pedestal más alto y elevar nuestros corazones al nivel de la infalibilidad?

El Enfoque Equivocado de Exigir Satisfacción

Muchos matrimonios languidecen por una horrible disparidad en su relación. Cada cónyuge está mirando al otro por una satisfacción que jamás le podrá dar. Por años creyeron que había una sola persona en el mundo para ellos y que el encontrar a esa persona idónea sería la única garantía de felicidad. No entendieron que ser la persona correcta era más importante que encontrar a la persona correcta; ni entendieron que las parejas ingenuamente habían puesto cargas onerosas sobre el objeto de su amor. Cada uno miraba al otro para encontrar satisfacción, felicidad y el suministro interminable de sus sentimientos de bienestar.

Es claramente injusto, sin embargo, ponerle a tu cónyuge una responsabilidad que no será capaz de cumplir. El amor, el gozo y la paz no son "fruto del cónyuge", sino "fruto del Espíritu". Ningún ser humano fue diseñado para proveerte estas cosas.

Segundo, es peligroso al extremo dejar a Dios fuera del cuadro. Poner la carga de felicidad emocional sobre tu cónyuge impugna el mismo propósito de Dios. Él debe ser nuestra fuente de satisfacción, ¡y solo Él!

Aunque uno no tenga la aceptación de otro ser humano en la tierra, el creyente siempre es *"acepto en el Amado"*. Aunque no haya ninguna otra persona para llenar mi vida, excepto Cristo, estoy *"completo en Él"*. Ninguna persona puede proveer mi suficiencia porque *"mi competencia proviene de Dios"*. Buscar cualquier otra fuente que no sea Dios para sentirme completo, es inútil y una invitación al desastre.

Dios es un Dios celoso y no compartirá Su gloria con nadie. Él mira desde los rincones del cielo, deseando que lo busques a Él para cada necesidad de tu corazón. Consternado, te observa buscando a tu alrededor, en vez de mirar hacia arriba. Se duele cuando tu corazón está entregado casi enteramente a una persona, igual de finita como tú. Ahora Dios está en una posición difícil. Si Él bendice este esfuerzo impuro tuyo, estaría tolerando un acto de rebelión contra Sí mismo y aceptando la mentira de que un ser humano pueda ocupar Su lugar. Dios no puede hacer esto porque jamás compartirá Su gloria con otro. Por otro lado, si deja que la relación sufra, Su corazón amoroso se entristece viéndote sufrir en el proceso. Pero, en este caso, no tiene opción. Él observa con dolor mientras tú sufres en el valle de tu matrimonio frustrado, hasta que descubras que esta persona no es capaz de proveerte la satisfacción emocional que necesitas. Después de un periodo de sufrimiento (que varía de persona a persona), te despertarás para reconocer la verdad de que solamente Dios puede suplir tus necesidades. Cuando te vuelves a Dios, experimentas Su suficiencia y la llenura del Espíritu Santo, tu relación rebosará y podrá ministrar profundamente a tu cónyuge. Sin eso, no podrás hacer nada.

Estoy convencido de que la razón por la cual Dios permite que los matrimonios pasen temporadas de desilusión es para hacerles reconocer a los ingenuos románticos que Él es la fuente del amor verdadero. Él quiere ser tu todo en todo. Sí, es verdad que Dios obra a través de tu cónyuge para suplir, hasta cierto punto, tus necesidades; pero Él sigue deseando que tu confianza sea canalizada a través de tu cónyuge hacia Él; y no hacia tu cónyuge.

La razón más grande por la que una persona no disfruta de la plena capacidad dada por Dios de recibir amor sin límite es porque ha buscado ese amor de la fuente equivocada. ¿Dónde estás buscando tú?

CONCLUSIÓN

Los enfermos de amor, los que están sin amor y los faltos de entendimiento estarán siempre con nosotros. Su obsesión con el hechizo de las emociones del amor será su ruina. Tú podrías estar entre estas víctimas del engaño, a menos que entiendas algunas de las causas de esta enfermedad terminal. Solo entendiéndolas podrás quitarlas y poner la Verdad en su lugar. Que Dios te ayude a hacerlo.

---

[1]Kenneth S. Weust, *Philippians Through the Revelation* (Grand Rapids:Wm. B. Eerdmans Publishing Co., 1959), 62.

[2]E. W. Bullinger, *A Critical Lexicon and Concordance to the English and Greek New Testament* (London: Bagster and Sons, 1969), 895.

[3]W. E. Vine, *An Expository Dictionary of New Testament Words* (Westwood, N.J.: Fleming H. Revell Co., 1940), 228.

11

Amor que Crece y Abunda

"Y el Señor os haga crecer y abundar en amor unos para con otros y para con todos, como también lo hacemos nosotros para con vosotros, para que sean afirmados vuestros corazones, irreprensibles en santidad delante de Dios nuestro Padre, en la venida de nuestro Señor Jesucristo con todos sus santos"

(I Tesalonicenses 3:12-13).

Salí a comer con Sandra una noche, y observé dos extremos comunes en los matrimonios de hoy. Frente a nosotros, e inconscientes de su alrededor, había una pareja joven. Obviamente eran recién casados y probablemente estaban de luna de miel; pasaron todo el tiempo mirándose intensamente y susurrando cosas dulces, tomados de la mano y ocasionalmente comiendo algún bocado. Fue una maravilla de ingeniería que pudieran hacer esto con todo lo que pasaba a su alrededor; pero, claro, la comida no era una prioridad para ellos.

Como ejemplo del otro extremo, había una pareja de alrededor de sesenta años, sentada a pocos centímetros de donde estaban los jóvenes enamorados. Obviamente eran más veteranos en la experiencia matrimonial; pero jamás se miraron, nunca hablaron, jugaban con su comida y miraban por la ventana.

Los jóvenes enamorados se levantaron para irse. Fue una maravilla que pudieran comer y hacer lo que hacían, los tenías que haber visto caminar hacia afuera haciendo lo mismo. Con los brazos fuertemente entrelazados de tal manera que no cabía ni un pelo entre ellos, y aun con sus ojos trabados entre sí, pudieron maniobrar entre las mesas del restaurante. El joven se detuvo para abrirle la puerta galantemente a su dama y ella pasó flotando. Le ofreció el brazo para hacerle cruzar el peligroso estacionamiento. Le abrió la puerta del auto y, con cuidado, acomodó su vestido suavemente al cerrar la puerta. Se fue con prisa al asiento del conductor, y, para cuando llegó allí, ella ya se había corrido debajo del volante, dejando muy poco espacio para él. Sin embargo, no le importó; salieron del estacionamiento con sus dos cabezas bien juntitas.

Mientras tanto, en la mesa, la pareja veterana terminó su cena y se levantó para irse. El hombre salió como medio metro adelante de su mujer. Cuando ella llegó a la puerta, se cerró en su cara y para cuando subió al automóvil, las luces del freno estaban prendidas y el motor andando. Tan pronto se cerró la puerta, el auto se puso en marcha. Salió del estacionamiento, estando el esposo de un lado y la esposa en el extremo opuesto. Tristemente, en el ínterin que va del amor juvenil a la relación veterana, se enfría el amor y las parejas comienzan a distanciarse.

No tiene que ser así. Es la voluntad de Dios que tu amor crezca y tu relación prospere. Esto está bien claro en la amonestación del apóstol Pablo al comienzo de este capítulo. Toma un momento para leerlo cuidadosamente otra vez. ¿A quién se dirige con esta gran verdad? ¡Al lector! ¿Y cuándo se aplica a ti? Cada vez que la leas. Esto significa que desde este momento, el plan y deseo de Dios para ti es que crezcas y abundes en amor. ¡El amor debe estar constantemente creciendo y desarrollándose!

En un capítulo anterior, hablamos de algunas razones por las que esto no sucede: porque no entienden las estaciones naturales y predecibles del matrimonio y porque han adoptado las ideas del mundo acerca de lo que es realmente el amor. Otra razón por la cual no crece nuestro amor es que no aplicamos las verdades bíblicas necesarias para el crecimiento. ¿Cuáles son estas verdades?

SER SALVO

El principio fundamental, obviamente, para el lector cristiano, es la necesidad de haber nacido de nuevo. Quisiera decir que su importancia no puede ser pasada por alto. En primer lugar, es peligroso pasar por alto la experiencia donde comienza el amor santo, porque uno no puede amar con un amor santo, a menos que el Espíritu de Dios viva en su corazón. *"Porque el amor es de Dios. Todo aquel que ama, es nacido de Dios, y conoce a Dios. El que no ama, no ha conocido a Dios; porque Dios es amor"* (I Juan 4:7-8). Dios nos dice que Él es el origen del amor; y que uno debe conocerlo a Él primero para experimentar tal amor. El apóstol Pedro confirma esto. Después de escribir sobre la necesidad de *"ama[rnos] unos a otros entrañablemente, de corazón puro,"* agregó un calificador: *"siendo renacidos"* (I Pedro 1:22-23). Si conocer a Dios es amar y amar es conocer a Dios, cuando está ausente el amor de una relación, sería prudente para el que no siente amor, examinar su relación con Dios.

Este no es un ejercicio insignificante; siempre es sabio *"examinaos a vosotros mismos si estáis en la fe"* (2 Corintios 13:5). ¿Por qué? Porque Jesús advirtió que *"no todo el que me dice: Señor, Señor, entrará en el reino de los cielos…. Muchos me dirán en aquel día: Señor, Señor, ¿no profetizamos en tu nombre, y en tu nombre echamos fuera demonios, y en tu nombre hicimos muchos milagros? Y entonces les declararé: Nunca os conocí"* (Mateo 7:21-23). Es sabio hacerlo, pues hay líderes de la iglesia que estiman que el número de sus miembros que no han recibido a Cristo de corazón puede ser tan alto como ¡el 50 por ciento! Y es lógico que cada cónyuge examine su propio corazón ante Dios y se asegure si está en Cristo, o no. Si está ausente el amor, es una indicación de que la relación con Dios no existe, o que su comunión con Dios es débil. En cualquier caso, esto es una causa de alarma.

Ser Llenos del Espíritu

Así como es importante que habite el Espíritu de Dios en ti, es de vital importancia ser lleno del Espíritu de Dios en tu vida diaria. En Efesios, Pablo escribe: *"No os embriaguéis con vino… antes bien sed llenos del Espíritu"* (Efesios 5:18). Dios puso este mandamiento estratégicamente en las Escrituras para preceder el tema de la sujeción al marido de parte de la esposa y del amor que el esposo debe expresar a su esposa (vs. 22, 25). ¿Por qué? Porque estas cosas no son posibles sin ser lleno y vigorizado por el Espíritu de Dios. Si *"el fruto del Espíritu es amor"* (Gálatas 5:22), es lógico pensar que una esposa llena del Espíritu practicará una sumisión amorosa a su marido y que el esposo practicará un verdadero amor para con su esposa. Los dos estarán bajo el control espiritual de Dios.

Estos principios pueden parecer sencillos para los principiantes, pero lo básico sigue siendo importante. Un hombre dijo: "es fundamental que lo fundamental sea lo fundamental". Recuerdo que al comienzo de cada temporada de baloncesto, nuestro entrenador requirió que pasáramos un día practicando nuestro manejo de la pelota; otro día, practicando nuestros pases, y aun otro día, practicando nuestro manejo de los pies, antes de tirar la primera pelota a la cesta. Cuando le preguntamos sobre esto, él respondió: "Tenemos que dominar lo fundamental primero".

Tenemos que aprender algunas verdades espirituales básicas acerca del amor porque son parte de lo fundamental para hacerlo crecer y abundar en el matrimonio.

Orar Por Amor

Otra cosa básica, que muchas veces pasamos por alto, es lo que un señor al que aconsejaba llamó un "enfoque novedoso", porque no lo había pensado antes. ¿Qué fue?

Le pregunté: "¿Has pedido a Dios recibir más amor por tu esposa?"

Luego le pregunté: "¿Qué pasaría si yo te garantizara que Dios contestará tu oración?

Le mostré I Juan 5:14 que dice: *"Y esta es la confianza que tenemos en él, que si pedimos alguna cosa conforme a su voluntad, él nos oye."*

Entonces le pregunté a su esposa: *"¿*Es la voluntad de Dios que tú ames a tu marido?*"*

Cuando los dos respondieron que "sí" a mi pregunta, les dije: "Entonces, sabemos que Él nos oye."

Leí el versículo 15: *"Y si sabemos que él nos oye en cualquiera cosa que pidamos, sabemos que tenemos las peticiones que le hayamos hecho."* Fíjate en la garantía progresiva de Dios; si pedimos de acuerdo a Su voluntad, Él nos oye, y si Él nos oye, nos contestará. El avivamiento del amor de muchos matrimonios está esperando oraciones sinceras para que Dios encienda nuevamente el amor *ágape* en sus corazones. Si es verdad que *"no tenéis lo que deseáis, porque no pedís"* (Santiago 4:2), lo que falta a muchos es simplemente que lo pidan.

Por cierto, cuando pides tienes que saber que estás pidiendo de acuerdo con la voluntad de Dios. Cuando era un joven cristiano, anhelaba ser más amoroso de lo que era. Tontamente oré: "Señor, ayúdame a sentir amor". Pronto me di cuenta que estaba orando por mí mismo y no por otros. En el fondo tenía mis propios intereses en mente. Además, yo veía el amor tan solo como algo emocional. Así que cuando oraba por amor, estaba realmente orando por un sentimiento, lo cual es un concepto mundano del amor. En ambos casos: el orar egoístamente y pedir por un sentimiento, mi petición estaba *"errada"*.

ESTUDIAR EL "AMOR" BÍBLICO

La clave del próximo principio se encuentra en la epístola a los Filipenses. Dice el apóstol Pablo: *"Y esto pido en oración, que vuestro amor abunde aun más y más en ciencia y en todo conocimiento"* (Filipenses 1:9). ¿Cómo puede abundar el amor en conocimiento? El conocimiento es un ingrediente faltante en la mayoría de las relaciones hoy en día. Desde las primeras señales del amor hasta el día de la boda, y entrando en el matrimonio mismo, muy pocos ven la necesidad de estudiar el tema del amor. Ellos ponen énfasis en lo que el corazón siente, pero no han *"obedecido de corazón a aquella forma de doctrina"* (Romanos 6:17). Muchas parejas comprometidas encuentran que su cabeza está desconectada de su corazón y dan poca atención a la idea de que necesitan más que sentimientos de amor para sostener una relación. Pocos cristianos casados han intentado tomar un curso de estudio prematrimonial o de recibir consejos o preparación para entender lo que es el amor y el matrimonio. Ellos están *"destruidos, porque les faltó conocimiento"*. Si el amor abunda por el conocimiento, entonces una manera eficaz de hacer crecer el amor es por medio de aumentar el conocimiento acerca del tema en la Biblia misma.

Suena un poco chistoso para algunos, pensar que el amor es algo que se estudia. Los americanos han sido tan condicionados a pensar del amor en términos de emociones espontáneas, que la idea de aprender acerca del amor les es un chiste. Escuché a una pareja que fue a una obra de teatro. La esposa estaba sentada entre su marido y otro hombre. Cuando las luces bajaron, el esposo oyó un fuerte ruido de chasquidos.

"¿Qué fue ese ruido?", preguntó.

"Este hombre me acaba de besar", replicó ella.

El marido se paró de un salto, diciendo: "¡Déjame agarrarlo! ¡Le daré una lección!"

"Siéntate", dijo la esposa. "¡Tú no puedes enseñarle nada!"

Podemos reírnos de este chiste, pero no es chiste cuando una persona casada se ríe de la idea de aprender a amar como Dios ama. Esto es comprensible para los jóvenes inexpertos que todavía están atontados con el poder de la piel de gallina recién descubierto, pero triste para un cónyuge maduro que quiere seriamente mejorar su matrimonio.

El Amor es una Acción

Hay dos principios estratégicos de la conducta humana que han sostenido por mucho tiempo la fascinación de los psicólogos que estudian el comportamiento humano. Su interés puede deberse al hecho de que estos principios pueden complementarse tanto como contradecirse.

El primero, es la creencia de que toda conducta surge de las actitudes, los sentimientos y/o pensamientos. La Biblia respalda esto: *"Porque de la abundancia del corazón habla la boca"* (Mateo 12:34). En otras palabras, el corazón es la fuente de las acciones: *"Habéis obedecido de corazón"* (Romanos 6:17). Algunos discutirían que con este punto de vista, todas las acciones se deben a los sentimientos de la persona. Por lo tanto, el camino a la felicidad consistiría en borrar los sentimientos malos, como la culpa; y cultivar en su lugar sentimientos buenos, como el amor. Hemos visto esto logrado en América donde la palabra "culpa" ha sido sistemáticamente quitada de nuestro vocabulario de "víctima" y ponen en la puerta de otros la culpabilidad. Además, "el amor" se considera genuino solo cuando lo acompañan profundos sentimientos agradables.

Al mismo tiempo, los sentimientos llegan a ser la motivación final para las acciones. Los directores de los medios saben que la forma de conseguir buenas marcas de los medios de comunicación es por medio de crear sentimientos profundos en su audiencia. El espectáculo, especialmente en la televisión, es orientado a los sentimientos. Las emociones fuertes reinan en la popularidad de las telenovelas: el temor, la codicia, la lujuria, la ira, la culpa, la tristeza y el amor están entre las estrellas. Los políticos saben que conmover el corazón produce más votos que informar a los votantes.

Todo esto es el resultado natural de una obsesión insalubre de interpretar la vida a base de los sentimientos. Cualquier verdad que no esté equilibrada puede llegar a ser una herejía, y creer tal cosa se acerca demasiado a tal delirio.

La segunda creencia es la favorita de los verdaderos psicólogos de esta escuela. Ellos creen que un hombre puede cambiar por medio de cultivar acciones positivas. El condicionamiento de Pavlov puede cambiar el comportamiento de un perro. Hay mérito en este argumento porque es verdad que las acciones pueden conmover el corazón, produciendo actitudes y emociones: *"Encomienda a Jehová tus obras* [acciones], *y tus pensamientos serán afirmados*" (Proverbios 16:3).

¿Cuál de estas dos filosofías tiene razón? Las dos son correctas. ¿Cuál está equivocada? Las dos están equivocadas. ¿Confundido? La confusión existe hasta que llevas estos puntos de vista opuestos a un equilibrio común. Pueden contradecirse o pueden complementarse; la clave es el equilibrio. El equilibrio se produce cuando se le concede igual importancia a cada punto de vista. La mayoría de los esposos y esposas creen que las emociones gobiernan la conducta, en vez de creer que la conducta gobierna las emociones. Esto es evidente por la confianza puesta en los sentimientos cuando se inicia una relación, para mantenerla y aun para terminarla. Las decisiones se hacen en base a los sentimientos del momento. Algunos de los que leen esto ya tienen una meta para su matrimonio: restaurar el romance. ¿Está mal esto? No, a menos que hagan lo yo hice: "*pedís mal, para gastar en vuestros sentimientos;*" perdón, quise decir "*deleites*". El problema de hacer la meta de tu matrimonio la satisfacción de los sentimientos, en vez del ministrar a las necesidades de tu cónyuge, es que tendrás que esperar la llegada de los sentimientos para poder actuar.

En vez de esperar que los sentimientos controlen nuestras expresiones de amor, cada uno debería cultivar su amor por medio de expresiones de amor.

Cuando yo estaba pastoreando, anhelaba tener más amor por mi gente. Observaba a mi pastor asistente y admiraba su amor por todos los que lo rodeaban. Podía dar un abrazo tan libremente como verbalizar su cariño por los hermanos. Pensé dentro de mí: "Yo debo tratar de hacer eso. Quizá se me pegue un poco de ese amor que él tiene". Entonces fui a mi líder de ujieres, lo miré atentamente y le dije, "¡Frank, te amo!" Restregó incómodo su pie sobre la alfombra buscando un escape rápido; apenas le salió un ligero: "Yo también lo amo, pastor", y desapareció. No fue tan difícil; así que después de un instante, pensé que debía buscar también un abrazo. Seguí a Frank, le di un abrazo fuerte y le repetí: "Te amo". Se puso rígido, levantó el mentón y con la cara sonrojada apenas chilló: "Yo también lo amo", antes de salir corriendo. Pero en todo esto noté algo interesante; que cuanto más expresaba yo amor, más amor sentía. Si es verdad que los sentimientos son dividendos que Dios paga por la inversión de la obediencia, entonces yo estaba disfrutando del fruto de mi inversión. Demasiadas personas esperan que los sentimientos motiven la expresión de su amor, y se sienten hipócritas o falsos si no tienen esos sentimientos. Pero si la expresión del amor es una acción: "*de tal manera amó Dios... que ha dado,*" y si la acción del amor es una obediencia, la ofrenda del amor expresado, con el tiempo, será premiada por Dios con verdaderas emociones de amor.

Si tú sientes amor por tu cónyuge, demuéstralo libremente; pero no esperes a sentir emociones antes de demostrarlo. La persona que hace esto llegará a ser un esclavo de sus sentimientos. Tú puedes decidir ministrar a otro en amor con tus acciones a cualquier hora.

Ten la Meta Correcta

Ahora te haré una pregunta personal. ¿Por qué quieres que crezca tu amor? Los motivos son muy importantes en la expresión del amor. Si el amor es el fruto, los motivos son la raíz, porque "*de él* [del corazón] *mana la vida*" (Proverbios 4:23).

La mejor prueba de nuestros motivos es compararlos con los motivos de Dios. El motivo del amor de Dios está revelado en las Escrituras. "*Y el Señor os haga crecer y abundar en amor... para que sean afirmados vuestros corazones, irreprensibles en santidad*" (1 Tesalonicenses 3:12-13). Nota que Su propósito para aumentar tu amor no es para que puedas sentirte bien, ni para que seas feliz, ni siquiera para que puedas disfrutar un poco de alivio de tus circunstancias dolorosas; ¡su propósito es la santidad! Muchas veces les pregunto a las personas que aconsejo: "¿por qué buscas mi ayuda?" Si su respuesta es: "felicidad", respondo: "entonces, no te puedo ayudar". ¿Por qué digo esto? Porque sé que un requisito para proferir un buen consejo es entender el motivo que tiene el aconsejado al buscar el consejo. Santiago lo puso de esta manera: "*Pedís, y no recibís, porque pedís mal, para gastar en vuestros deleites"* (Santiago 4:3). La mejor manera de evitar *"pedir mal"* es pedir de acuerdo con los motivos y propósitos de Dios que son para tu santidad.

¿Cómo produce santidad el amor? Jesús nos exhortó: *"Amarás...* [a] *Dios...* [y] *amarás a tu prójimo como a ti mismo"* (Mateo 22:37 y 39); y con buena razón. *"De estos dos mandamientos depende toda la ley y los profetas"* (vs. 40). Una breve mirada a los Diez Mandamientos nos ilustrará esto. Los primeros cuatro tienen que ver con nuestro caminar con Dios, y los últimos seis tienen que ver con nuestra relación con el prójimo. El amor garantizará que estos mandamientos no sean quebrantados. Si amo a Dios, ¿tendré otros dioses delante de Él? No. ¿Haré imágenes? No. ¿Tomaré en vano el nombre de Dios? No. Entonces el grado de mi santidad depende del nivel de mi amor por Dios. ¿Y qué de mi prójimo? Si lo amo, ¿mataré? No. Si amo a mi esposa(o), ¿cometeré adulterio? No. ¿Robaré, mentiré o codiciaré? ¡No! ¿Qué es lo que me guarda de pecar contra Dios y otros? Mi amor por ellos. ¡Por estas razones, concluiremos que el amor produce santidad! Dios sabía esto y puso delante de nosotros la santidad como el motivo y la meta del amor, *"para que sean afirmados vuestros corazones, irreprensibles en santidad"*.

COMPROMÉTETE

Has aprendido algunos principios vitales para hacer crecer tu amor, ¿pero qué garantizará tu perseverancia en ese crecimiento? Es el principio de todo compromiso: hacerlo a largo plazo. *"No nos cansemos, pues, de hacer bien; porque a su tiempo segaremos, si no desmayamos"* (Gálatas 6:9). *"Así que... estad firmes y constantes, creciendo en la obra del Señor siempre"* (I Corintios 15:58). Un error común de los recién casados es que no consideran que el día de mañana pueda traer efectos negativos sobre su matrimonio. Un error de la pareja veterana desanimada es el de no creer que el futuro pueda traer un efecto positivo a su matrimonio. En el principio te "enamoraste". Ahora, debes "crecer en amor". ¿Cuál es la diferencia? En el principio, parecías no tener control sobre tu amor. Ahora, le has entregado el control de tu amor a Dios. ¿Y qué hace Él con ello? *"Y el Señor os [hace] crecer y abundar en amor".*

"Divorcio" es una palabra que debe sacarse del diccionario de todos los matrimonios. Nunca debe aparecer en la conversación ni considerarse como alternativa. Las parejas que se encuentran ante el juez para divorciarse no llegaron allí por casualidad. Pasaron por un proceso largo para llegar a esta decisión, considerándola seriamente, y aun discutiéndola en los momentos de mayor tensión.

Si *"las malas conversaciones corrompen las buenas costumbres"* (I Corintios 15:33); entonces, mucho hablar y pensar sobre el divorcio, puede llevar a él.

Una vez oficié la boda de un joven marino y su novia en una ceremonia hermosa. Algunas semanas después observé que esta pareja se refería en broma el uno al otro con palabras como, "tonto" y "estúpido". Les advertí que ni aun en broma podían hablarse de esta manera sin producir un impacto negativo en su matrimonio. Pronto sus chistes se tornaron más serios; y gradualmente, se deterioraron hasta el enojo y los pleitos. Ya no se reían cuando se decían "tonto" el uno al otro. ¡Ahora lo decían en serio! Me rompió el corazón cuando los vi divorciarse, pero no me sorprendió. Su mala comunicación había corrompido algo muy precioso. Cuántas personas juegan y aun expresan pensamientos perversos que traen como resultado acciones pecaminosas.

Hasta que no se cierre la puerta trasera al divorcio, la tentación de correr tras otra mujer siempre estará allí cuando tengas problemas en casa. En vez de lubricar las bisagras de la puerta de salida, ¡ciérrala con clavos y tablas! Entonces, cuando surjan los conflictos en tu matrimonio, sabrás que no hay una salida fácil, sino que tendrás que luchar con ello. Esto es comprometerse.

12

El Elemento Faltante
en la Comunicación

Una pareja acababa de volver de la celebración de su 50 aniversario. Después de un día de celebraciones, estaban preparándose para ir a la cama. Como era su costumbre por años, el esposo preparó un refrigerio de tostadas con dulce y leche. Cuando puso la porción de su esposa en la mesa, de pronto ella se echó a llorar.

"¿Qué pasa cariño?", preguntó.

"¡Pensaría que después de cincuenta años de matrimonio me darías otra pedazo del pan que no fuera la corteza!"

Él respondió: "Pero, querida, la corteza es mi parte favorita del pan".

¿Puedes ver la falta de comunicación aquí?

La queja más común que oigo de los matrimonios que aconsejo es: "¡Parece que no sabemos comunicarnos el uno con el otro!" El sesenta por ciento de los divorcios en América suscitan de una pobre comunicación. ¿Qué está pasando aquí?

La pareja de arriba estaba viendo las cosas desde puntos de vista muy diferentes, que necesitaban alinearse. Para que una pareja tenga una charla íntima y franca es necesario tomar el paso fundamental de alinear las percepciones de cada uno para tener una base común de comunicación.

No cabe duda de que hay necesidad de examinar nuestras técnicas de comunicación. Aquello que nos viene naturalmente, por lo general, no funciona. El matrimonio es una unión espiritual; por lo tanto, hay una comunicación espiritual que desafía las herramientas y filosofías meramente humanas. Hay muchísimos libros, videos y otras cosas que promueven un enfoque mundano de comunicación; pero simplemente no es apropiado para desarrollar intimidad a nivel espiritual.

Tratar de tener una comunicación significativa mientras se hace caso omiso de la dimensión espiritual del matrimonio cristiano es impensable; pero sigue siendo una práctica común, de todos modos. La mayoría de las personas que ignoran este elemento espiritual dan la impresión de que no se entienden entre sí. En el Evangelio de Lucas, uno de los discípulos de Jesús perdió la paciencia con los samaritanos. Aparentemente, en Su determinación de llegar a Jerusalén, Cristo les había ofendido. El Señor había enviado mensajeros por delante para hacer preparativos en una de sus aldeas, pero como vieron que el Señor no tenía planes de brindarles tiempo, ellos no quisieron recibirlos. Esto enfureció a dos de Sus discípulos, y le hicieron una propuesta horrible al Señor, diciendo: *"¿Quieres que mandemos que descienda fuego del cielo, como hizo Elías, y los consuma?"* (Lucas 9:54). Jesús *"los reprendió, diciendo: Vosotros no sabéis de qué espíritu sois"* (Lucas 9:55).

Casi todo el mundo se comunica de esta manera, sin darse cuenta de que sus palabras revelan su espíritu. Necesitamos llevar aquel espíritu carnal a la Palabra de Dios para ser evaluado. No debemos seguir nuestro corazón, ni depender de nuestro instinto natural para dirigir nuestras conversaciones. Necesitamos crecer en la gracia de Dios para poder tener éxito en este ministerio vital llamado "comunicación". Hay una manera correcta y una manera incorrecta de alcanzar el corazón de nuestros seres queridos.

¿Cómo aprenderemos a hablar bien? Primero, hay que entender

los elementos cruciales de la comunicación. ¿Cuáles son?

Los Hechos

Los hechos son las piedras fundamentales sobre las cuales la casa de la comunicación descansa. Ellos proveen la credibilidad a la que se refiere la Biblia cuando dice, *"hablad verdad"* y luego, *"procurad lo bueno delante de todos los hombres"* (Romanos 12:17). Sin los hechos, no hay una comunicación honesta; pero por medio de ellos, tú podrás abrir las líneas sinceras e íntimas de comunicación con tu ser querido.

Los Sentimientos

Los sentimientos que experimentamos están basados en nuestro punto de vista de los hechos. Es posible hablar de los hechos sin expresar gran emoción, pero algunas cosas están sobrecargadas de emoción. Por ejemplo, es una cosa decir: "Tuve un accidente de camino a casa", y otra cosa decir: "Tuve un accidente y maté a un peatón". Las dos afirmaciones son declaraciones de los hechos, pero una está más cargada de emoción que la otra.

Los sentimientos no solo varían de una circunstancia a otra; sino también de una personalidad a otra. Se considera que los hombres hablan más con los hechos que las mujeres. Quizás es porque pasan la mayor parte de su día comunicándose con los hechos en su trabajo o porque muchas veces son más lógicos en su manera de pensar. El género más tierno, por el otro lado, puede ser más emocional. Su espíritu tierno y corazón sensible la hacen una maravillosa madre y amante. Estos hechos contribuyen a esta distinción generalizada.

Los hombres tienden a estar conectados con sus pensamientos primero, y después con sus sentimientos; mientras que las mujeres tienden a estar más en contacto con sus sentimientos primero, y después con sus pensamientos. Si le preguntas a un hombre, "¿Cómo te sientes?", te responderá con lo que está pensando. Si le preguntas a una mujer "¿Cómo te sientes?", ella probablemente te contará, de una vez, lo que siente. Si un hombre quiere entender los pensamientos de su esposa, primero tendrá que escuchar lo que ella siente. Si una mujer quiere entender los sentimientos de su esposo, primero tendrá que escuchar lo que él piensa. Por supuesto, esta generalización no quiere decir que el hombre sea incapaz de tener sentimientos sinceros, ni que la mujer sea incapaz de razonar lógicamente.

Diferencias de Percepción

Las percepciones son las conclusiones que hago de los hechos y los sentimientos que generan. Por ejemplo, había cuatro niños parados en una esquina. Un perro venía hacia ellos. Obviamente era un perro amigable: movía su cola, tenía una especie de sonrisa y la lengua le colgaba de un lado de su boca.

"¡Mira el perrito bonito!", exclamaron los niños estirando sus manos para acariciarlo. Pero uno de ellos, una niña pequeña, retrocedió con una mirada de horror y temor en su rostro.

"¿Qué te pasa?", demandaron los otros. "¡Solo es un perro!"

Lo que ellos no sabían era que la pequeña niña fue atacada por un perro unos meses atrás, y por poco la mató.

Observa cuidadosamente. El hecho: un perro viene hacia ellos. Su sentimiento: temor. Su percepción: peligro. La percepción de la niña es drásticamente diferente a la de sus amiguitos. Había un gran abismo entre ellos en su comprensión e interpretación personales del hecho. A ella la vieron como rara porque no reaccionaba como los demás; y por lo tanto, ella quedó excluida del grupo. A menos que haya una manera de cruzar la distancia entre ellos, no se entenderán. ¿Cómo podrían los otros tres niños ayudar a esta niña? En este caso, la clave sería interpretar la reacción de la niña con misericordia.

La Misericordia

"*Bienaventurados los misericordiosos, porque ellos alcanzarán misericordia*" (Mateo 5:7). ¿Qué es la misericordia? Es mi compromiso de interpretar la reacción de otra persona con el propósito de ministrarle al nivel de su necesidad. Es ponerme en su lugar, sentir lo que él siente, y en base a esta información, ministrar a su necesidad.

Las percepciones varían grandemente de una persona a otra. Cada persona tiene sus propias percepciones de las cosas en base de su experiencia personal. Las percepciones pueden variar tan drásticamente de una persona a otra que he inventado un término que me ayuda para aconsejar a otros: "realidad percibida". Esto significa que la realidad de cada persona está fundada sobre sus propias percepciones. Esto no hace que sea una percepción correcta, ni tampoco altera la verdadera realidad; simplemente es ahí donde cada persona vive. Si tú quieres ayudar a otra persona, tendrás que entrar en su espacio. Las Escrituras sugieren que diferentes personas ven la misma cosa de diferentes maneras. *"Uno hace diferencia entre día y día; otro juzga iguales todos los días…. mas para el que piensa que algo es inmundo, para él lo es"* (Romanos 14:5-14).

Una clave de la comunicación eficaz es aprender cuáles son las percepciones de tu cónyuge. La mayoría de las personas tiende a dedicar sus esfuerzos a hacer que su cónyuge sepa donde él o ella está, en vez de irse a donde su cónyuge está. De hecho, muchos matrimonios se deterioran porque, rasguñando y arañando, luchan para que el otro "me entienda a mí". Somos naturalmente más conscientes de y sensibles a nuestras propias necesidades que a las de nuestro cónyuge. Hace falta el poder de Dios para que dejemos el uso de la comunicación carnal y desarrollemos los hábitos de comunicación espiritual.

No es difícil mostrar misericordia a los niños. Es fácil ver la necesidad de los pequeñitos. He visto a hombres mayores hacer cosas ridículas, balbuceando en presencia de un bebé de brazos. También hablan como un bebé, como si el niño los pudiera entender. ¿Por qué? Es bonito ver esto porque muestra a un hombre entendiendo la necesidad de un niño. Así que no solamente entendemos este concepto; sino que lo practicamos.

Mientras visitaba la casa de un pastor, su hija de cinco años interrumpió nuestra "charla de adultos", entrando al cuarto con una muñeca en cada mano. En su mano derecha tenía una muñeca

"Barbi" y en su izquierda un muñeco "Ken". Se acercó a mí, puso un muñeco en cada una de mis rodillas, me miró con seriedad, y preguntó: "Hermano Binney, ¿quieres jugar a las muñecas conmigo?"

Ahora, yo siempre he adorado a las niñas pequeñas, y mi corazón estaba debilitándose rápidamente. Su madre se horrorizó y dijo: "Mira, cariño, no molestes al Dr. Binney".

Pero sus ojos grandes no se apartaban de los míos. Su súplica silenciosa me deshizo.

"Me encantaría jugar a las muñecas", le anuncié a sus padres, escandalizados.

La niña se pasó al otro lado de la mesa, y yo me arrodillé en frente. Ella se quedó con la "Barbi" y (menos mal) a mí me tocó a "Ken". Comenzó a hacer dar brincos en la mesa a "Barbi" mientras hablaba en una voz alta y chillona. Yo hacía brincar a "Ken" mientras hablaba en tono bajo, con voz profunda. Tuvimos una conversación maravillosa.

Parece que todos tenemos una sensibilidad innata por los niños y sentimos su necesidad de misericordia. ¿No es cierto? Pero deja que esta niña crezca y tenga cuerpo de adulto, y cambiamos: automáticamente suponemos que ella ya no necesita misericordia ni comprensión. Después de todo, pensamos, ella es una adulta como yo y debe saber cómo comportarse. Mi sobrina de doce años de edad es rubia, de porte clásico y es más alta que las otras niñas de su edad. Su belleza natural y estatura dan la impresión que todo niño desea: de madurez. Aparenta ser mayor que lo que realmente es. Un problema afloró, sin embargo, en la forma en que fue percibida, no por sus amigos, sino por los adultos. Automáticamente suponían que tenía el conocimiento, habilidad y experiencia de alguien mayor. Al observar esto, me di cuenta que entre esposos somos culpables de hacer lo mismo. Se mira a un hombre alto y fuerte, o a una dama hermosa, con cuerpo bien desarrollado, y suponemos que él o ella poseen las percepciones de un adulto. La verdad es que la mayoría de nosotros pasamos la vida fortaleciendo, afilando y mejorando las percepciones que trajimos de la niñez a la vida de adulto.

La misericordia es el elemento faltante en la comunicación de la mayoría de los matrimonios de hoy en día. Esta es la clave para hacer un puente entre las percepciones de dos personas. Si los tres niños hubiesen practicado la misericordia con la pequeña que estaba atemorizada por el perro, ellos hubiesen forjado lazos de amistad en vez de destruirlos. Si tú aprendes a aplicar misericordia en tu matrimonio, experimentarás una revolución en tu comunicación íntima. Para ayudarte a entender este principio, primero veamos…

Lo que No Es la Misericordia

No Es solamente Sentir Lástima por Alguien con Problemas

La misericordia no es solo sentir pena por alguien. A veces pensamos que esto es la totalidad de la misericordia. Mientras que es una parte muy importante, a menudo, se confunde la parte con el todo. La misericordia es mucho más.

No Es Exhibir Emociones Incontrolables

La misericordia no es una emoción sin control. En el juicio infame de los hermanos Menéndez, el jurado lloró al oír el testimonio de dos niños que mataron a sus padres. Lloró por el abuso que sufrieron los chicos a manos de su padre, según alegaban. Los medios las llamaron: "lágrimas de misericordia". Pero no, la misericordia no es solo un sentimentalismo enfermizo que se expresa de manera incontrolable.

No Es Hacer Caso Omiso del Pecado

La misericordia no es pasar por alto el pecado. Cuando el conductor de camión, Reginald Denny, suplicó misericordia para sus atacantes, quienes lo habían pateado y apedreado casi hasta matarlo, muchos aplaudieron su acción. Este hombre justificó la conducta de ellos, basándose en el medio ambiente y la crianza que habían tenido. Aunque fue encomiable su preocupación errada, no era misericordia.

No Es Gracia

La misericordia no es gracia. Lloyd-Jones explica: "'La gracia se asocia específicamente con los pecadores, y la misericordia se asocia específicamente con personas en miseria'. En otras palabras, mientras la gracia desaprueba el pecado totalmente, la misericordia mira específicamente la consecuencia miserable del pecado".[1] W.E. Vine está de acuerdo: "La gracia describe la actitud de Dios hacia el que quebranta la ley y el rebelde; la misericordia es la actitud hacia aquellos que están afligidos".[2] La gracia se dirige hacia el pecador, y la misericordia se dirige hacia el que sufre, aun cuando el sufrimiento es el resultado del pecado. La misericordia es un ministerio a una persona en aflicción.

No Es Una Garantía

La misericordia no garantiza la reciprocidad de parte de tu cónyuge. Cuando Jesús dijo: *"Bienaventurados los misericordiosos, porque ellos alcanzarán misericordia"*, no estaba diciendo: "Si tú muestras misericordia a otros, ellos te devolverán misericordia". Una interpretación así podría empañar tu ministerio y contaminar tus motivos. Si la única razón de mostrar misericordia es para recibir misericordia, entonces nunca fue en realidad un ministerio de misericordia. Fue una inversión personal. Esta actitud revela un espíritu que quiere recibir ayuda en vez de uno que la quiere dar.

Más bien este versículo está diciendo: "Si muestras misericordia a otros, Dios tendrá misericordia de ti". El salmista escribió: *"Con el misericordioso te mostrarás misericordioso"* (Salmo 18:25).

Nos ayuda a ver lo que no es la misericordia, porque algunos de ustedes no están dotados de misericordia y encuentran el concepto desagradable, especialmente si piensas que encajas en una de las categorías mencionadas arriba. Ahora, debemos ver la misericordia desde la perspectiva bíblica si queremos practicar la misericordia bíblica.

LO QUE SÍ ES LA MISERICORDIA

La palabra "misericordia" viene de la palabra griega *eleemon* y consiste de tres cosas específicas, las cuales son especialmente significativas para la comunicación entre esposos. Primero, consiste en pensar de manera consciente y decisiva. Segundo, incluye compartir el dolor de otro. Tercero, se demuestra por medio de acciones deliberadas.

PENSAR DE MANERA CONSCIENTE Y DECISIVA

Una hipótesis errada sobre el amor es la que dice que está confinado a las emociones. Por esta razón, muchos creen que expresar el amor sin sentimientos no es verdadero amor. Pero Jesús nos enseñó que podemos amar con la mente. *"Amarás al Señor tu Dios… con toda tu mente"* (Mateo 22:37). Una forma de amar a tu cónyuge con la mente es por medio de un ministerio de la misericordia. ¿Cómo se hace esto?

Primero, consiste en tomar la decisión de realmente comprender las necesidades de tu cónyuge, especialmente aquellas que requieren misericordia. Al esposo se le amonesta a vivir con su esposa *"sabiamente"* (I Pedro 3:7), y se exhorta a la pareja a someterse *"unos a otros"* (Efesios 5:21). Estas exhortaciones encierran la decisión consciente de comprender las necesidades más profundas de tu cónyuge.

Segundo, tienes que enfocar tus pensamientos precisamente en estas necesidades. Esto implica enfoque y concentración con el propósito de comprenderlas más a fondo. Cuando la Biblia dice: *"sobrellevad los unos las cargas de los otros"*, significa ser más consciente de las consecuencias de las cargas pesadas de tu cónyuge. Cuando el Señor Jesús vio las necesidades y cargas de las multitudes que *"estaban desamparadas y dispersas como ovejas que no tienen pastor"*, Su corazón fue tocado, y *"tuvo compasión de ellas"* (Mateo 9:36). Una comprensión básica de las necesidades de tu cónyuge es el segundo paso hacia la práctica de misericordia en el hogar.

Tercero, la misericordia te llevará un paso más allá de la comprensión para atender a las necesidades de tu cónyuge. Estarás motivado a tomar la decisión de *hacer* algo para suplir esas necesidades.

Esta es la primera dimensión de la verdadera misericordia bíblica. Es una decisión que "demanda un esfuerzo deliberado de la mente y la voluntad".[3] Hasta que no se haga este esfuerzo, la misericordia no podrá comenzar.

En nuestro cuestionario previo al comienzo de cada serie de clases, pedimos a los participantes que enumeren tres cosas que él o ella cree que a su cónyuge "le gustaría más discutir". Muchas veces encontramos estos espacios en blanco, o una nota que dice: "No tengo la menor idea". Si uno no conoce tres necesidades de su cónyuge, debe comenzar con descubrirlas, entenderlas, enfocarse en ellas y luego, ministrar en estas áreas.

Esto es lo que hizo Cristo. Él consideró Su estado de igualdad con Dios y tomó la decisión de no aferrarse a aquello, sino encarnarse. Dice la Biblia: *"El cual, siendo en forma de Dios, no estimó el ser igual a Dios como cosa a que aferrarse, sino que se despojó a sí mismo, tomando forma de siervo, hecho semejante a los hombres"* (Filipenses 2:6-7). ¿Por qué? *"Para venir a ser misericordioso y fiel sumo sacerdote"* (Hebreos 2:17). El ministerio de misericordia de Cristo comenzó con una decisión.

UN DOLOR COMPARTIDO

Si el primer paso para ministrar misericordia es mirar a tu cónyuge para ver su necesidad, el siguiente paso es entender a fondo el dolor que está sintiendo. La manera mejor de hacer esto es entrar en el dolor con tu cónyuge, sentirlo y compartirlo. Esto es simpatía en el sentido literal de la palabra. "Simpatía" se deriva de dos sílabas griegas, **syn**, que significa "junto con", y **_paschein_**, que significa "experimentar o sufrir". Simpatía significa "experimentar" las cosas juntamente con otro; literalmente, experimentar lo que otro está pasando". ⁴ Es identificarte con las necesidades de tu cónyuge y compartir su dolor y sufrimiento interior. Misericordia "significa la habilidad de ponerte en el lugar de otro hasta poder ver las cosas con sus ojos, pensar lo que él piensa y sentir lo que él siente". ⁵

Un hombre que caminaba por la acera de cierta ciudad pasó por una escuela primaria y vio algo raro - un círculo de niños que lloraban, agarrándose el estómago. Al investigarlo, notó que en medio del círculo había un niño tirado en el piso, abrazándose y llorando fuertemente. Le preguntó a uno del círculo: "¿Qué sucede aquí?"

Él respondió: "Todos estamos sintiendo el dolor de estómago de Jaime".

Esta es la misericordia. Es la más alta vocación de cada creyente al ver a otro en angustia. *"Si un miembro padece, todos los miembros se duelen con él"* (I Corintios 12:26). Es también la base para la oración de compasión. *"Acordaos de los presos, como si estuvierais presos juntamente con ellos; y de los maltratados, como que también vosotros mismos estáis en el cuerpo"* (Hebreos 13:3).

Podemos estar agradecidos de tener en el Señor Jesucristo un intercesor que puede sufrir con nosotros. Y como únicamente Él puede, es movido a misericordia para rogar a Dios por nuestras necesidades. *"Porque no tenemos un sumo sacerdote que no pueda compadecerse de nuestras debilidades, sino uno que fue tentado en todo según nuestra semejanza, pero sin pecado"* (Hebreos 4:15). Él tomó la forma humana para sentir lo que nosotros sentimos, y así poder ministrar a nuestras necesidades individuales. *"Pues en cuanto él mismo padeció... es poderoso para socorrer a los que son tentados"* (Hebreos 2:18).

Cristo tomó la decisión de dejar el esplendor del cielo para venir a la tierra en forma humana. La "encarnación de Cristo" se ve en Su nacimiento en el pesebre. Comenzó la vida como un bebé y la terminó como un adulto; por lo tanto, Él sabe cómo se sienten un niño pequeño, un adolescente y un adulto. Él siente nuestras dolencias porque Él compartió nuestro dolor. Sobre esta base, recibimos Su misericordia cuando necesitamos Su ayuda. *"Acerquémonos, pues, confiadamente al trono de la gracia, para alcanzar misericordia y hallar gracia para el oportuno socorro"* (Hebreos 4:16). De la misma manera debemos compartir los sentimientos de nuestros seres queridos.

Acción Deliberada

Por supuesto, ni nuestra comprensión, ni el dolor que compartimos con otros puede ser idéntico a lo que ellos experimentan, pero lo importante no es que comprendas ni que sientas exactamente lo que ellos están pasando, sino que te esfuerces sinceramente en hacerlo. Tu cónyuge solo puede ver tu esfuerzo. No puede medir tus sentimientos, calcular tu simpatía ni evaluar tu comprensión, pero sí, podrá ver tu esfuerzo y apreciar tu compasión. Lloyd-Jones describe la misericordia como "una sensación de lástima más un deseo de aliviar el sufrimiento... una simpatía interior con actos exteriores en relación a las tristezas y sufrimientos de otros".[6] Estos "actos exteriores" son la medida final de la verdadera misericordia; y cuando se combinan con consideración y sentimientos, darán gran fuerza a la misericordia en el matrimonio.

Cuando se describe el amor de Dios en la Biblia, no se hace en términos de sentimientos, sino con el énfasis puesto en las acciones. Dice la Biblia: *"Porque de tal manera amó Dios al mundo, que ha dado"* (Juan 3:16). Si quieres entender el amor de Cristo, debes fijarte en Sus acciones. *"En esto hemos conocido el amor* [de Dios], *en que él puso su vida por nosotros"* (I Juan 3:16). La expresión máxima de la misericordia se encuentra no tanto en lo que sentimos, sino en lo que hacemos.

Conclusión

Una vez, Sandra y yo ofrecimos un paseo para las esposas de los pastores del Manor, nuestro centro de consejería. Hacía mucho tiempo que habíamos sentido una carga por sus necesidades especiales y deseábamos iniciar un ministerio para ellas. Por un periodo de varios días las agasajamos, las aconsejamos y en general, tratamos de hacerlas sentir especiales y amadas. Al reunirnos alrededor de una fogata para orar una noche, les pregunté si tenía alguien una necesidad por la cual podríamos orar.   Una de ellas miraba fijamente la fogata y dijo suavemente: "Jamás le he dicho esto a nadie", y procedió a contarnos del abuso sexual que había sufrido cuando era niña.

Al verla llorar, las otras hermanas la rodearon para abrazarla y orar por ella. Después le preguntamos: "Si nunca se lo has contado a nadie hasta ahora, ¿por qué escogiste este lugar y tiempo para hacerlo?"

Jamás me olvidaré de su respuesta.   Con lágrimas en sus ojos, respondió: "Porque sentí que éste era un lugar seguro".

Todos necesitamos un lugar seguro.   Tú lo necesitas, y tu cónyuge lo necesita.   ¿Puede tu esposa sentir que tus brazos son un lugar seguro?   ¿Confía ella en tu corazón como un lugar seguro?   Cuando llegue este momento y ella pueda sentir tu misericordia, habrás encontrado el elemento faltante de la comunicación.

---

[1] D. Martyn Lloyd-Jones, *Studies in the Sermon on the Mount* (Grand Rapids: Wm. B. Eerdmans Publishing Co., 1971), 99.

[2] W.E. Vine, *An Expository Dictionary of the New Testament Words* (Westwood, N.J.: Fleming H. Revell Co., 1940), 61.

[3] William Barclay, *The Gospel of Matthew*, vol. 1 (Philadelphia: The Westminster   Press, n.d.).

[4] Barclay.

[5] Barclay.

[6] Lloyd-Jones.

13

Hacia el Descubrimiento: Cómo Dios Me Enseñó el Valor de la Misericordia

Cuando era un pastor joven, Sandra y yo teníamos un rito en el viaje a casa cada domingo después del servicio de la noche. Yo le preguntaba: "¿Cómo estuvo mi sermón hoy?"

Por supuesto, lo que realmente quería decir, pero no podía debido a mi orgullo machista, era: "¡Dime lo maravilloso que soy!" o "¡Dime lo que Charles Haddon Spurgeon diría en mi presencia después de mi obra de arte homilética!" Pero, por supuesto, yo no podía humillarme de esta manera para no rebajar mi imagen de predicador. Pero de esta manera, le daba la oportunidad a mi esposa de decirme, por su propia cuenta, lo maravilloso que era yo. En resumen, casi siempre decía algo como: "Demasiado largo, demasiado fuerte, demasiado profundo, no entendí el chiste, pero aparte de eso, estuvo bien".

Ahora, una persona algo inteligente tendría que darse cuenta, después de oír algo así una o dos veces, que sería mejor cambiar la pregunta u olvidarla por completo. Pero nunca me han acusado de ser muy inteligente, así que repetí esa escena cada semana durante varios años. En defensa de mi esposa, nunca le revelé mi motivo real para pedir su opinión. Lo que ella no sabía era que yo buscaba su aprobación porque me sentía indigno e inseguro como predicador. Si yo le hubiera dicho esto al principio, ella me habría brindado su aprobación. Pero, como no lo hice, ella me contestaba de acuerdo con su percepción de lo que yo buscaba.

Sandra es una mujer segura y desenvuelta, mi mano derecha, fuerte en nuestro ministerio. Debido a su fuerza y estabilidad, no le hacía falta la aprobación de otros. En realidad, ella prefiere una crítica honesta de sus necesidades y faltas para poder corregirlas. Para ella, entonces, las expresiones de amor son las que le ayudan a mejorar lo que no está perfecto en su vida. Cuando ella me criticaba tan honestamente, era su manera de amarme. Yo, por el otro lado, raramente criticaba su apariencia, su conducta y lo demás, porque no quería herirla.

Recuerdo una ocasión cuando un pastor nacionalmente reconocido, junto con su esposa, nos hospedó en una casa cómoda que habían preparado para el uso de los misioneros de su iglesia. Nos invitaron a pasar una noche especial con ellos y nos llevaron a un restaurante elegante para comer, y a otro para el postre. En el ínterin, nos dieron el tratamiento de VIP con un paseo por la ciudad. Al final de esta noche maravillosa, volvimos a la casa misionera para descansar. Me saqué los zapatos, tiré la chaqueta de mi traje en un sillón, y me tumbé para relajarme. Un instante después, oí un grito desde el dormitorio. No era un grito de una persona que había visto un ratón o cucaracha. Tampoco, era el grito de una persona que se había lastimado. ¡Era diferente a todo lo que jamás había oído! Me puse en pie de un salto y corrí al dormitorio. Allí estaba Sandra, mirándose al espejo con una expresión de incredulidad horrorizada.

"¿Por qué no me dijiste?", demandó.

En su lóbulo izquierdo tenía puesto un pendiente blanco, y en el derecho tenía uno negro. Le respondí débilmente: "Cariño, todo el tiempo yo estuve de un lado tuyo o del otro".

"Sí", dijo, "pero el pastor y su esposa siempre estaban frente a mí". Aun si yo me hubiera dado cuenta, probablemente habría vacilado en decírselo por el temor de arruinar esta noche especial.

Así como nunca le dije a Sandra mi motivo verdadero por querer su opinión acerca de mi predicación; tampoco ella me dijo su motivo por sus respuestas tan honestas. Los dos nos comunicábamos de la manera en que nos gustaba que otros se comunicaran con nosotros.

Nos habría ayudado tanto si el Señor nos hubiera mostrado cómo entendernos mejor y cómo hablar el uno con el otro en su propio nivel de percepción. Gracias a Dios, lo hizo. Al pasar el tiempo, Él abrió nuestros ojos para entender todo esto y asentó nuestros pies en tierra firme.

Ministrando al Don Espiritual de tu Cónyuge

Lo primero que aprendimos, casi por accidente, era que poseíamos dones espirituales decididamente diferentes y particulares. Había asistido a un seminario sobre los dones espirituales y me quedé impresionado grandemente con las diferencias entre ellos. Cuando volví a casa, le mostré a Sandra una lista de características que yo pensaba que describía su don espiritual. No le dije a ella lo que estaba leyendo.

"¡Ésa soy yo!" exclamó. "¡Ésa también, soy yo!" "¿Qué es esto? ¿De dónde lo sacaste?", quiso saber.

Entendimos que ella tenía el don de profecía, y que yo tenía el don de misericordia. También vimos que una persona que tiene el don de profecía se comunica con otros de una manera directa. Ella, por el otro lado, entendió que mi don era el de misericordia y adaptó su estilo de comunicación para ministrar a mis necesidades. ¡Qué diferencia!

Aprendimos a apreciar nuestras diferencias y a adaptar nuestra comunicación para suplir las necesidades el uno del otro. Esto fue el principio de una mejor comprensión entre nosotros.

MINISTRAR AL TEMPERAMENTO DE TU CÓNYUGE

Poco después de esto, descubrimos que teníamos nuestra propia mezcla única de temperamento que coloreaba nuestra comunicación. "El temperamento es la combinación de características innatas que subconscientemente afectan la conducta del hombre."[1] Son "las particularidades... de la naturaleza de un individuo... que dependen del carácter constitucional, y... mayormente hereditario en origen".[2] En otras palabras, el temperamento es parte de tu personalidad. Te distingue como individuo y afecta tu manera de ver la vida y de responder a la gente que te rodea, especialmente a tu cónyuge.

Igual que los dones espirituales, el temperamento es un medio para medir las percepciones de la persona con quien hablas. La diferencia fundamental entre los dones espirituales y el temperamento es que los dones están mencionados en las Escrituras y el temperamento no. No quiere decir que el temperamento no sea bíblico. El hecho de que algo no esté en la Biblia, no es necesariamente algo negativo.

EL PELIGRO DE ESTUDIAR EL TEMPERAMENTO

Algunos consejeros están fuertemente en contra del estudio del temperamento y dicen que es malvado y antibíblico. Yo creo que están enfocándose en los extremos de interpretación y los abusos inherentes de enseñar sobre el temperamento, en vez de ver su valor intrínseco.

El temperamento no es algo científico. Su fuerza se encuentra en ayudarte a determinar las percepciones de tu cónyuge. Las percepciones son demasiado subjetivas para ser cuantificadas científicamente. Pueden cambiar con el tiempo, con las etapas de la vida y con circunstancias especiales como el estrés. Pero en general, hay un patrón consistente que emerge. Si uno no tiene cuidado, puede malversar el temperamento y tornarlo en una forma sintética de santificación. Al tratar de enderezar las debilidades y fortalecer lo ventajoso de sus características, uno puede cultivar un substituto carnal en lugar del crecimiento espiritual.

Otros peligros incluyen justificar el pecado como un insolente diciendo: "Bueno, es mi carácter. No puedo evitar ser así. Tendrás que aprender a aguantarme". Si alguien no utilizara estos pretextos para justificar su propio pecado, podría usarlos para justificar el pecado de otro.

El fatalismo es una amenaza en el estudio de los temperamentos, así como la justificación del pecado. El fatalismo dice que tu futuro está sellado, y tus circunstancias están fijadas permanentemente; tu personalidad, por lo tanto, no puede jamás ser alterada. Cuando descubres tu temperamento, existe la tentación de albergar una mentalidad inalterable y cantar "No me moveré".

Se Necesitan los Motivos Correctos

Hay razones correctas e incorrectas para estudiar el temperamento. Unas razones correctas son para poder entender a tu esposa(o) mejor, para aumentar tu comprensión de las diferencias entre sí y para ayudarte a mejorar tu ministerio de misericordia.

Las razones equivocadas son: para comprenderte a ti mismo, hacer que tu cónyuge te comprenda a ti y para tratar de predecir la respuesta de otros o usar este conocimiento como una palanca para poder controlar o manipular a tu cónyuge.

En Moorehead Manor, yo uso un perfil para ayudarme a identificar tanto los dones espirituales como el temperamento del individuo. Lo encuentro como una herramienta valiosa en la consejería. Me da una medida visible de la imagen que tiene el individuo de sí mismo, y esto me ayuda mucho. Es una herramienta por medio de la cual puedo entender las percepciones de cada individuo y eliminar las conjeturas de mi evaluación de los problemas y su corrección.

También elimina las conjeturas de la comunicación de la pareja misma. Para muchas parejas, representa la primera vez que pueden ver el porqué de las percepciones de su cónyuge y porqué se diferencian tan drásticamente en la forma en que se comunican.

El temperamento básico de Sandra es colérico. El más grande

temor de un colérico es que se aprovechen de él. A ella le gusta un trato directo y tiene la habilidad de ver el panorama y discernir lo que falta a un proyecto. Entender su temperamento me ayuda a apelar a sus percepciones.

Mi temperamento básico es flemático. El temor más grande de un flemático es el conflicto y la pérdida de seguridad. Su lado fuerte es una constancia imperturbable cuando está bajo fuego. Como miembro del cuerpo de la marina, mi temperamento estaba hecho a la medida para mi rol en la sala de emergencias. Para mí no había diferencia si me pasaban una pierna amputada o el cuerpo sin vida de un bebé. Podía mantener una calma en ese momento, que a veces aun a mí me asombraba.

CONCLUSIÓN

Así comenzó un camino que sigo hasta hoy, un camino de descubrimiento acerca de cómo ministrar misericordia el uno al otro. La frustración puede dar lugar a bendición cuando tú te dispones a comunicarte con las percepciones individuales de tu cónyuge con actos de misericordia. Este conocimiento ha hecho una gran diferencia para nosotros y puede hacerlo para ti también.

---

[1]Tim LaHaye, *Spirit-Controlled Temperament* (Wheaton, Ill.: Tyndale House Publishers, 1966), 5.

[2]Gordon ALlport quoted in *Baker Encyclopedia of Psychology and Counseling*, ed. David Benner and Peter C. Hill (Grand Rapids: Baker Books, 1999), 1200.

14

Apuntando al Blanco: Estableciendo Metas en el Ministerio de Comunicación

Leí que solo el 5 por ciento de los norteamericanos ponen metas para sus vidas, y de aquellos que lo hacen, el 95 por ciento las alcanzan. Me pregunto, ¿cuántos esposos ponen metas para su matrimonio y específicamente para su comunicación con su cónyuge? Este capítulo tiene que ver con las metas que necesitas tener en mente cuando te propones hablar de corazón a corazón con tu esposa(a).

La Diferencia entre una "Meta" y un "Deseo"

Cuando uno se propone poner metas para su vida, es importante saber cómo distinguir entre un deseo y una meta. ¿Cuál es la diferencia?

Una meta es un objetivo que está bajo mi control directo. Si no está bajo mi control, soy necio si me hago responsable por ella. Es una cosa tener la meta de cortar el césped de mi casa, y es otra tener la meta de cortar el césped del Parque Nacional "Yosemite". Cortar mi césped es algo bajo mi poder y habilidad de hacer; pero cortar el césped de "Yosemite" no lo es. Segundo, una meta es algo donde yo, y solo yo, soy responsable de lograr. Siento entusiasmo personal y la responsabilidad de hacerlo. Tercero, mi respuesta a mi meta es actuar. Yo lo haré.

Un deseo es diferente a una meta. Un deseo es algo que me gustaría hacer, pero me doy cuenta que no tengo el poder ni el control para hacerlo. Solo Dios lo tiene, y por lo tanto, no debo tomar ninguna responsabilidad sobre mí mismo para alcanzarlo. La respuesta apropiada a un deseo es la oración.

Jamás debemos ponernos la meta de cambiar a otra persona. Puede ser un deseo por el cual oro, pero no debe ser una meta. ¿Por qué? Porque la mente, el corazón y la voluntad de otro ser humano están involucrados; y estas cosas están bajo el dominio exclusivo de Dios, del cual no se debe abusar.

Recordemos el poder eficaz de Dios para trabajar en las vidas humanas. Él puede cambiar los pensamientos y creencias del hombre: *"Y a vosotros también, que erais en otro tiempo extraños y enemigos en vuestra mente, haciendo malas obras, ahora os ha reconciliado"* (Colosenses 1:21). ¿Quién fue el que te cambió la mente malvada de pecador para buscar al Salvador? Fue Dios: *"Ninguno puede venir a mí, si el Padre... no le trajere"* (Juan 6:44). Así como Dios ha obrado en tu vida, Él puede hacer lo mismo en la de tu esposa(o). Si crees que puedes cambiar la mentalidad de tu cónyuge, experimentarás la frustración cuando falles y el orgullo si tienes éxito; pero en ninguno de los dos casos, habrás dejado a Dios hacer el cambio que Él quiere hacer.

Dios está en control del corazón humano: *"Como los repartimientos de las aguas, así está el corazón del rey en la mano de Jehová; a todo lo que quiere lo inclina"* (Proverbios 21:1). Las aguas en cuestión no son las del gran Río Mississippi, ni del Ohio; sino que estas "aguas" hacen referencia a los canales de riego de una granja. Aquí, se refiere a la compuerta operada a mano que determina si el flujo de agua correrá a los 40 acres del norte o a los del sur de la granja. El granjero pone su mano en una palanca y, a su antojo, cambia la dirección del agua. De la misma manera, Dios ha puesto Su mano sobre el control del corazón del rey. El énfasis se pone en el rey, porque cuando se escribieron los Proverbios, el rey terrenal, después de Dios, era la persona con más poder e influencia en el mundo.

La Biblia registra que cuando Saúl fue ungido rey, *"mudó Dios su corazón"* (I Samuel 10:9), y además dice que Dios le dio a Salomón un *"corazón sabio y entendido"* (I Reyes 3:12) para equiparlos a los dos para servirle a Él, aun siendo ellos reyes.

Cambiar el corazón humano es derecho exclusivo de Dios. Aun el apóstol Pablo le dio a Dios todo el crédito por los cambios en las vidas de los cristianos romanos cuando dijo: *"Pero gracias a Dios, que aunque erais esclavos del pecado, habéis obedecido de corazón a aquella forma de doctrina"* (Romanos 6:17).

Dios incluso guía la voluntad del hombre para cumplir Sus propósitos: *"Porque Dios es el que en vosotros produce así el querer como el hacer, por su buena voluntad"* (Filipenses 2:13). El pueblo de Dios se ofrece para hacer Su voluntad por el mismo poder de Dios: *"Tu pueblo se te ofrecerá voluntariamente en el día de tu poder"* (Salmos 110:3). De la misma manera, la voluntad de tu cónyuge está bajo el gobierno de Dios.

No eres capaz de cambiar a tu cónyuge; por lo tanto, no eres responsable de hacerlo. Como solo Dios puede, tu petición sobre la necesidad de un cambio debe dirigirse a Dios, quien es capaz de cambiar la mente, el corazón y la voluntad.

Cuando era un cristiano joven, me animé a ponerme una meta de ganar cierta cantidad de almas para Cristo cada semana. Me dijeron que para poder alcanzar esta meta, se necesitarían varias cosas. Primero, no perder el tiempo; si alguien no respondía en los primeros minutos, debía dejarlo y testificar a otra alma perdida que tuviera más interés y una mejor oportunidad de ser salvo. Segundo, había que controlar la conversación para asegurarme de que el Evangelio fuera presentado de una manera fluida y ágil. Además, debía rechazar toda pregunta hasta que la persona hubiera orado para ser salva. Tercero, había que hacer preguntas que solamente podían provocar un "sí". Cuanto más "cosas positivas" dijera, era más probable que la persona dijera que "sí" a la invitación de recibir a Cristo. "Crees en la Biblia, ¿no es cierto?" "Quieres ir al cielo cuando te mueras, ¿verdad?" "¿Quieres inclinar la cabeza y orar ahora y confiar en Cristo como tu Salvador?" (Cuando hacía las preguntas, yo también asentía con mi cabeza afirmativamente como para garantizar una respuesta positiva. La verdad es que vi gente inclinar su cabeza para orar mientras asentía la cabeza conmigo.) Cuarto, debía guiarla en una oración palabra por palabra para asegurarme de que no cometiera un error en su oración para recibir a Cristo. Quinto, tenía que estar seguro de convencerla de que lo que acababa de hacer garantizaba su salvación para siempre. Entonces, escribía su nombre en mi Nuevo Testamento como otra victoria, y me iba. Ahora, no se necesita mucha imaginación para darse cuenta de que esto era una decisión espiritual hecha bajo mucha presión. Mi meta era poner un nombre en el renglón. Mi plan de evangelización olía más a la de un vendedor que va de puerta en puerta, que a la de un representante de Dios. Debo confesar, sin embargo, ¡que funcionaba! Funcionaba, de hecho, si tu definición de éxito es lograr tener un cierto número de "convertidos", porque había muchos. Muchos de ellos perseveran hasta hoy, aunque no estoy tan seguro de que todos fueron convertidos a Dios. Hacían profesiones de fe porque los presionaba para hacer la decisión. Presionar a otro a responder positivamente es una consecuencia natural de tener esta clase de meta.

Llegó el momento de sentirme mal con este método, y Dios me hizo ver que yo estaba orquestando este escenario sin Su participación. Llegué a ser consciente de que tenía que ser Dios el que salvara el alma y cambiara la vida. Mi meta gradualmente cambió de ver un número definido de almas salvadas cada semana, a sencillamente buscar oportunidades de testificar. Yo dejé de tener la meta de hacer que hombres y mujeres repitieran la oración del pecador y adopté la meta de hacer una presentación clara y minuciosa del evangelio. Cambié la meta de aplazar sus preguntas, a la meta de responder a todas sus preguntas para que llegaran a Dios de todo corazón. Incluso agregué dos preguntas a mi presentación: "¿Hay alguna razón para no confiar en Cristo hoy?" Y "al oír todo esto de la Biblia, ¿tienes deseos de ser salvo?" ¿El resultado? Menos decisiones, pero un porcentaje más alto de profesiones públicas de fe en Cristo. ¿La diferencia? No me tocaba a mí presionar a la gente para ir al cielo. Ahora entiendo que ganar un alma es un deseo, y cambié mi enfoque de la manipulación sutil, a la intercesión sobre mis rodillas dobladas. Mi confianza ya no está en mi habilidad, sino en el poder de Dios. Mi meta se convirtió en un deseo.

Ahora, de la misma forma, la meta está dentro de mi poder y responsabilidad para actuar sobre ella. Cuando mi meta llegó a ser la de presentar el evangelio claramente, fue siempre posible alcanzarla. Cuando pude ver que la salvación de cierto número de personas era un deseo, me encontré orando más y más.

Así que, los peligros claros de confundir un deseo con una meta son: cuando se trata del deseo de cambiar a otra persona, uno recurre a la manipulación, toma el crédito por el éxito, se siente culpable por el fracaso y utiliza la coerción para rehacer a esta persona a la imagen que tú tienes para ella. Una consecuencia más sutil es que desvías la responsabilidad de cambiar a tu cónyuge de Dios a su propia persona, especialmente si ves el cambio como el problema principal de tu matrimonio. Y no nos olvidemos del tema de la gloria de Dios en todo esto; si tú tomas el crédito, Dios no recibirá la gloria.

Cuando piensas en tu cónyuge, ¿sientes que te toca a ti cambiar su mentalidad, sus sentimientos o sus acciones hacia ti? ¿Te encuentras presionándole para conformarse a tus expectativas? ¿Te gusta intimidarlo y castigarlo para que entienda tus necesidades? Si tu meta es una de éstas, probablemente estás confundiendo una meta con un deseo.

Las palabras que hablas poseen un poder asombroso para sanar o destruir. Santiago nos dice, *"Y la lengua es un fuego, un mundo de maldad… contamina todo el cuerpo, e inflama la rueda de la creación, y ella misma es inflamada por el infierno.… Es un mal que no puede ser refrenado, llena de veneno mortal. Con ella bendecimos al Dios y Padre, y con ella maldecimos a los hombres"* (Santiago 3:6-9).

La lengua puede ser un gran medio para el bien: *"Ninguna palabra corrompida salga de vuestra boca, sino la que sea buena para la necesaria edificación, a fin de dar gracia a los oyentes"* (Efesios 4:29). Eso nos trae a la primera de varias metas que debemos tener para la comunicación con nuestro cónyuge.

Nunca Corromper a Otro con tus Palabras

Tú tienes en la mano, o más exactamente, en tu boca, el poder para herir a tu cónyuge. Como un niño con una pistola nueva, necesitamos aprender el poder negativo de la lengua antes de usarla. *"La muerte y la vida están en poder de la lengua"* (Proverbios 18:21). ¿Qué muerte puede producir la lengua? El libro de Proverbios nos dice que puede ser una llama de fuego (16:27), que separa amigos (16:28), descubre secretos (20:19), causa heridas emocionales profundas (26:22), hace daño (26:28), fomenta la inmoralidad (7:21) y destruye al prójimo (11:9). Con razón la Biblia dice que la lengua tiene el poder de la muerte.

Dios nos dice que cada uno es responsable de que estas cosas nunca le sucedan a otro por nuestra boca. La palabra "que" implícita en "[Que] *ninguna palabra corrompida salga de vuestra boca"* significa que tú tienes que tomar una decisión. Tú puedes tener la meta de nunca herir a tu pareja con tu lengua. Es una meta que está a tu alcance.

Edifica a Tu Cónyuge

Dios no solo quiere que tu meta sea la de no corromper, sino de edificar a tu cónyuge con tus palabras. La palabra "edificar" significa construir. "Construcción" es una palabra usada para referirse a un edificio, construido piedra sobre piedra, convirtiéndose en una estructura funcional. Otra meta para tu matrimonio debe ser siempre usar un lenguaje que fortalece y edifica a tu cónyuge. Como las piedras de un edificio, tus palabras pueden crear un matrimonio espiritual.

Nota las cualidades de la boca piadosa en el libro de Proverbios: "*árbol de vida*" (15:4), "*producirá sabiduría*" (10:31), "*esparce sabiduría*" (15:7) y "*apacienta a muchos*" (10:21). Se nos dice que las palabras sazonadas con amor pueden animar a otro: "*Panal de miel son los dichos suaves; suavidad al alma y medicina para los huesos*" (16:24); "*la congoja en el corazón del hombre lo abate; mas la buena palabra lo alegra*" (12:25); y "*la lengua de los sabios es medicina*" (12:18). ¡Qué poder tiene la lengua para hacer el bien! ¡Qué ministerio puedes tener en tu matrimonio! Tú puedes edificar la vida de tu cónyuge de muchas maneras por medio de tus palabras.

MINISTRA GRACIA AL OYENTE

Un amigo pastor me habló de su asociación con el difunto Roy Hession, un reconocido autor y evangelista. Regularmente este hombre saludaba a mi amigo con las palabras: "Hermano, déjame polinizarte por un rato", y luego compartía alguna bendición de Dios con él. Es un buen cuadro del ministerio de la gracia; al moverse la abeja sobre la flor, el polen de la planta se adhiere a los pequeños pelos de sus patas. Al volar de planta en planta, el polen se transfiere de una planta a otra. La abeja beneficia a cada planta que visita. Debemos ir de corazón a corazón polinizando a otros con las bendiciones de la Palabra de Dios. Esto hará que todos seamos ministros de gracia, ¿verdad?

Recuerdo un tiempo de necesidad en mi vida cuando fui polinizado grandemente por un amigo. Registré el incidente en un librito que escribí hace algún tiempo: "Fue el momento más bajo de mis dieciséis años como pastor y de toda mi experiencia cristiana. Estaba sentado solo en mi oficina con la cara entre mis manos mientras las lágrimas corrían libremente por mis mejillas. Un libro que estaba estudiando estaba ante mí, abierto en la historia de un predicador que había cambiado su identidad y huido de su iglesia y familia para escaparse de las presiones del ministerio. En mi desesperación, yo tenía la intención de hacer lo mismo. Nunca me había sentido tan terriblemente solo. Tenía la sensación de que me caía en un agujero negro de desánimo incalculable, en un torbellino que giraba velozmente que me había tomado en su dominio inexorable. 'Oh Dios,' lloré, '¡Si Tú estás aquí, si puedes oírme, porque nunca en mi vida he necesitado oír tu voz como en este momento! ¡Por favor déjame saber que te importo y que me amas!'"

Tan pronto salieron estas palabras de mi boca, sonó el teléfono. No me importa decirte que no quería contestarlo. Jamás había recibido una llamada del cielo y no estaba seguro de poder reconocer la voz de Dios. Pero después de recuperar la compostura, levanté el auricular: "¡Hola, Pastor Binney! ¡Este es Roger Lemmen, tu diácono favorito! No tengo idea por qué lo estoy llamando, pero estaba orando y tuve un impulso fuerte de hablarle y decirle que yo y Dios lo amamos. Nos vemos el domingo". Oí un "clic", y la línea se cortó.

Me quedé mirando al auricular en mi mano, y lentamente me di cuenta que Dios había oído mi oración. ¡Me di cuenta que acababa de oír del cielo! Las palabras no pueden expresar las olas de gozo y paz que inundaron mi espíritu atormentado. Cuán bendecido era yo de tener un diácono piadoso y fiel para ministrar a este pastor en su hora de necesidad.[1]

Si no hubiera sido por esa llamada, por esa palabra de gracia, mi vida habría sido drásticamente cambiada. ¿Conoces tú a alguien que necesita una llamada? ¿Necesita tu cónyuge una palabra de gracia? Háblale porque podría cambiar su vida.

Un pastor recientemente me llamó para dejarme saber que una pareja desanimada de su iglesia había ido a oírme predicar, y lo que oyeron cambió su vida. Volvieron a casa y se convirtieron en unos de sus mejores ayudantes y trabajadores más fuertes en la iglesia. "Dios realmente te usó para obrar gracia en sus corazones", me informó el pastor.

¿Puede Dios usar palabras humanas para lograr una obra divina en otros? Sí, Él puede, y Él quiere usarte a ti para hacer esa misma obra en todos los que te escuchan, especialmente en la vida de tu pareja. La decisión se ve bastante clara. ¿No es cierto? Tú puedes ministrar gracia o puedes ministrar desánimo.

Habla La Verdad con Amor

Cuando era adolescente e inconverso, me fugué de mi casa donde me encontraba solo y confundido. Luego quise traer un poco de orden a mi vida y busqué una iglesia grande y vistosa en el barrio, donde entré para sentarme en el banco de atrás durante una reunión evangelística. El predicador era de esos que predican fuego y azufre.

Decía el pastor: "¡Si tú estás aquí sin Cristo (¿me miraba a mí?) y no le pides a Jesús que te salve (¡a mí me estaba mirando!), cuando te mueras (¡ahora me señalaba!), vas a ir al infierno y te vas a quemar para siempre!"

Después de esta explosión de estruendo y furia, quedó un silencio espeluznante mientras él me miraba fulminantemente, con ojos saltones y cara enrojecida. Me fui ese día con la impresión persistente de que él se habría desilusionado si yo no me hubiera ido. Mirando atrás, estoy convencido, sin embargo, de que había hablado la verdad.

Decidí probarlo de nuevo. Escogí un lugar menos ostentoso esta vez, optando por un edificio de almacén pequeño con solo un puñado de gente. Quizás, pensé, la intimidad de ese entorno disuadiría a cualquier predicador de predicar fuego y azufre. Me equivoqué. De hecho, el predicador dijo casi las mismas palabras precisas del anterior desplumador de pecadores.

"Si tú estás aquí hoy sin Cristo y no le pides a Jesús que te salve, cuando te mueras, vas a ir al infierno y te quemarás para siempre."

Las palabras eran semejantes, pero el predicador era drásticamente diferente a su precursor. Su voz era suave y tenue, sus ojos se llenaron de lágrimas y sus labios temblaban de compasión mientras hablaba. Era el mismo mensaje, las mismas palabras, pero un espíritu diferente. Los dos hablaron la verdad, pero este hombre lo hizo con amor. Me fui, queriendo darle un poco de consideración a lo que este predicador había dicho porque sentí que detrás de todo lo que decía había amor.

No es suficiente hablar la verdad. Algunas personas equivocadas se enorgullecen de no guardarse nada. Lo que hace falta es predicar la verdad con amor. Esta es una combinación difícil de resistir. ¿Cómo habla uno la verdad en amor?

Busca lo Bueno

Lo primero es buscar honestamente alguna buena cualidad en tu cónyuge. Por medio de reconocer sinceramente alguna cualidad positiva, puedes animar a tu cónyuge con tus palabras. *"Manzana de oro con figuras de plata es la palabra dicha como conviene"* (Proverbios 25:11). En el transcurso de los años, he disfrutado del privilegio de ver a muchas personas responder a las palabras dichas con amor. Es como ver un video secuencial de una flor cuando abre sus pétalos a los rayos del sol (se ven horas pasar en unos segundos). De la misma manera, cuando las palabras cálidas caen en un corazón frío, el efecto es dramático.

Estuve en el este de Chicago haciendo una visita evangelística y llegué a una pequeña casa deteriorada en un callejón sucio. A la puerta vino una mujer desaliñada y una niña andrajosa agarrada de los pliegues del vestido de su madre y mirando tímidamente a este extraño que las había venido a visitar.

"Oh, no le hagas caso", dijo su madre, "es vergonzosa con los extraños."

Me acordé de un dicho del este de Tennessee: "Dale a un perro un nombre malo, y se matará por llegar a serlo". La gente de las montañas entiende que las personas, por naturaleza, tratan de cumplir las expectativas de otros. Esta madre acababa de darle a su hija un mal nombre, un tipo de orden para actuar como una persona vergonzosa.

"Oh, pero yo no creo que ella tenga vergüenza," respondí. "De hecho, creo que pronto vamos a ser buenos amigos".

En menos de quince minutos, la pequeña niña se había subido

a mi regazo, y estábamos jugando un juego de niños. La madre incrédula exclamó: "No puedo creerlo. Nunca ha actuado de esta manera con un extraño".

Quería responderle (pero me mordí la lengua). Dije: "Quizás nadie creía que ella podía hacerlo y nunca se lo habían dicho antes".

Estoy absolutamente convencido de que detrás de las capas de suciedad y roña de cada alma humana, hay un corazón que late con un hambre de *"la palabra dicha como conviene"*. Bajo una apariencia vergonzosa, viven almas solitarias a las que les encantaría que alguien se hiciera su amigo y que las invitara a subir a su regazo.

Puedes escoger ver la suciedad y pensar lo peor, o puedes pensar en *"todo lo que es verdadero… honesto… justo… puro… amable… (y) lo que es de buen nombre"* (Filipenses 4:8) de una persona. Cuando tú piensas de esta manera, el resultado será *"virtud"* y *"alabanza"*. Estas palabras nunca tienen más poder que cuando vienen de los labios de alguien que está cerca de ti. ¡Es grande el ministerio que podrás tener, hablando la verdad con amor!

Es mejor que tú lleves la delantera en este ministerio. Considera que la naturaleza humana es como un "banco de amor". A este banco entran los depósitos de los halagos, las palabras de alabanza y del aprecio sincero. De este banco de amor se extraen, también, por medio de las críticas, desaires y quejas. Cuando un joven comienza a amar a otra joven, abundan los depósitos: palabras de amor, expresiones de admiración y cumplidos. Entonces llega el matrimonio. Después de un tiempo, se paran los depósitos. Y después de otro tiempo, comienzan las extracciones. Luego el banco del amor se va vaciando por las muchas extracciones. Entra Viviana Vivaz, la zorra habladora, de la oficina del esposo. "Tu esposa es dichosa de tener un marido como tú", susurra.

¡Un depósito grande! Es peligroso porque el viejo banco de amor está vacío y no se ha oído algo como esto en mucho tiempo. "Te ves muy sabio, y yo necesito tu ayuda. ¿Podríamos almorzar juntos hoy?", dice mientras se seca una lágrima de sus ojos. Otro depósito grande. Después de muchos depósitos como estos, sin extracciones, el hombre de corazón vacío y de cabeza hueca se va como un cordero al matadero. *"Porque los labios de la mujer extraña destilan miel, y su paladar es más blando que el aceite; mas su fin es amargo como el ajenjo, agudo como espada de dos filos"* (Proverbios 5:3-4).

Tu cónyuge puede ser vulnerable, también, si tiene el banco de amor vacío. ¿Por qué no haces algunos depósitos? Otra manera de hablar la verdad con amor es aprender cómo agradecerle y hacer mención de lo positivo de su vida. No es suficiente ver lo bueno solamente, sino que hay que animarle y reconocer estas cosas verbalmente. Aprendí que son necesarios cuatro cumplidos para compensar una crítica y para mantener el equilibrio en la autoestima de una persona. No sé si esto es verdad o no; pero una persona responde mucho más positivamente a los cumplidos que a la crítica. Una persona misericordiosa atrae amigos como una flor atrae a las abejas. Hay una fragancia natural en esta clase de vida, y tú puedes tener esa fragancia cuando aprendes a estimar a tu cónyuge.

Como abuelo, me gozo de ver los ojos de mis nietos encenderse cuando los alardeo. Recientemente nuestra nieta, Mikayla, estrenó un vestido nuevo. Cuando ella entró al cuarto, exclamé: "¡Mira esta niña! ¡Qué señorita! ¿Alguien ha visto a una niña que parezca más una princesa que ella?"

Yo no cambiaría su sonrisa por nada en el mundo. Orgullosamente se quedó con su vestido dominguero puesto y después resistió todos los intentos de sacárselo.

Es lo que a los niños pequeños les encanta, y a los niños mayores les encanta también. Recuerdo haber sido llamado a pastorear una iglesia con una escuela para la cual mi esposa y yo no nos sentíamos preparados. En nuestro primer día en la escuela, nos saludó un grupo de niñas del último año de estudios que vestían unos shorts muy cortos. Estaban haciendo ejercicio y se agachaban con sus espaldas hacia nosotros. También vimos a otras niñas que llevaban pantalones bien ajustados, camisetas con leyendas de música mundana, y mostraban sus ombligos a todos. ¡Mi primera inclinación fue la de entrar con un estruendo a la primera sesión de capilla y darles bien duro a estas "Jezabeles" adolescentes! Pero Dios me guió a un enfoque mejor. Prediqué sobre el tema "Niña, tú eres un tesoro" del versículo en Proverbios, *"Mujer virtuosa, ¿quién la hallará? Porque su estima sobrepasa largamente a la de las piedras preciosas"* (Proverbios 31:10). Expliqué el gran valor de la virtud en la vida de una joven y les dije que si querían un príncipe, tendrían que comportarse como unas princesas. Las animé a atraer a los muchachos de la manera que muestra la Biblia - con un semblante piadoso y una vida de santidad. Mi conclusión fue decirles que creía en mi corazón que ya eran damas y princesas. Solo necesitaban vestirse y actuar como tales. No sabía cómo iban a responder a esto, pero cuando terminó la hora de capilla, quince niñas se pusieron en fila para agradecerme por hacerles sentir como damas y expresar su deseo de cumplir mis expectativas. Cuando veía a alguna de ellas en el pasillo de la escuela luciendo un vestido, me detenía para darle un cumplido. En la capilla para los alumnos de la primaria, yo buscaba a las niñas que llevaban vestido con volados y las subía a la plataforma para alardear de estas "pequeñas damas". Era bonito ver a otras niñas que me buscaban para mostrarme sus vestidos nuevos.

Con el tiempo, un cambio gradual se llevó a cabo en el cuerpo estudiantil. Los pantalones ajustados y los vientres desnudos pronto dieron lugar a hermosas faldas y blusas femeninas; y todo se hizo sin un tono rebelde. ¿Qué había pasado? ¡Las palabras de alabanza habían ganado! Siempre lo hacen.

"EL ENFOQUE SÁNDWICH"

Quizás una de las mejores maneras de hablar la verdad en amor es usar el "enfoque sándwich". Cuando la verdad dolorosa debe decirse, debe ser entregada como un pedazo de carne entre dos rodajas de alabanza y aprecio. Esta práctica suaviza la crítica, amortiguándola con expresiones de amor.

Cuando era estudiante universitario, tomé una clase sobre cómo hablar en público, enseñada por la Sra. Neal. Ella era una gran maestra y muy amada por sus alumnos, y supe por qué. Me llamó al temido lugar, al frente de la clase, para dar mi primer discurso. Yo estaba petrificado. Después de completar mi discurso, me imaginaba que la bandera de la Sala de la Fama de los oradores famosos estaba a media asta, que los ángeles se habían tapado los oídos con sus alas y que yo tendría que hacer planes para mi funeral. Pero la Sra. Neal, que había observado y escuchado con gran interés, me pidió que me quedara en la plataforma para la inevitable "crítica".

"Jim," comenzó, "fue un muy buen discurso. Tuviste buen contacto visual, y es obvio que hiciste bastante investigación para prepararlo".

¡Vaya! ¡Esto era maravilloso! Estaba listo para cancelar mi funeral después de todo. Y entonces dijo la palabra de cuatro letras por la cual son famosos los maestros de oratoria: "Pero..."

"Pero," continuó, "tu tercer punto fue débil, y necesitas más entonación en tu voz".

Volví a programar mi funeral.

"Sin embargo," (el pobre director del funeral ya estaba confundido), "creo que Dios te ha dado un don para ser orador y va a usarte grandemente para Su gloria. Buen trabajo. Puedes tomar tu asiento".

¿Sentarme? Me fui flotando a mi asiento, confundido por las señales conflictivas; pero con la conclusión de que a la Sra. Neal le gustaba mi discurso. ¡Más importante, le gusté yo! Me encanta el recuerdo de esa maestra hasta el día de hoy. Ella sabía cómo hablar la verdad con amor a un joven inseguro para darle el valor de seguir su visión de servicio cristiano.

La próxima vez que vayas a criticar a tu cónyuge, ¿Por qué no pruebas el enfoque sándwich? Introduce cualquier queja con una alabanza y síguela con un cumplido. Ve si no hace una diferencia. Tú dices: "Pero ¿no se dará cuenta mi cónyuge de lo que estoy haciendo, después de hacerlo unas cuantas veces?" Sabes, su mente puede captar un poco de adulación, pero a su espíritu hambriento no le importará. Además, como a mi entrenador de fútbol

americano de la secundaria le gustaba decir: "¡Si tienes que caerte, cae para adelante y logra una yarda más!"

Si debes cometer un error, que sea por el lado del amor. Puedes ser perdonado por amar demasiado antes de ser perdonado por amar muy poco.

CONCLUSIÓN

Cuando te comprometas a ministrar misericordia a tu pareja, mantén tus metas claramente en mente. Es posible que sientas que estás apuntando a la luna, pero por lo menos, habrás establecido un objetivo y estarás haciendo un esfuerzo. Recuerda que ¡el 95 por ciento de aquellos que establecen metas las alcanzan! Que Dios te ayude a alcanzar la tuya.

15

Misericordia en Acción

Estoy fascinado con una idea usada exitosamente en el evange-
lismo llamada "Banquete de Amor al Prójimo". Está basada
en el concepto de acercar a la gente a Cristo por medio de un ministerio del amor de Cristo, expresado por los hechos. Así es como
funciona: cada miembro de la iglesia se fija en un vecino e inicia
un ministerio de acciones de amor por seis meses. No pide nada a
cambio, ama a su vecino manifestando el amor de Cristo hacia él; le
lleva galletitas recién horneadas, le corta el césped, le ayuda con las
tareas del hogar, saca nieve de su entrada, lava su auto o hace cualquier cosa que muestre el amor incondicional. Al final de los seis
meses, invita a su vecino a la iglesia a un banquete, como un invitado
de honor. En el banquete, el predicador lleva un mensaje sobre el
"Buen Samaritano" o algún otro tema que muestra el amor de Dios.
El predicador explica cómo Cristo puede cambiar al hombre y que
quiere que cada invitado presente sea salvo. Luego explica, "la persona que te trajo aquí esta noche ya experimentó este cambio". Con
una señal, cada anfitrión mira a su vecino y le explica cómo Cristo
salvó su alma, animándo a su vecino perdido a que también consid-
ere poner su confianza en Cristo. Por supuesto hasta ese momento
el vecino pudo ver el amor de Cristo derramado por medio de su
vecino cristiano durante seis meses. Su vecino debe saber que el

amor recibido es genuino; y con la ayuda de Dios, habrá tierra fértil para sembrar la semilla. Después de los testimonios, el predicador da una invitación pública para aceptar a Cristo. ¿Adivina quiénes son los consejeros? Así es, los vecinos mismos - ¿quién mejor que la persona que ha estado amando al vecino inconverso todos estos meses? Muchas personas han llegado a Cristo a través de este plan que implanta un ministerio de acciones de amor.

El Beneficio de las Acciones

son un Medio para medir el Amor Verdadero

Yo creo que la razón del éxito del banquete es que hay un deseo íntimo en cada corazón humano de experimentar la realidad del amor de Dios. Se habla tanto del amor en estos días que el término ha perdido su significado. El amor es una acción. En toda nación se entiende un abrazo, una sonrisa o un regalo de comida o ropa. Dios sabía que era necesario comprobar Su amor hacia nosotros y nos dio evidencia clara de ello. *"En esto hemos conocido el amor, en que él puso su vida por nosotros,"* y de esta manera, nos dejó ver la prueba de Su amor. Él también espera que nosotros alcancemos a otros de la misma manera que Él nos alcanzó a nosotros: *"También nosotros debemos poner nuestras vidas por los hermanos"* (I Juan 3:16). ¿Por qué debemos alcanzar a otros tan dramáticamente? Para que puedan conocer el amor de Dios a través de nuestro sacrificio. Santiago dice que la fe sin obras es muerta. La fe muerta nunca atrajo nada más que moscas, pero las obras vivientes llaman la atención de todo el mundo.

También es verdad que tu cónyuge puede siempre medir tu amor por tus acciones. Quizá no pueda ver tus sentimientos, ni entender tus palabras, ni creerlas; pero no se puede cuestionar el amor expresado con acciones. Así es como los primeros cristianos podían comprender el amor de Dios y también el amor de los cristianos. Es la manera en que los perdidos pueden entender el amor de Dios por ellos. También es la forma en que tu cónyuge entenderá tu amor.

Las acciones de amor siempre son mejores que las palabras de amor. *"Hijitos míos, no amemos de palabra ni de lengua, sino de hecho y en verdad"* (I Juan 3:18).

No Dependas de los Sentimientos

Si tú expresas el amor solo con sentimientos, te pones en fila con la gran mayoría del mundo. Tú también puedes defraudar tu cristianismo por ser miembro del club llamado "debo-sentirlo-primero". Si basas la representación de tu amor solamente en el sentimiento del momento, significa que tú eres un esclavo de tu propio corazón y que tu corazón gobierna tus acciones, no tú. Como ya hemos visto, el corazón es la parte más débil e indefensa del hombre. Las circunstancias pueden influenciarlo, el azúcar en la sangre lo puede influenciar, el humor del momento puede influenciarlo, la respuesta del cónyuge puede influenciarlo y más importante, Satanás también lo puede influenciar.

¿Por qué esperar al corazón cuando puedes demostrar tu amor cuando quieras, a través de tus acciones? Tú puedes dominar tus sentimientos y demostrar tu amor cuando lo necesite tu cónyuge, en vez de buscarlo cuando tú lo necesites. Tu amor en Cristo puede ponerse en acción a la hora y por el medio que tú elijas. Tus obras de misericordia son para el beneficio de la otra persona, pero la muestra de tu amor con tus hechos te beneficiará grandemente a ti también.

No determinas tus expresiones de amor hacia tus hijos basándote en tu propia necesidad, sino en la de ellos. Cuando tu niño se hace daño, no esperarás hasta que sea conveniente, o hasta que te dé la gana para alzarlo y besarlo, ¿verdad? Aunque tengas a otro niño en una rodilla, el teléfono en tu cuello y la cena en la estufa, le darás al niño doliente la atención necesaria. Puedes estar en una escalera con un martillo en la mano y con clavos en la boca, pero cuando se cae tu niño del caballete, inmediatamente le demostrarás tu amor. ¡Tu cónyuge necesita la misma demostración de amor que diste a tu hijo! ¡El amor verdadero se demuestra por los hechos!

MUESTRA UN ESPÍRITU DE SACRIFICIO

¿Cuánto amó Dios al mundo? *"De tal manera* amó Dios..." ¿Cómo sabemos esto? Él se *"dio"* a sí mismo por nosotros. ¿Cómo demuestras tu amor para tu cónyuge? Te das a ti mismo a él o a ella. ¿Cuándo? Cuando cuesta, cuando no es conveniente, y no lo harás porque sirva a algún propósito egoísta. ¡El amor es sincero! Cuando amas a otro así, demuestras el amor sacrificial del Padre y del Hijo.

PROMUEVE MÁS AMOR

Es irrefutable que la gracia engendra gracia, y cuanto más des expresión tangible de tu amor, más amor experimentarás en tu corazón. *"Encomienda a Jehová tus obras, y tus pensamientos serán afirmados"* (Proverbios 16:3). Si tú quieres amar a tu cónyuge más, entonces aprende a entregarte más frecuentemente a él o ella. Cuanto más demuestras tu amor, más crecerá tu amor.

CUMPLE EL PROPÓSITO DE DIOS PARA MINISTRAR A TU CÓNYUGE

Dios tiene un plan doble para ministrar a tu cónyuge. Él usa una *ruta directa* y una *ruta indirecta.*

La ruta directa comienza en el corazón de Dios y va directamente a tu cónyuge: *"El amor de Dios ha sido derramado en nuestros corazones por el Espíritu Santo que nos fue dado"* (Romanos 5:5).

La grandeza del amor de Dios se revela en el hecho de que no está conforme con solo amarnos de manera directa. Él ha creado otra forma para garantizar que Su amor encuentre la vía al corazón de tu pareja. Él lo enviará A TRAVÉS DE TI. Esta es la ruta indirecta. Dios produce en ti la convicción, te salva, te llena con Su Espíritu y luego te manda amar a tu cónyuge. Dios te usa como un canal de Su amor. Piénsalo. ¡Qué gozo es ser un instrumento de Dios! ¿Y cómo muestra Dios Su amor por medio de ti? Por medio de tus hechos de amor y misericordia.

Te mostré en el capítulo 12 que la misericordia se compone

de tres cosas: la intención decisiva, el dolor compartido y la acción deliberada. La misericordia no es misericordia hasta que se manifiesta en una acción motivada espiritualmente para el beneficio de otro. ¿Cómo puede la misericordia en tu corazón ser compartida con tu pareja a través de tus acciones? ¿De qué acciones estamos hablando?

Tú Tienes que Tomar la Iniciativa

Cuando se menciona la palabra "ministerio" en las Escrituras, casi siempre es pro-activo en vez de reactivo. Aun ante oposición feroz y en presencia de sufrimiento personal, debes mostrar tu ministerio, obrando de parte de otro. Debes amar a tus enemigos, orar por ellos, e incluso hacerles bien. Este ministerio no es una respuesta reflexiva de su bondad hacia ti, sino de la bondad tuya hacia ellos. No se basa en una respuesta positiva hacia ti. Ellos son tus enemigos, quieren lo peor para ti, por esto se llaman enemigos.

Un ministerio pro-activo comienza con el conocimiento de la necesidad de otra persona. Esa persona puede ser un enemigo, un amigo o un extraño. Como tú no puedes ser responsable por todos, Dios te pone personas particulares en tu camino a las cuales Él quiere que tú ayudes. Hay un poco de flexibilidad aquí, considerando las multitudes del mundo. Debes dejar que Dios te guíe a las personas necesitadas porque es posible que no sepas quiénes son.

Pero tú conoces quien es tu pareja, y puedes tener la seguridad de que Dios te está guiando a ministrar misericordia hacia sus necesidades - no de manera reactiva sino de manera pro-activa. No puedes mostrar misericordia cruzándote de brazos y esperando que el otro dé el primer paso. Muchos matrimonios se deterioran por la mentalidad de "tú primero," donde nadie quiere tomar el primer paso. La esposa dice: "Me someteré cuando tú me ames"; mientras el esposo protesta: "¡Te amaré cuando te sometas!". Todos pierden con este arreglo. ¿Quién va a comenzar?

Muchos piensan que es una señal de debilidad tomar el primer paso. Creen que es una evidencia de fortaleza cuando aguantan más. Aun un pastor me dijo una vez que veía que su rol era el de responder a las peticiones de ayuda, pero no ofrecerlas voluntariamente, aun cuando sospechara que la persona tenía necesidad. Para él, esto era una prueba de su desesperación y sinceridad. Puede ser una buena prueba de sinceridad o desesperación de parte del que sufre, pero es una mala base para ministrar misericordia.

"Hermanos, si alguno fuere sorprendido en alguna falta, vosotros que sois espirituales, restauradle con espíritu de mansedumbre" (Gálatas 6:1). *"Así que, según tengamos oportunidad, hagamos bien a todos, y mayormente a los de la familia de la fe"* (Gálatas 6:10). El apóstol nos enseña que debemos tomar la iniciativa, sin esperar que los que están desesperados pidan socorro.

Siempre debe responder el cristiano "espiritual," acercándose a los débiles, los enfermos y los necesitados. El Señor Jesús vio a un hombre lisiado de los pies que estaba acostado al lado del estanque de Betesda. Era considerado como un lugar para recibir sanidad cuando aparecía, de tiempo en tiempo, un ángel que sanaba al primero que se metía al agua cuando él lo removía. Jesús se acercó al hombre y le preguntó si quería ser sanado. Éste le explicó que quería, pero otro siempre llegaba primero al agua. Al oír eso, el Señor lo sanó al instante (Juan 5). Por favor, nota que Jesús se acercó al hombre sin ser invitado. El hombre no le pidió ayuda. Cristo preguntó por su necesidad y luego la suplió. Esta es la respuesta espiritual de la cual el pasaje de Gálatas 6 nos habla. Cuando una persona es espiritual, lo demuestra por su sensibilidad a las necesidades de otros y por el deseo de ayudarles. *"Así que, los que somos fuertes debemos soportar las flaquezas de los débiles, y no agradarnos a nosotros mismos"* (Romanos 15:1).

¿Quién conoce las necesidades de tu cónyuge mejor que tú? ¿Quién tiene mejor oportunidad de ayudar que tú? ¿A quién ha escogido Dios para esta tarea, sino a ti?

Restringe tus Palabras

Estaba aconsejando a una pareja cuando el marido soltó uno de los ataques más abusivos imaginables contra todas las faltas y defectos de su pobre esposa, quien estaba escuchando con obvio dolor. Cuando lo interrumpí, me miró enfurecido, gruñó y se sentó rígido con una mirada petulante de superioridad.

"Te sientes bien ahora, ¿no es cierto?" le pregunté.

"¡Sí, así es!" respondió.

"¿Por qué?" inquirí.

"Bueno, hermano," entonó, "¡me enorgullezco de decir las cosas tal como son! ¡Soy un hombre franco, y creo que un hombre debe decir lo que tiene en la mente!"

"Sí," respondí lentamente. "Pero dice la Biblia: '*El necio da rienda suelta a toda su ira, mas el sabio al fin la sosiega*' (Proverbios 29:11)."

Hay que darle crédito porque llegó a entender su error y se arrepintió. Este hombre obviamente no se preocupaba en nada por los sentimientos ni las necesidades de su esposa. Él solo deseaba sentirse mejor. No se guardaba nada y empeoraba el problema llamando a su mala actitud, "buena". No había aprendido el valor de la "restricción informativa".

La "restricción informativa" es un término que uso para describir la práctica de no expresar algo que el oyente no está preparado para oír, o que lo pueda herir de alguna manera.

"*Las cosas secretas pertenecen a Jehová nuestro Dios*" (Deuteronomio 29:29). Dios no nos dice todo. Hay algunos "secretos" que Él se reserva para Sí mismo. Quizás Él desea protegernos de saber cosas que no podemos entender o asimilar. El Señor Jesucristo dijo a Sus discípulos que había algunas cosas que no les podía contar porque no lo podían soportar. "*Aún tengo muchas cosas que deciros, pero ahora no las podéis sobrellevar*" (Juan 16:12).

El apóstol Pablo escribió a la iglesia en Corinto y les dejó saber que tenía que adaptar sus palabras de acuerdo a su inmadurez espiritual. Dijo: "*De manera que yo, hermanos, no pude hablaros como a espirituales, sino como a carnales, como a niños en Cristo. Os di a beber leche, y no vianda; porque aún no erais capaces, ni sois capaces todavía, porque aún sois carnales*" (I Corintios 3:1-3).

La comunicación misericordiosa en el matrimonio significa compartir la verdad con tu cónyuge, acomodándola a su madurez espiritual para no hacerle daño en el transcurso. Es una acción mitigada por conocer el efecto que podría tener sobre el oyente. Ningún padre sensible discutiría una inminente bancarrota mientras maneja su auto con sus hijos en el asiento de atrás. El querría proteger sus pequeños oídos y corazones de demasiada información. Lo que es cierto para los niños, también lo es para los adultos. El que habla debe siempre considerar las necesidades del oyente antes de compartir demasiada información. La verdad tiene que ser acomodada a la capacidad del individuo. Esta es una "mesura" doctrinal. Aquí hay algunas maneras de practicar el control de la lengua.

(1) Expresa Tu Dolor Como una Herida, en vez de Enojarte

Primero, protege a tu cónyuge; expresando tu dolor como una herida personal, y no como enojo proyectado. Es una cosa decir: "Cuando dijiste eso, realmente me dolió, querida" y otra cosa gritar: "¿Qué quieres decir con eso? ¡De todas las cosas hirientes y estúpidas que me has dicho, ésta es el colmo!" Las dos afirmaciones reflejan el dolor, pero la primera afirmación de sentir dolor transmite los hechos de una manera que no hiere al oyente. Contener las emociones lo ha protegido.

Los hombres son especialmente propensos a fallar en esta área. No es macho hablar de penas y dolor, así que levantamos la voz y tiramos las cosas para mostrar nuestra hombría. Por supuesto, no nos detenemos para pensar en las consecuencias de todo esto. Solamente queremos sentirnos mejor. Mientras tanto, herimos a nuestras esposas y las dejamos sangrando por este ataque frontal. *"La palabra áspera hace subir el furor"* (Proverbios 15:1). Esta clase de conversación hace subir la temperatura. Aun cuando estés enfadado como esposo, la emoción que está detrás de tu enojo es el dolor. Mejor expresarlo como dolor, para proteger a tu esposa, que ventilarlo y dañarla. A tu esposa no le repugnará tu transparencia y honestidad. La hará quererte más. Compartir tu dolor como una herida genuina no solo dice: "Confió en ti con este conocimiento", sino que también dice: "No quiero herirte de ninguna manera".

Cuando aconsejamos, tenemos una regla: "Puedes expresar tus sentimientos mientras no haya emociones indebidas en tu expresión". Es una cosa decir: "Estoy enojado". Es otra tirar cosas contra la pared. Puedes hablar de tus sentimientos, pero no debes convertirlos en acciones. Díselo suavemente y no actúes de manera enojada.

(2) Expresa el Dolor como una Percepción, En Vez de una Acusación

Otra manera de practicar la mesura sabia en tu conversación es expresar siempre tu dolor en forma personal, sin atacar el carácter ni los motivos de tu cónyuge. Está bien decir: "Cuando me criticas, me siento rechazado como persona, y esto me duele". Esto es muy diferente a decir: "¡Qué criticón eres! Todo lo que haces es criticarme. Creo que te gusta herirme". Estas palabras hirientes hacen daño al matrimonio. Es mucho mejor considerar los sentimientos de tu cónyuge para proteger el futuro de tu relación.

(3) Dale Tiempo Para "Acostumbrarse" a la Idea

Tercero, uno se debe dar cuenta que mientras un cónyuge puede cruzar el arroyo de un salto, el otro puede necesitar media milla para juntar fuerzas. Es normal que el hombre se pare al lado del arroyo, junte los pies, y con un resoplido, salte con los pies planos. La esposa, por el otro lado, podría ser menos agresiva. Ella puede necesitar más tiempo para ajustarse a este asunto de saltar el arroyo.

Recuerdo un domingo en la noche después de la reunión de la iglesia, llegué a casa y saludé a mi esposa con las palabras, "¡Adivina qué, cariño! Treinta adolescentes vienen a comer pizza a nuestra casa en unos minutos. ¿No será divertido?"

Yo acababa de saltar de plano el arroyo, pero mi esposa, aturdida, no me entendió. Lo aguantó como buena soldado que es, pero aprendí que ella no veía el arroyo como yo. Ella necesita arrimarse al arroyo, examinar bien la velocidad de la corriente, la profundidad del agua, el sitio del lanzamiento y la otra orilla donde va a aterrizar. Ella quiere caminar por la orilla, estudiando estas cosas y haciendo algunas preguntas difíciles sobre el nivel del pH, de la presencia de alimañas y de piedras escondidas. Ella necesitaba ver si había musgo en las piedras donde iba a saltar. Entonces, ella retrocede como a doscientos metros o más, taconea un poco, y luego salta como el viento.

Ahora, yo podría empujarla para apurarla, o podría esperar, por amor a ella, tomarla de la mano y correr con ella para saltar juntos. Hubo un tiempo que cuando yo enfrentaba una decisión grande, oraba sobre la decisión, reflexionaba sobre ella, buscaba consejo, y luego tomaba mi decisión para luego anunciársela a mi esposa de un sobresalto.

Las esposas son más conscientes de la necesidad de cautela que sus esposos, mientras que a ellos los animan las conquistas. Mientras los hombres se fijan en la aventura de emprender algo nuevo y el desafío que representa para ellos, las esposas se preocupan más en si hacer aquello significaría la pérdida de los amigos de sus niños, la redecoración de una casa nueva o establecerse de nuevo en otra iglesia, y cosas semejantes. He aprendido a darle tiempo a Sandra para acostumbrarse a una idea nueva, expresar sus preocupaciones y hacer preguntas sinceras. La dejo señalar las fallas de mi lógica, en parte para oír su punto de vista (y tiene algunos muy buenos) y en parte para controlar mis impulsos y estar sincronizado con sus necesidades para cuando crucemos el arroyo.

ACEPTA COMO LEGÍTIMOS LOS SENTIMIENTOS DE TU CÓNYUGE

Una vez visité la casa de un pastor. En el transcurso de la visita, él y su esposa me preguntaron si yo podría darles consejo. El hombre me contó la historia desgarradora de su niñez de abuso y abandono. Puso su cara entre sus manos y lloró amargamente por varios minutos. Estaba preocupado de que yo lo viera así; así que le dije: "Está bien llorar". Lo abracé y oré con él. Luego me dijo que esas palabras sencillas le ayudaron a entender que yo lo comprendía. ¿Está bien llorar? Algunos piensan que no, pero las lágrimas son un desahogo legítimo para el dolor en nuestro corazón. ¿Está bien llorar todos los días por veinte años? Por supuesto que no. Pero no supongamos que veinte minutos de llanto equivalen a veinte años de auto compasión. Tal confusión contribuye a que algunos no aceptan como legítimos los sentimientos de su cónyuge. Aquí hay otras razones por qué para algunos es difícil aceptar los sentimientos de otros:

(1) Aceptarlos equivale a Aprobarlos

Como ejemplo consideremos la emoción de la depresión. Hay temor en algunos cuando ven la depresión "ilógica" de su pareja. Piensan: "Si acepto estos sentimientos, ¿creerá mi cónyuge que estoy aprobándolos?" Si crees que estos sentimientos son tontos o injustificados, aceptarlos ¿no diría a tu cónyuge que aceptas la pecaminosidad o la ignorancia que hay detrás de ellos? ¿Es posible aceptar la depresión de una persona sin aprobar el pecado (si es que existe pecado) en esa depresión? Lucas 24 registra la historia del Señor Jesús y dos hombres muy deprimidos. El sabía que estaban desanimados y les preguntó por qué estaban tristes. Los escuchó con atención mientras caminaban hacia Emaús. ¿Estaba aprobando la mentalidad pecaminosa detrás de su depresión? De ninguna manera. Una lectura ligera del capítulo disipará tal idea. Nuestro Señor tenía una buena razón por aceptar su tristeza, como veremos en un momento.

(2) Aceptarlos Quita Nuestro Derecho de estar Enojados con Ellos

Admitámoslo; hay momentos en que nos gusta nuestro enojo, y, por supuesto, todos saben que la culpa la tiene nuestro cónyuge por sus acciones insensibles. Decimos: "Si él me hirió, entonces yo lo voy a herir también. Después de todo, tengo derecho de herir a alguien que me hirió". (No se nos ha ocurrido de que si nosotros tenemos derecho de justificar nuestro enojo, nuestro cónyuge tiene el mismo derecho.) "¿Ah, y ahora tengo que mirar a este cónyuge mío y aceptar estos sentimientos? No es justo. Si acepto los sentimientos que me hacen enojar como si fueran legítimos, ¿significa que ya no me puedo enojar? ¡Esto no vale!" Mucha gente, especialmente la gente enojada, simplemente no quiere aceptar el derecho de su pareja de tener esos sentimientos porque, en tal caso, tendrían que renunciar a su propio enojo.

(3) Aceptar un Sentimiento Alienta la Permanencia de ese Sentimiento

Algunas personas temen que cuando aceptan el derecho de su cónyuge de sentirse desanimado, dará permanencia a esta depresión. De veras, esto es un pensamiento horrible. Cristo no se sentía así con el dúo deprimido de Lucas 24. Él sabía que aceptar las emociones de estos hombres era un medio para entender lo que provocaba sus sentimientos, y eso era clave para poderles ayudar.

(4) No Reconocemos que los Sentimientos son el Punto de Partida Para el Cambio Verdadero

Cuando Cristo les preguntó a los hombres por qué estaban tristes, tenía un plan. Él quería identificar el motivo que había generado su depresión. Sabemos que la cabeza mueve al corazón y que el corazón mueve la mano. Cristo los escuchó para identificar las mentiras que los habían llevado a esta depresión profunda. Cuando las identificó, las corrigió, explicándoles con las Escrituras el por qué de Sus sufrimientos y cómo Él mismo había sido glorificado. Cuando los dejó, sus corazones "ardían" dentro de ellos, y estaban llenos de gozo. El Señor sabía que los sentimientos eran el punto de partida para cambiar sus vidas. Él se metió en la sombra de su tristeza para tomar sus manos y guiarlos a la luz de la verdad.

En mi plan de consejería, uso los "ABC de los SENTIMIENTOS". Se ven así:

"A" - ACTIVADO POR UN EVENTO que es interpretado por el

"B" - BANCO DE CREENCIA que causa

"C" - CONSECUENTES SENTIMIENTOS que producen la

"D" - DECISIÓN DE REACCIONAR

En una ocasión, una esposa vino a mí con sentimientos de depresión. Cuando le mostré esta tabla y le pedí que me explicara su depresión, lo hizo de esta manera: "Fue activada por el evento de una discusión con su esposo que a su vez, provocó a su banco de creencia a pensar que Dios la estaba castigando por sus pecados pasados y que por esta razón, le había dado a su esposo para purgarla de esos pecados". Su banco de creencia reveló una opinión errada de Dios, una opinión errada de su esposo y un malentendido del matrimonio, también. Esto la llevó a sentimientos de depresión que resultaron en la decisión de ponerse en la posición fetal y quedarse en la cama por dos o tres días seguidos. Usé la tabla para mostrarle que sus sentimientos eran una ventana de sus verdaderas creencias. Este ejercicio me dio, como consejero, un medio para examinar las creencias que necesitaban corrección para lograr un cambio a largo plazo en su vida. Los sentimientos, entonces, deben ser vistos como el comienzo de un cambio duradero. Esto ayuda mucho a aceptar los sentimientos como legítimos. Así como Cristo aceptó los sentimientos de los hombres de Lucas 24 como un medio para instruirlos, nosotros debemos ver los sentimientos de nuestro cónyuge como la clave para comenzar nuestro ministerio a él o ella.

FALLAMOS AL NO MIRAR MÁS ALLÁ DE LAS FALTAS PARA ENTENDER LAS NECESIDADES

Cuando era niño, percibía a mi padre, un ex-marino, como insensible. No era demostrativo y raramente me expresaba cariño. Esto me hacía suponer que yo no le importaba.

Pasaron los años, y mi percepción persistía, tanto que como adulto limité mis visitas a su casa a solamente pasar una noche.

Imagina mi sorpresa cuando una vez, viéndome guardar las

cosas en el maletero de mi auto, me dijo un poco ásperamente: "¿Cuándo vas a quedarte más de una noche?"

A su manera, mi papá me estaba diciendo lo que yo quería oír. Si hubiera sido niño, al oír su tono de voz habría concluido que yo no le importaba. Pero como adulto podía mirar más allá de su tono de voz para entender su verdadero sentimiento.

Si es verdad que el hombre mira la apariencia exterior, también lo es que no miramos más allá de las faltas para ver la necesidad de otro. Se necesita una medida especial de misericordia para ver a ese joven mal humorado y huraño, y entender que dentro de su armazón estaba un niño vulnerable y herido. Su dureza nos apartaba, y si no hubiéramos tenido cuidado, se habría cancelado cualquier ministerio viable de reconciliación. La mayoría de la gente ha adquirido la antigua práctica de esconder sus sentimientos verdaderos detrás de una máscara u otra forma de auto protección. Si nos fijamos en la máscara, no podremos aceptar los sentimientos detrás de ella. Un cónyuge misericordioso aprenderá a ir debajo de la superficie para descubrir a la persona real que está escondida allí. Aprender a ver "el corazón" es un paso importante para parecerse a Cristo y tener un ministerio de misericordia.

CONCLUSIÓN

La razón del éxito del "Banquete de Amor al Prójimo" es la misma de la comunicación misericordiosa, la cual produce matrimonios exitosos: porque las acciones demuestran el amor verdadero.

El matrimonio cristiano no debe solo reaccionar con gracia ante las dificultades; sino que debe actuar para cambiar estas circunstancias con misericordia. *"No seas vencido de lo malo, sino vence con el bien el mal"* (Romanos 12:21). La mejor manera de vencer lo malo en tu matrimonio es aplicarle una buena dosis de misericordia.

16

¿Cómo Debo Perdonar?

Una esposa cristiana con el corazón roto, sentada frente a mí, recientemente se había enterado de que su esposo le había sido infiel. Miró profundamente a mis ojos y con lágrimas me preguntó, "Hermano Binney, sé que debo perdonar, ¿pero *cómo* debo perdonar?" Como una flecha ardiente esta pregunta me perforó el corazón. Jamás me la habían hecho antes. Había aconsejado a muchos sobre la necesidad de perdonar, pero nunca había pensado acerca de cómo hacerlo. Esta esposa herida quería saber cómo traducir su obligación a acción.

Probablemente ninguna relación tenga tanto potencial para la ira como el matrimonio. Es la única relación humana en la cual un hombre y una mujer están juntos para toda la vida con mucha proximidad transparente. El matrimonio no le permite esconder sus debilidades para impresionar a otro como se hace con un extraño. No hay secretos. El matrimonio expone a los dos cónyuges a presiones y momentos de tensión. Es tierra fértil para que las diferencias emocionales y culturales generen los gérmenes del enojo y la falta de perdón.

Puede ser que tú no has experimentado el aguijón del adulterio en tu matrimonio, pero hay muchas otras cosas que pueden plantar las semillas de amargura. Al pasar los años esta amargura puede madurar y reventar, a plena vista, con efectos venenosos. Esta mujer había demostrado gran madurez y sabiduría al buscar ayuda temprano, cuando todo estaba fresco.

Al reflejar sobre su pregunta, sentí convicción. Si es verdad que *"al que sabe hacer lo bueno, y no lo hace, le es pecado"* (Santiago 4:17), entonces, decirle a una persona que haga el bien sin mostrarle cómo hacerlo puede contribuir a su culpa. ¿Había yo inadvertidamente agregado a la carga de esta pobre esposa? Este pensamiento me llevó a ponerme de rodillas. Muchas veces voy a mis rodillas cuando tengo que aconsejar, más que nada para repetir "la oración del consejero". "Señor, ¿qué le digo a esta mujer?" (Por cierto, hago esta oración muchas veces.)

Dios dirigió mi atención inmediatamente a un pasaje de las Escrituras que había leído muchas veces pero que no había aplicado al perdón en una situación semejante. *"Soportándoos unos a otros, y perdonándoos unos a otros si alguno tuviere queja contra otro. De la manera que Cristo os perdonó, así también hacedlo vosotros"* (Colosenses 3:13). "¡Eso es!" pensé. "¡Esta es la clave del perdón!" No sé por qué esto debía sorprenderme; después de todo, la esencia de la vida cristiana es ser como Cristo. Las Escrituras claramente declaran que *"como él es, así somos nosotros en este mundo"* (I Juan 4:17).

Cristo es el ejemplo supremo de la vida y el vivir. Él es nuestro ejemplo de humildad y servicio hacia otros. *"Pues si yo, el Señor y el Maestro, he lavado vuestros pies, vosotros también debéis lavaros los pies los unos a los otros"* (Juan 13:14). Él es nuestro patrón de la santidad personal. *"Como aquel... es santo, sed también vosotros santos en toda vuestra manera de vivir"* (I Pedro 1:15). Él es nuestro modelo de cómo amar. *"Y andad en amor, como también Cristo nos amó"* (Efesios 5:2). Cuan normal y justo es, entonces, que él sea el modelo para enseñarnos a perdonar.

La clave del perdón es entender cómo Cristo perdonó y emular su ejemplo en nuestro corazón y matrimonio. ¿Cómo perdonó Cristo? No hay un cuadro más perfecto del perdón que nuestro Señor en la cruz del Calvario. Vayamos allá para ver cómo Él perdonó.

ÉL SUFRIÓ POR LOS PECADOS DE OTROS

Todos sabemos, en sentido general, que tenemos que sufrir las consecuencias de nuestros propios pecados. Sin embargo, la idea de sufrir por los pecados de otro es detestable y contraria a cada fibra del hombre natural. Pero esto era precisamente lo que estaba en el centro de su deseo de perdonarnos.

Las Escrituras dicen claramente que la razón por la cual Jesucristo fue a la cruz fue para sufrir en nuestro lugar y recibir el castigo por nuestros pecados sobre Sí mismo. *"Y a vosotros, estando muertos en pecados y en la incircuncisión de vuestra carne, os dio vida juntamente con él, perdonándoos todos los pecados, anulando el acta de los decretos que había contra nosotros, que nos era contraria, quitándola de en medio y clavándola en la cruz"* (Colosenses 2:13-14).

En los días cuando esto fue escrito, según la ley romana, si un hombre cometía un delito, las ofensas eran escritas en un documento. Ese documento era clavado en la puerta de su celda hasta cumplir su sentencia y pagar la pena de todos sus delitos. Las leyes u "ordenanzas" que había violado estaban a plena vista para que todos las vieran. Como el documento estaba escrito a mano, se llamaba "las ordenanzas a letra escrita" contra el prisionero.

Cuando el prisionero había cumplido su sentencia, el documento se quitaba de la puerta de su celda. El magistrado luego escribía encima: "Consumado es" y se lo devolvía al prisionero, como prueba de haber pagado su deuda a la sociedad. Si alguien lo cuestionaba en la calle, solo tenía que mostrar el documento como evidencia de que estaba absuelto y tenía derecho pleno a la libertad.

El cuadro aquí de nuestro Señor es verdaderamente hermoso. Lo vemos cruzando el pasillo largo de la prisión desde la historia pasada hacia la eternidad futura. Este pasillo alberga a todo prisionero del pecado que haya vivido y aquellos "decretos" representan todo pecado imaginado o practicado por la raza humana. Comienza Su travesía el Señor, parándose enfrente de cada puerta de la cárcel (incluyendo la tuya) y quitando el documento que estaba en su contra. Siguió su travesía, parándose en cada puerta hasta

234 El Ministerio del Matrimonio

que hubo recogido todas las acusaciones. Luego se las llevó de la prisión, las cargó en la cruz y las clavó allí. A continuación derramó Su preciosa sangre para pagar por todo los pecados, clamando: "¡Consumado es!"

Cristo perdonó cuando sufrió por los pecados de otros. Pero, para llegar al punto, querido amigo, Cristo sufrió por tu pecado. *"Ciertamente llevó él nuestras enfermedades, y sufrió nuestros dolores... él herido fue por nuestras rebeliones, molido por nuestros pecados; el castigo de nuestra paz fue sobre él, y por su llaga fuimos nosotros curados... Jehová cargó en él el pecado de todos nosotros"* (Isaías 53:4-6).

Temo que a veces perdemos de vista el significado de esto al fijarnos en el cuadro general de Cristo muriendo por los pecados de todos los hombres. Sí, Él murió por los pecados de todo el mundo, de una vez y para siempre. Sin embargo, perder de vista el hecho de que fueron tus pecados los que lo colgaron allí, es perder algo muy precioso. El pastor Tozer comenta sobre este pasaje en Isaías con estas palabras punzantes:

> *"Una enorme sombra está sobre todo hombre y toda mujer y es el hecho de que nuestro Señor fue molido y herido y crucificado por toda la raza humana. Esta gran culpabilidad humana procuran los hombres borrar y evadir.*
>
> *No culpemos elocuentemente a Judas, ni a Pilato. No hagamos gestos de desprecio a Judas, acusándolo: "¡Lo vendiste por dinero!"*
>
> *Debemos compadecer a Pilato, el débil, porque no tuvo el suficiente valor para defender a un hombre inocente que él mismo había declarado que no había hecho ningún mal.*
>
> *No maldigamos a los judíos por entregar a Jesús para ser crucificado. No escojamos a los romanos para culparlos de poner a Jesús en la cruz.*

¡Ah, ellos eran culpables, sin duda! Pero, ellos eran nuestros cómplices en este crimen. Ellos y nosotros Lo pusimos en la cruz. No fueron ellos solamente. Esa malicia e ira que surge y arde tan fuertemente en tu pecho hoy, lo hizo sufrir allí. Esa deshonestidad que sale tan naturalmente a la luz en tu ser cuando, a sabiendas, engañas y robas en la declaración de tus impuestos, lo colgó en la cruz. La maldad, el odio, la sospecha, los celos, la lengua mentirosa, la carnalidad, el amor carnal que busca placer - todo lo que hay en el hombre natural se juntó y se cargó en Su cuerpo en la cruz.

Debemos admitirlo. ¡Todos los que somos de la raza de Adán tuvimos nuestra parte en ponerlo en la cruz![1]

Ahora se pone personal; así como Jesús sufrió por los pecados de los hombres, Dios nos llama a nosotros a seguir Su ejemplo. *"Acordaos de la palabra que yo os he dicho: El siervo no es mayor que su señor. Si a mí me han perseguido, también a vosotros os perseguirán"* (Juan 15:20). Claramente, éste es un llamado a los cristianos a sufrir persecución. *"Y también todos los que quieren vivir piadosamente en Cristo Jesús padecerán persecución"* (II Timoteo 3:12).

Además, Jesús aclara que esta persecución es algo que Él mismo padeció. Su voluntad de sufrir en el lugar y por la causa del hombre, no está limitada a Él solamente, sino que Su sacrificio debe ser emulado por Sus seguidores. *"Haya, pues, en vosotros este sentir que hubo también en Cristo Jesús, el cual... se humilló a sí mismo, haciéndose obediente hasta la muerte, y muerte de cruz"* (Filipenses 2:5-8).

No tener la mente de Cristo revela un malentendido exagerado de la relación que compartimos con Cristo, siendo Él nuestro amo y nosotros Sus siervos. Lo que Él soportó, debemos nosotros soportar. No querer hacer esto, o sentir que es injusto, es la arrogancia máxima e indica un corazón lleno de orgullo. *"El siervo no es mayor que su señor"* (Juan 13:16).

¿Qué provoca que una persona, cuyos pecados clavaron a Cristo en la cruz, y quien se regocija de Su perdón misericordioso, dé la espalda a la cruz para enojarse con su semejante? ¿Qué lo induce a encontrar a otro pecador como él, que lo ha ofendido en menor manera, y rehuse perdonarlo? ¿Qué hace que un esposo acepte el perdón de Dios por sus propios pecados y rechace el mandamiento de Dios de perdonar a su esposa? ¿Qué hace que una esposa se goce del perdón que satisfizo su hambre y luego se enoje por la debilidad de su esposo cuya afrenta ella no perdona? ¿Puede ser el orgullo? ¿Puede ser una manifestación no expresada de que, de alguna manera, ella se siente mejor que su Señor?

Lo que ellos están diciendo es: "Gracias, Cordero inocente de Dios, por sufrir por mis pecados y por los pecados de otros, *pero no me pidas que yo haga lo mismo.*"

La opinión de Dios sobre tal postura es clara en Mateo 18:21-35. Este texto bíblico cuenta la historia de un siervo cuyo amo le perdonó una deuda enorme. El cálculo del valor de su deuda era como un millón de dólares en el día de hoy. Luego, la persona perdonada salió y encontró a su consiervo que le debía tan solo $15.00. Como el consiervo no podía pagar, lo echó en la cárcel de deudores hasta pagar la deuda. Cuando el amo oyó esto, le llamó al siervo insensible y le dijo: *"Siervo malvado, toda aquella deuda te perdoné… ¿No debías tú también tener misericordia de tu consiervo, como yo tuve misericordia de ti? Entonces su señor, enojado, le entregó a los verdugos, hasta que pagase todo lo que le debía"* (Mateo 18:32-34). Entonces sigue una advertencia solemne del mismo Señor Jesús: *"Así también mi Padre celestial hará con vosotros si no perdonáis de todo corazón cada uno a su hermano sus ofensas"* (Mateo 18:35).

¿Puede ser que el pecado más grande sea el de rehusar perdonar a otro, después de ser perdonado? ¿Sería por esto que la ira de aquel amo fue dirigida al siervo malagradecido?

Quizás tú, como esa mujer que me preguntó cómo podía perdonar, has sido víctima de pecados de tu cónyuge. Si pudieras salir en uno de los programas de entrevistas de la televisión y contar tu historia, seguramente recibirías mucha solidaridad. Probablemente, encontrarías que la gente te alentaría a seguir con tu devoción inquebrantable a tu amargura y determinación de vengarte.   Pero eso no hace que sea correcto.   Podrías irte al estacionamiento de un centro comercial, poner en fila a mil personas, contarles tu historia y probablemente convencerlos para estar de acuerdo contigo en tu derecho de enojarte.   ¡Pero no pongas a Jesús en esa fila!

Sufrir por el pecado de otro es lo que el creyente bíblico debía esperar.   De hecho, uno tendría dificultad en identificar algún sufrimiento humano que no se pueda trazar, directa o indirectamente, a la maldad de otro ser humano… incluso en el mismo Huerto de Edén.

No es suficiente, sin embargo, solo reconocer que te maltratarán, y que el sufrimiento es una parte normal de la vida cristiana. Tal admisión pasiva no te motivará a sufrir las ofensas de otro.   Esto es exactamente lo que Cristo señala en I Juan 3:16: *"En esto hemos conocido el amor, en que él puso su vida por nosotros; también nosotros debemos poner nuestras vidas por los hermanos"*.   En esta declaración, Juan amplía el tema de la persecución al sufrimiento voluntario por las transgresiones de otros.

El principio para perdonar como Cristo significa emular Su voluntad perdonar de corazón el sufrimiento impuesto sobre Él por los hechos de hombres pecadores.   Sí, tú puedes haber sufrido en tu matrimonio; incluso puedes haber sufrido por causa de tu cónyuge, pero nadie jamás fue más víctima del pecado ajeno que nuestro Señor Jesucristo.   Su prontitud de recibir el oprobio debe ser emulado por nosotros.   Es clave para nuestra práctica del perdón.

JESÚS ORÓ POR SUS ENEMIGOS

Cristo reunió a Sus discípulos y les dijo estas palabras penetrantes: *"Pero yo os digo: Amad a vuestros enemigos, bendecid a los que os maldicen, haced bien a los que os aborrecen, y orad por los que os ultrajan y os persiguen"* (Mateo 5:44).   Estas no eran palabras huecas, dichas por nuestro Señor.   No eran aseveraciones de algún teólogo de butaca cuyas manos jamás se ensuciaron por el contacto con el mundo real.   Eran Su práctica común, vívidamente ilustrada en la cruz cuando dijo: *"Padre, perdónalos, porque no saben lo que hacen"* (Lucas 23:34). ¡En esta oración dolorosa hay ingredientes claves, principios transformadores que hicieron de Su oración un poderoso modelo para ti!

Jesús apeló al Padre Por Ellos

Cuando el Señor Jesús hizo aquella oración, Él, más que nadie, conocía la profundidad de la necesidad de los malhechores. Había experimentado de primera mano la punzada de su veneno. Era su ira la que los dirigía, su odio lo que lo condenó a Él. Fueron sus manos las que lo ataron y magullaron. Eran sus ojos, con mirada salvaje, los que Él miraba mientras oraba. Fueron sus pecados los que lo clavaron en la cruz; y fue por encima de la cacofonía creciente de voces burlonas, entre puños levantados y gritos por su sangre que Su oración fue Cristo elevada hasta el cielo.

Es precisamente porque Cristo ha experimentado estas cosas que era el más cualificado para orar por Sus enemigos. Piensa en ello. En esa multitud estaban los fariseos y saduceos, los líderes de la nación altamente respetados y honrados. Sus corazones estaban llenos de envidia y odio y sin embargo, por su apariencia externa, eran la personaficación de la santidad y reverencia. ¿Por qué hubieran querido orar sus seguidores por ellos? Jesús los conocía mejor. Él había sentido el latigazo y su sed de sangre, y conocía lo que había en el hombre. Por eso oró por ellos.

¿Quién mejor que tú para orar por tu enemigo, aun si consideras a tu cónyuge como tu enemigo? Eres el testigo ocular de su fracaso y has experimentado en primera persona su depravación. ¿Quién podría estar más motivado a orar por las necesidades de tu cónyuge que tú, la persona a quien Dios ha permitido ver su gran necesidad? Por cierto, no serán las personas de la iglesia, las que están impresionadas con la espiritualidad de tu cónyuge, tampoco las personas que ven a tu esposo en un rol clave de liderazgo espiritual, ni la congregación que observa a tu esposa piadosa cantando en el coro. ¿Por qué no? Porque Dios no los llamó a orar por sus amigos, como te ha llamado a ti a orar por tus enemigos.

Este es un llamado glorioso y santo, un depósito de la confianza de Dios. Orar por el encargo soberano de esta persona en tu vida, orar conociendo su necesidad y orar bajo una carga de dolor es la oportunidad más grande de interceder por otro con propósito. Esto no es solo una comisión divina, sino un ejercicio del plan de Dios.

Es más que una oportunidad; es una responsabilidad santa. Pero es una responsabilidad que muchas personas han eludido. Ellos han justificado su abandono en base a su dolor, a lo injusto de todo, a lo malo del enemigo o a su necesidad de venganza. Pero todos, no obstante, la han eludido. Alguien a quien Dios ha designado para recibir oraciones especiales no las está recibiendo. Alguien cuya esperanza está en su intercesor especialmente asignado ha perdido aquella esperanza porque su intercesor rechazó su encargo. Me pregunto, si la verdad se supiera, cuántas almas andan cojeando por la vida, atadas por su pecado, simplemente porque alguien no quiso orar por ellas.

Gracias a Dios, que el ministerio de intercesión que Cristo comenzó en el Calvario se lleva a cabo hasta el día de hoy. Él vive para hacer intercesión por nosotros, y Él te llama a hacer lo mismo por tu cónyuge.

Él Se Enfocó en Su Debilidad y No En Su Maldad

Jesús oró: *"Padre, perdónalos porque no saben lo que hacen"*. Él podría haber estado furioso con estas personas, pero decidió mirar a su grado de inocencia y no a su grado de culpabilidad. Su inocencia estaba en su ignorancia.

La ignorancia puede estar relacionada a la enormidad de su crimen. Este no era un mero hombre al que estaban crucificando, sino al Mesías, al Cristo, al Señor de los señores. Puesto que el énfasis de la oración de Cristo era que *"no saben lo que hacen,"* se puede sostener esta interpretación. La historia realmente apoya el hecho de que había poca conciencia de que Él era realmente el Hijo de Dios, aun hasta después de Su muerte.

Por el otro lado, es probable que la oración de Cristo indicara que la falta total de comprensión de ellos fuera lo que los impulsara a actuar de esa manera: *"no saben lo que hacen"*. Después de todo, ¿cuántos criminales entienden por qué hacen lo que hacen? Si pudieras congelar la imagen de una típica acción hiriente y luego preguntarle al culpable: "¿Por qué hiciste esto? ¿Por qué actuaste tan cruelmente?" no podría contestarte. El pecado no tiene que ver con la lógica, sino con las emociones. La fuente de estas emociones es el corazón. *"Engañoso es el corazón más que todas las cosas, y perverso; ¿quién lo conocerá?"* (Jeremías 17:9). ¿Quién entre nosotros no ha sido culpable alguna vez de hacer algo y luego preguntarse: "¿Por qué lo hice?"

Aunque la ignorancia no justifica el pecado, se nos presenta la oportunidad para mostrar misericordia. Apenas dos meses después del homicidio horrendo de este Hombre Inocente, Pedro confrontó a las mismas personas responsables. Les declaró abiertamente: *"A quien vosotros entregasteis y negasteis delante de Pilato, cuando éste había resuelto ponerle en libertad"*. Se puso aun más directo en su acusación: *"Mas vosotros negasteis al Santo y al Justo, y pedisteis que se os diese un homicida"*. Y aprovechándose de esta oportunidad, les dijo: *"Y matasteis al Autor de la vida"*. Entonces, extrañamente, Pedro cambia de tono. Suaviza su voz y baja el volumen y casi con ternura, dice: *"Mas ahora, hermanos, sé que por ignorancia lo habéis hecho, como también vuestros gobernantes"* (Hechos 3:13-17). El apóstol Pablo estaba de acuerdo con Pedro. Él se refirió a la *"sabiduría oculta"* de Dios, la cual *"ninguno de los príncipes de este siglo conoció; porque si la hubieran conocido, nunca habrían crucificado al Señor de gloria"* (I Corintios 2:8).

Reflexionando sobre su persecución contra la Iglesia, el apóstol Pablo admitió cándidamente, *"habiendo yo sido antes blasfemo, perseguidor e injuriador,"* pero alabó a Dios por Su misericordia y bondad, diciendo: *"mas fui recibido a misericordia, porque lo hice por ignorancia, en incredulidad"* (I Timoteo 1:13).

Si hay algo de ignorancia en una ofensa, se necesita juzgar con misericordia. Esta misericordia llegará a ser el catalizador para orar por tu cónyuge que te ha ofendido, como lo hizo Jesús, rogando a Dios que lo perdone a él o a ella. Tal oración es una expresión de perdón. Pero todo comienza con la sensibilidad y conciencia de la medida de ignorancia de tu ofensor. Algunas preguntas básicas pueden ayudarte a ver la debilidad del que te ha ofendido: (1) ¿Hasta qué punto trató de no pecar? (2) ¿Cuán fuerte era el poder que le asediaba? (3) ¿Hasta qué punto sufrió a consecuencia de su pecado? (4) ¿Qué influencias particulares lo hicieron vulnerable? Y (5) ¿qué hubiera hecho yo bajo las mismas circunstancias?

Jesús decidió mirar las debilidades de Sus ofensores y enfocarse en su ignorancia. Cuando piensas en el que te ha ofendido, ¿qué piensas hacer?

El Señor Deseaba Restauración, No Represalias

Cuando yo era niño y los chicos más grandes me amenazaban, yo soñaba con que era Supermán, con poderes ilimitados y una fuerza sobrehumana. ¡Entonces les daría una lección a estos bravucones! Afortunadamente para los bravucones y para mí, mi deseo nunca se hizo realidad. Dios no podría confiarme nunca tanto poder de destrucción. Por el otro lado, yo lo podía confiar en las manos de Cristo, y ¡Cristo tiene todo poder! Cuando colgaba en la cruz, Él tenía a Su disposición ¡todo el poder en el cielo y en la tierra! Un escritor de música trató de captar esta idea cuando escribió: "Podría haber llamado a diez mil ángeles para destruir al mundo, y liberarse. Podría haber llamado a diez mil ángeles, pero murió a solas por ti y por mí." Sin embargo, el escritor estaba equivocado; de acuerdo a la Biblia, Jesús podría haber llamado a *doce legiones* de ángeles (Mateo 26:53), ¡y esto equivale a 72.000 ángeles! ¡En 2 Reyes 19, un ángel destruyó a 185.000 asirios en una noche! ¡Imagina qué estrago podrían haber causado 72.000 ángeles en el Monte Calvario! Si alguien tenía el poder para vengarse, era Cristo. Si alguien poseía los recursos para atacar al enemigo, era Cristo. Si alguien tenía la capacidad de exigir retribución por el mal hecho contra sí, era Cristo. Pero él no quería nada de esto. ¿Qué era lo que Él quería?

Quería restauración, no represalias. Oró por el perdón, la limpieza y la sanidad espiritual de sus verdugos.

¿Qué quieres tú para tu enemigo? Si tuvieses el poder y pudieras hacer cualquier cosa que desearas con impunidad, sin que nadie nunca supiera o le importara, ¿qué harías a la persona que te hirió tan profundamente? Desear menos que lo que deseó Cristo, buscar un bien menor del que Él buscó, no perdonar como Él lo hizo, sería burlarse de Su ejemplo y hacer caso omiso de Sus enseñanzas.

Él Vio el Propósito Mayor de Dios en Su Sufrimiento

Si hubiera alguna respuesta al sufrimiento, al dolor y a la injusticia de la vida, sería la de poseer una visión clara del propósito más alto del dolor. Yo sé. Tuve que aprender esa lección por mí mismo. Como niño, tenía una naturaleza sensible, de hecho, demasiado sensible en algunos casos. Esto estoy seguro, me llevó a interpretar los eventos de la vida de una manera que era menos que objetiva. Esto hizo que mi relación con mi padre sufriera porque yo lo percibía como una persona dura e insensible. Cualquiera que hubiera sido la realidad de la situación, mi percepción me causaba un dolor indecible; y me lo aguantaba lo más que podía, siempre preguntándome por qué había sido destinado a tanta infelicidad. Cuando tenía dieciséis años me fugué de casa para hacer mi propia vida. Afortunadamente, la gracia soberana de Dios dirigió mis pasos hacia la Academia de Bob Jones, en Carolina del Sur, un internado donde al poco tiempo llegué a conocer a Cristo. Seguí, de todos modos, cargando el pasado y no sabiendo cómo bregar con mi relación con mi padre. Pasaron ocho años más después de confiar en Cristo, y todo el tiempo Dios me empujaba, instándome a arreglar las cosas con mi papá. Finalmente fui a verlo y hablamos. Hablamos del perdón, de la comprensión y de la reconciliación. Vi un lado de él que nunca había visto antes, y me fui aquel día en paz con mi Dios, con mi padre y conmigo mismo.

Seguí reflexionando sobre mi vida, y todavía no hallaba las respuestas a los por qués. ¿Por qué Dios había permitido que un niño pequeño tuviera que aguantar tales cosas innecesariamente?   Me acuerdo que como un niño de ocho años, después de un tiempo difícil en mi vida, me paré en un campo detrás de nuestra casa para orar. "Dios", comencé, "si eres un Dios de amor, ¿por qué permites que esto le suceda a un niño pequeño?" Dios oyó mi pregunta y me ayudó a comprenderlo por las Escrituras. El texto que me dio dice: *"Bendito sea el Dios… Padre de misericordias y Dios de toda consolación, el cual nos consuela en todas nuestras tribulaciones, para que podamos también nosotros consolar a los que están en cualquier tribulación, por medio de la consolación con que nosotros somos consolados por Dios. Porque de la manera que abundan en nosotros las aflicciones de Cristo, así abunda también por el mismo Cristo nuestra consolación. Pero si somos atribulados, es para vuestra consolación"* (II Corintios 1:3-6). Dios me reveló que el que hace todas las cosas para mi bien eterno, permitió una medida de dificultad en mi vida para poder mostrarme Su consuelo. Este consuelo llegó a ser el fundamento para mi ministerio actual. Cuando un desfile de almas heridas entró en mi vida, buscando consuelo y consejo, pude identificarme con su sufrimiento. Yo compartía su dolor, y así pude compartir el consuelo que se me había dado a mí. Si no hubiese experimentado el dolor, no habría podido disfrutar del consuelo tierno de Dios. Si no hubiese experimentado eso, mi ministerio habría sido radicalmente diferente. A menudo le doy gracias a Dios por el privilegio de haber tenido que sobrellevar un poco de dolor en mi niñez, algo que sufrí por tener un carácter sensible, porque mi sufrimiento fue usado por Él para prepararme a ayudar a otros también. ¡Qué bendición!

Tuve que pasar por la experiencia y ver los resultados antes de poder agradecerle por estas pruebas. Desearía poder decir lo contrario, que le había dado gracias a Dios por fe, antes de comprenderlo como lo comprendo ahora. Quisiera no haber perdido tanto tiempo, albergando emociones de ira, y que hubiese perdonado y buscado el perdón de mi padre mucho antes.

Gracias a Dios que el Señor Jesucristo enfrentó el sufrimiento y aceptó el dolor antes de pasar por ellos. Estaba preparado para el Calvario, pero sus horas finales en Getsemaní fueron las más difíciles. ¡Qué agonía tuvo que soportar: la soledad, ser abandonado por sus seguidores y la lucha espiritual! Tanto fue Su sufrimiento, que confesó a Sus discípulos: *"Mi alma está muy triste, hasta la muerte"* (Mateo 26:38). Nuestro precioso Salvador sufrió en Su espíritu como ningún hombre jamás había sufrido. Él nunca había pecado, nunca había violado Su conciencia y era tan puro de corazón y tan tierno de espíritu que no podía pensar en la menor indiscreción sin angustiarse. Ahora debía enfrentar la posibilidad de *"ser hecho pecado por nosotros"*. Esto lo empujaba al mismo precipicio de la muerte. *"Y estando en agonía, oraba más intensamente; y era su sudor como grandes gotas de sangre que caían hasta la tierra"* (Lucas 22:44). ¿Cómo puede la mente humana de un pecador entender esto? ¿Quién puede haber experimentado tanta angustia espiritual y haber visto la sangre salir de sus poros por tanto estrés? Estaba tan agotado y débil que un ángel tuvo que ser enviado del cielo para fortalecerlo.

Cristo pidió en dos ocasiones diferentes que Dios le quitara esa "copa", pero en cada caso templó su oración con una humilde sumisión a la voluntad de Dios. *"Padre mío, si es posible, pase de mí esta copa; pero no sea como yo quiero, sino como tú"* (Mateo 26:39).

Durante siglos hubo mucho debate sobre lo que significaba la palabra "copa". ¿Qué estaba en esa copa que hizo que Cristo temblara tanto? No creo que haya sido el dolor físico que iba a pasar. Lo enfrentó calmadamente y en quietud. *"Angustiado él, y afligido, no abrió su boca; como cordero fue llevado al matadero; y como oveja delante de sus trasquiladores, enmudeció, y no abrió su boca"* (Isaías 53:7). En todo su sufrimiento físico, no dijo ni una palabra de protesta o dolor. Estaba preparado para enfrentar el dolor, "aun la muerte en la cruz".

Cualquiera otra cosa que esta "copa" pudiera haber representado, era también la amenaza de perder la cosa que era más preciosa para Cristo. Justo antes de entrar al huerto, en presencia de Sus discípulos Jesús oró; y, oh, ¡qué oración! Si quieres realmente conocer a alguien, ora con él. Si realmente quieres conocer el corazón de

Cristo, escucha Su oración.   Más importantemente, nota Sus expresiones de amor por Su Padre, oye Su regocijo por la unidad que tenía en Su relación íntima de Padre e Hijo.   *"Para que todos sean uno; como tú, oh Padre, en mí, y yo en ti… para que sean uno, así como nosotros somos uno"* (Juan 17:21-22).   Si había una cosa que Cristo atesoraba sobre cualquier otra, era Su comunión con el Padre.   Su unión jamás había sido rota. Pero ahora, Jesús se dio cuenta que para pagar el precio total del pecado del hombre, Él tenía que recibir la carga del pecado del mundo en Su cuerpo.   Esto significaba que todo el pecado de la humanidad, desde el primer pecado en el Huerto de Edén hasta el fin del mundo, tendría que recogerse y comprimirse en la hora y el lugar de Su muerte.   *"Al que no conoció pecado, por nosotros lo hizo pecado, para que nosotros fuésemos hechos justicia de Dios en él"* (II Corintios 5:21).   Él también sabía que Su Padre era *"muy limpio… de ojos para ver el mal, ni [podía] ver el agravio"* (Habacuc 1:13), y que esto significaba solo una cosa; que cuando llegó ese momento, cuando Jesús fue hecho pecado, la comunión entre Él y Su Padre se interrumpiría.   El rostro del Padre se apartó de Él y en ese momento en la cruz, donde el grito más desgarrador y agonizante que jamás haya escapado de los labios de un hombre estalló en las páginas de la historia y ha retumbado desde entonces por los corredores del tiempo: *"Dios mío, Dios mío, ¿por qué me has desamparado?"* (Mateo 27:46).

¿Entonces qué fue lo que llevó a Jesús a la cruz?   ¿Qué podría haberle hecho pasar por lo que más temía?   A través de Sus ojos de fe, Él sabía que Dios tenía un propósito mayor y santo para esta hora.   El destino de toda la humanidad descansaba en este momento histórico.   *"Sin derramamiento de sangre no se hace remisión [de pecado],"* y Él sabía que este era el propósito de haber tomado forma humana. Del otro lado de la cruz estaba la seguridad de que habría redención eterna por medio de la fe en Su muerte.   Fue este enfoque (como la punta de un láser), esta concentración en el bien mayor, lo que sostuvo a Cristo en el huerto y a través del doloroso muro de separación de Su Padre.   *"El cual por el gozo puesto delante de él sufrió la cruz, menospreciando el oprobio, y se sentó a la diestra del trono de Dios"* (Hebreos 12:2).

Había mucha gente en la vida de Cristo que necesitaba Su perdón. Desde Su nacimiento hasta la hora de Su sufrimiento y muerte, Jesús fue perseguido por hombres malvados, escarnecido por bocas viles y matado por manos asesinas, sin embargo, Él pudo perdonar. ¿Por qué? Porque jamás perdió de vista el más alto llamado del Padre para Su vida. Él se negó a renunciar a Su visión de cumplir el propósito santo de Su muerte. Sabía que después que todo fuera dicho y hecho, de nuevo se uniría a Su Padre a la *"diestra del trono de Dios"*. ¡Este era el *"gozo puesto delante de Él"*!

Hubo un breve momento cuando fue abandonado por Su Padre, pero nuestro Dios fiel tenía un propósito para tales momentos. Cuando nuestro hijo Jonathan tenía cinco años, lo llevamos a un centro comercial para hacer las compras de Navidad. En el área del centro comercial había habido una serie de incidentes de secuestros de niños, y lo menos que pudimos hacer era tener cautela. Le dijimos a Jonathan que se quedara cerca; pero las cosas que veía, los sonidos y el aroma del centro comercial eran una constante distracción para él. Me di cuenta de que un simple "quédate cerca, hijo" no bastaba, así que tomé a Sandra y nos escondimos detrás de uno de los pilares que sostenía el atrio del centro comercial. Jonathan estaba felizmente inconsciente de nuestra ausencia. Estaba emocionado por lo que pasaba a su alrededor. Entonces se dio cuenta: "¡Estoy solo en este lugar enorme! ¡No están cerca ni mi mamá ni mi papá!" Comenzó a mirar a su alrededor. Le dije a Sandra: "Todavía no". Y Jonathan comenzó a caminar en círculos, confundido. "Todavía no". Su labio comenzó a temblar. "Todavía no." Finalmente, se quedó quieto y se llenaron sus ojos de lágrimas. "Ahora", le dije. Salimos de detrás del pilar, y cuando Jonathan nos vio, sus piernas se llenaron de las fuerzas de un corredor profesional. Se precipitó hacia mí, me abrazó y no me quiso soltar. Por el resto de nuestro paseo, no tuvimos problema de que se quedara cerca, sino, más bien, el problema fue cuidar que no me pisara los talones. Hasta quería tener su mano en mi bolsillo por temor a perderme. Ahora, ¿podría una persona racional pensar por un momento que yo no amaba a mi hijo porque me escondí de él por unos milisegundos de la eternidad? ¡Absolutamente que no! Yo tenía un plan mejor para él, solamente que necesitaba sufrir un poco para lograrlo. ¿Tú crees que tu Padre celestial no te ama cuando te parece que ha escondido su rostro de ti? ¡Absolutamente que no! Él tiene un propósito más alto para ti, el cual Él ve claramente. Que Dios te ayude a aceptar esta verdad por fe. Porque entonces habrás hallado la clave para perdonar como Cristo perdonó.

Conclusión

Si tu vida va a prosperar y tu matrimonio va a disfrutar de las bendiciones de Dios, debes comenzar a perdonar como Cristo te perdonó. *"Quítense de vosotros toda amargura, enojo, ira, gritería y maledicencia, y toda malicia"* (Efesios 4:31).

¿Qué pasó con la mujer que me preguntó: "¿Cómo debo perdonar?" Ella perdonó, de corazón, a su esposo; y todavía, después de mucho tiempo, ellos siguen disfrutando de la paz y el gozo que son frutos de saber cómo perdonar.

---

[1]Gerald B. Smith, ed., The Tozer Pulpit: Twelve Messages on Well-Known and Favorite Bible Texts (Harrisburg, Pa.: Christian Publications, 1975), 34-35.

17

El Ministerio De La Sexualidad

*"Y consoló David a Betsabé su mujer, y llegándose a ella durmió con
ella"*

(II Samuel 12:24).

Según cualquier estándar, la antigua ciudad de Corinto representaba la peor inmoralidad y decadencia sexual de su día. Como centro de la adoración a Venus, destacaba, aun en el mundo pagano, por su libertinaje. De hecho su mismo nombre llegó a ser un sinónimo del pecado. Ser un "corintio" significaba practicar los extremos de la perversión moral. Más de 500,000 personas habitaban esta ciudad, conocida por su belleza y opulencia, muchos de ellos atraídos por la promesa singular de maldad desenfrenada.

Dios dirigió al apóstol Pablo a establecer una de las primeras iglesias en esta ciudad. Durante el año y medio que trabajó allí, ganó a muchos de sus ciudadanos para Cristo - algunos de la clase baja, otros de la clase alta, pero todos sumergidos en la cultura carnal que les rodeaba. Muchos de ellos fueron redimidos de un pasado reprensible de inmoralidad desenfrenada.

Por esta razón y por una sincera, pero errada, idea de que la abstinencia sexual produciría una espiritualidad superior, algunas personas pensaban que era mejor no casarse, mientras otros pensaban que era mejor separarse totalmente de su cónyuge para servir a Dios, abandonando la relación sexual por completo. Esta práctica surgió en parte por su manera de ver al cuerpo, con sus instintos naturales, como intrínsecamente malo, y en parte porque se creía que el sexo era solo para la auto-gratificación egoísta. Pablo resolvió corregir este error subrayando la necesidad de ver el sexo en el contexto de un ministerio al cónyuge. *"El marido cumpla con la mujer el deber conyugal, y asimismo la mujer con el marido. La mujer no tiene potestad sobre su propio cuerpo, sino el marido; ni tampoco tiene el marido potestad sobre su propio cuerpo, sino la mujer"* (I Corintios 7:3-4).

Hoy en día, el matrimonio cristiano enfrenta algunos de los mismos problemas. Una tendencia común entre los muy extremistas es permitir que el péndulo de comportamiento se balancee de un extremo al otro: de la inmoralidad abierta a la abstinencia sexual; del libertinaje al legalismo. Se pensaría que una persona redimida de un pasado perverso hubiera tratado de evitar cualquier relación o actividad que le recordara su pecado pasado.

Por el otro lado, el cristiano carnal, aun bajo la influencia de su pasado, podría creer que el sexo en el matrimonio, según su punto de vista, sirve solamente como un medio de placer personal, en vez de verlo como un ministerio de compasión.

Pablo enfatiza la necesidad de cooperar con el cónyuge, satisfaciendo su necesidad sexual, no para manipularlo, sino para ministrar a su necesidad.

Es esencial tratar esta parte crucial del matrimonio con la mentalidad de no ir al lecho matrimonial para recibir, sino para dar; no para ser servido, sino para servir. Si la gratificación propia y el placer egoísta son la motivación principal para el sexo, jamás disfrutarás de la plena bendición de Dios para tu matrimonio. Uno puede orar con sinceridad para tener más emoción en su vida íntima, pero sin darse cuenta, *"pedís mal, para gastar en vuestros deleites"* (Santiago 4:3).

Este fue el propósito del apóstol cuando lo escribió. Él deseaba establecer la meta de tener un ministerio sexual mutuo y de deferencia a su cónyuge en el matrimonio, enfatizando las necesidades de su cónyuge en vez de las suyas.

Esta manera de pensar es extraña para la mayoría de los cristianos de nuestro día. De hecho, está tan radicalmente lejos de la manera moderna de ver el sexo que algunos lo encuentran difícil de aceptar. Un "ministerio sexual" les suena como una contradicción de términos. Ellos preguntan: "¿Cómo puede ser sexo y un ministerio a la vez?" La palabra "ministerio" tiene un tono espiritual y una connotación de santidad. La idea de que el sexo está lejos de lo espiritual puede tener más que ver con su pasado que con la Palabra de Dios. Puede ser un reflejo de nuestra propia filosofía equivocada. Como los corintios de antaño, muchos de los cristianos de hoy necesitan despojarse de los lienzos de la tumba del pasado y seguir la enseñanza bíblica de ministrar a su cónyuge por medio del sexo.

David entendió esto. Después de su adulterio con Betsabé, nació un bebe, pero el niño vivió solo siete días. Inmediatamente después de la muerte del bebé, David fue a la casa del Señor y adoró. Después de reestablecer la comunión con Dios, se fue a su casa, y a su esposa.

Betsabé, por cierto, tuvo que tratar con su propio dolor; estaban sobre ella el peso de su culpa y los efectos de su pecado; pero había más - como madre debía entender que su pecado había sido la causa de la muerte de su niño. Para una madre, perder un hijo es en sí una carga dolorosa, pero cuando consideramos todas las cosas, esta mujer llevaba una herida que resistía la sanidad, hasta que su esposo volvió a casa después de su tiempo con Dios. Como David había sido consolado, podía consolarla a ella, y como él sabía que ella necesitaba un ministerio sexual, él suplió esa necesidad. *"Y consoló David a Betsabé su mujer, y llegándose a ella durmió con ella"* (II Samuel 12:24).

Con el resplandor de la presencia de Dios con él todavía, David fue del Templo al lecho matrimonial. Él consideraba que tanto el uno como el otro eran encuentros espirituales.

Este es el punto de vista sobre la sexualidad que necesitan entender los esposos cristianos hoy en día. El acto sexual es sumamente espiritual. Es la voluntad de Dios, y le place, y puede hacerse en el espíritu de tus oraciones, porque estás ministrando a tu cónyuge. ¿Pero cómo se adquiere esta filosofía? ¿Cómo cambia uno su percepción de la sexualidad después de años de pensar lo opuesto?

La respuesta se encuentra en volver a lo básico y comenzar de nuevo, volviendo a aprender la verdad que te hará libre. Es necesario desaprender las *"filosofías y huecas sutilezas"* que son *"según las tradiciones de los hombres, conforme a los rudimentos del mundo, y no según Cristo"* (Colosenses 2:8). Es necesario ser reeducado en las enseñanzas bíblicas sobre la sexualidad.

Lo que se necesita es una educación sexual bíblica y sana. "¿Qué?" puedo oír a algunos decir. "Pero ¡todos sabemos que la educación sexual es mala!"

Esta idea no es nueva. Los cursos de educación sexual han sido, por mucho tiempo, el objeto de los ataques más feroces de los que creemos la Biblia. Y así debe ser. Su enfoque inapropiado en la hechura y el uso del sistema reproductivo ha agitado la pasión de miles de jóvenes y ha ganado un lugar permanente en el salón de la fama de la perversión.

Pero si la educación sexual no es la respuesta, ¿a dónde va el cristiano para aprender acerca del sexo? Cuando un niño le pregunta a su padre acerca del sexo, ¿reaccionará con horror? Cuando un adolescente quiere respuestas al problema de sus hormonas embravecidas, ¿están preparados los padres para aconsejarlo? Cuando un nuevo creyente está desesperadamente tratando de vencer su pasado licencioso, ¿podrá ir al pastor para recibir consejo, o inscribirse en una clase que le ayude? Me parece que más jóvenes están aprendiendo acerca del sexo de MTV o del vestuario, que de la iglesia o su propio hogar.

El resultado trágico de esto es que los complejos de la juventud se convierten en la disfunción de su vida de adulto. Y muchos jóvenes llevan sus hábitos, filosofías, perversiones sexuales y confusión moral a sus matrimonios.

Tratando de batallar contra los educadores sexuales pervertidos, como el SICUS del desacreditado Alfred Kinsey, la Dra. Ruth y otros hemos tirado a la basura lo útil junto con lo innecesario. No es que la educación sexual sea mala en sí; sino que la gente, los métodos y las filosofías detrás de ella están equivocados.

Pero la Biblia tiene mucho que decir sobre el tema. ¡Dios habla del sexo! Después de todo, Dios lo creó. De Su bondad y amor, nos dio un manual de instrucción para guiarnos.

En la Biblia, Dios nos ha dado los principios fundamentales para gobernar el sexo. Tenemos una orientación bíblica sobre la sexualidad humana más acertada que la que puedan proveer las filosofías humanas. Hay doctrinas teológicas claves que todo esposo y esposa debe abrazar y celebrar. ¿Cuáles son? Para responder a esta pregunta, necesitamos concentrarnos en la primera carta de Pablo a los Corintios, capítulos 6 y 7, además de ver otras porciones de las Escrituras.

LA DOCTRINA DE LA VICTORIA PRESENTE

"Y esto erais algunos; mas ya habéis sido lavados, ya habéis sido santificados, ya habéis sido justificados en el nombre del Señor Jesús, y por el Espíritu de nuestro Dios" (I Corintios 6:11). Pablo pasa la primera parte de este capítulo en I Corintios corrigiendo la práctica de llevar al hermano ante los jueces seculares. La base de su crítica es la naturaleza depravada de un juez inconverso y la cuestión de su jurisdicción. ¿Qué derecho tienen ellos de juzgar a un cristiano? Ellos son libertinos sexuales sumergidos en la fornicación, el adulterio, la homosexualidad y otras perversiones.

Hay que subrayar la sabiduría que hay en que un hermano juzgue a otro hermano, y establecer las credenciales del creyente para juzgar. Pablo aclara que ellos también eran como sus colegas, pero ellos han cambiado. *"Y esto erais algunos"*. Pablo usa tres palabras para describir este cambio: *"lavados," "santificados,"* y *"justificados"*.

"Lavados" es una referencia a su nueva vida en Cristo. Los

creyentes son salvos *"por el lavamiento en su sangre"*.

"Santificados" significa ser apartados para servir a Dios, y le recuerda al nuevo convertido cómo debe ser su conducta como seguidor de Cristo. Ser apartado para Dios no permite prácticas pecaminosas del pasado, y los corintios bien lo sabían.

"Justificados" es una palabra que usa Pablo para recordarles su nueva posición ante Dios en Cristo. Una causa de la esclavitud sexual es la necesidad de aceptación. Tristemente, la intimidad temporal o incluso fantaseada, desplaza la intimidad real; y lo que les impulsa, generalmente, es la necesidad de ser aceptados.

Pero nadie se siente totalmente aceptado aparte de ser *"acepto en el Amado"* (Efesios 1:6). Es en la aceptación en Dios que Pablo exhorta a los corintios a gloriarse. Parece que Pablo está diciendo: "¡Lo tienen todo!" Tienen una vida nueva, una conducta nueva y una posición nueva. Tienen victoria sobre el pasado.

Y tú también, amigo querido. Si hay algo que enseña el Nuevo Testamento, es la verdad profunda de la victoria sobre el pecado. No es algo por lo cual tenemos que trabajar, sino una base por la cual trabajar. No es una meta de la vida cristiana tanto como el fundamento desde donde buscamos crecer en el Señor. *"Y esto erais algunos"*. Nosotros fuimos declarados *"muertos al pecado"* y *"vivos para Dios"*. Pablo es enfático cuando escribe: *"Nuestro viejo hombre fue crucificado juntamente con él, para que el cuerpo del pecado sea destruido,"* y sigue este pensamiento, diciendo: *"así también vosotros consideraos muertos al pecado, pero vivos para Dios en Cristo Jesús, Señor nuestro"* (Romanos 6:6,11).

La primera doctrina de la teología de la sexualidad que debe entender el cristiano es que el pecado ya no tiene dominio sobre él y que debe obedecer el mandato; *"no reine, pues, el pecado en vuestro cuerpo mortal"* (Romanos 6:12). Nota las palabras *"no reine,"* denotando "no permitas". Tú decides si vas a permitir que tu pasado ciegue tu futuro. Es tu decisión de extender tus manos para que Satanás te ponga las esposas, o no. Debes dejar de jugar al muerto cuando el pecado levanta su cabeza fea. *"¿No sabéis que si os sometéis a alguien como esclavos para obedecerle, sois esclavos de aquel a quien obedecéis, sea del pecado para muerte, o sea de la obediencia para justicia?"* (Romanos 6:16). El camino es claro. Tuya es la decisión. Es tiempo de dejar de creer al *"acusador,"* al *"padre de mentiras,"* quien está trabajando horas extras para convencerte de que tú no puedes vencer.

San Agustín fue una de las mentes más brillantes de la historia de la iglesia. Antes de ser un gran líder para Dios, fue una estrella en ascenso en el mundo pagano. Estaba en camino a la fama como orador y filósofo. Pero en su obra, *Confesiones de San Agustín*, revela que también era uno de los pecadores vivientes más grandes, moralmente libertino y sexualmente promiscuo al extremo. El no podía encontrar el camino a la victoria. Pero cuando se salvó, tuvo la posibilidad de limpiarse de su pasado malvado. Un día, cuando estaba caminando por la calle, una de sus ex-amantes le llamó,

"¡Agustín! ¡Soy yo!" Agustín siguió caminando, ignorando su llamado.

"Agustín", gritó, "Agustín, soy yo".

Agustín no respondió. Finalmente, se puso a su lado y lo miró a la cara.

"Agustín", insistió, "soy yo".

"Sí", dijo Agustín, "¡pero yo *no* soy yo!" Y siguió caminando.

San Agustín había aprendido la verdad de la victoria sobre un pasado pecaminoso.

La Doctrina del Sexo Sano

Un obstáculo común para una vida íntima de calidad en el matrimonio es la filosofía del "sexo sucio". Muchos hombres luchan con lo que yo llamo el "factor decencia". Por estar expuestos a lo carnal del sexo, desde las primeras miradas solapadas a la pornografía hasta la máxima esclavitud moral, ellos igualan el sexo con el pecado, a las mujeres como "objetos" sexuales, y al placer con fantasías pervertidas. Entonces se casan con una mujer pura y virtuosa, diferente a las otras mujeres de su pasado. Ella representa todo lo que las otras mujeres no eran. Bueno, entrar en algo "sucio" con esta criatura pura crea una crisis fuerte. Está golpeando la pared del "factor decencia" y está confundido. Aquí, muchas veces, es donde recurre a fantasías regresivas de la mente para poder tener la experiencia sexual que busca. Trata de lograr que su esposa cruce la línea adonde él está, con sus prácticas pervertidas, y volviendo al lugar cómodo del "sexo sucio".

¿Cuál será su respuesta? Ningún hombre puede disfrutar totalmente de la intimidad hasta que aprenda a verla como la ve Dios - como algo "bueno". El matrimonio debe ser una relación pura, sana, santa y espiritual.

Son muchas las razones por las cuales se puede ver el sexo como una cosa buena:

- Casi todos los libros de la Biblia aluden al sexo de alguna manera.
- En los tres primeros capítulos de Génesis, Dios dijo de todo lo creado que era *"bueno,"* pero no fue hasta que creó la unión del hombre y la mujer que dijo que era *"bueno en gra manera"*.
- Dios vio solo una cosa que *"no era buena"*. *"Y dijo Jehová Dios: No es bueno que el hombre esté solo; le haré ayuda idónea para él"* (Génesis 2:18).
- La primera mención de una verdad en la Biblia, es de gran significado para determinar la importancia de esa doctrina. Nota que la primera y segunda mención del matrimonio tienen que ver con la unión física: *"Y los bendijo Dios, y les dijo: Fructificad y multiplicaos; llenad la tierra"* (Génesis 1:28). *"Por tanto, dejará el hombre a su padre y a su madre, y se unirá a su mujer, y serán una sola carne. Y estaban ambos desnudos, Adán y su mujer, y no se avergonzaban"* (Génesis 2:24-25). El énfasis está en fructificar, en ser una sola carne y en que no sentían vergüenza. Interesante elección de palabras, ¿no crees? - *"y no se avergonzaban"*. Aparentemente, Dios quiere que sepamos que no hay nada vergonzoso en la unión del matrimonio. De hecho dice: *"honroso sea en todos el*

matrimonio" (Hebreos 13:4). Hay una idea circulando por ahí que postula que por la caída del hombre, el sexo ha llegado a ser algo pecaminoso. El Dr. Ed Wheat refuta esto: "Algunos han supuesto que el acto sexual llegó a ser una práctica impura cuando el pecado entró en el mundo. Sin embargo, esto no es verdad cuando vemos que el consejo fundamental de Dios para el sexo en los primeros capítulos de Génesis fue repetido por Jesucristo a los líderes religiosos de su día".[1] En una referencia directa a la unión física del hombre y su mujer en Génesis, Cristo concluye, *"por tanto, lo que Dios juntó, no lo separe el hombre"* (Mateo 19:6).

El victoriano puritano encontrará este concepto el más inconcebible de todos: Dios ha escogido la unión de un hombre y una mujer para demostrar su relación con la iglesia. ¡Es cierto! *"Por esto dejará el hombre a su padre y a su madre, y se unirá a su mujer, y los dos serán una sola carne. Grande es este misterio; mas yo digo esto respecto de Cristo y de la iglesia"* (Efesios 5:31-32).

Dr. Wheat continua diciendo: "Por lo tanto, la unión sexual apropiada, amorosamente ejecutada y mutuamente placentera es la manera en que Dios nos muestra a nosotros una gran verdad espiritual".[2] Esta relación ilustra la unión mística de Cristo y su novia, la iglesia.

¿Podrá alguien, o *se atreverá alguien*, a sugerir, a la luz de estas verdades, que el sexo no sea santo y hermoso? Si es verdad, como dice el Dr. Wheat, "la sincera y agradecida aceptación de nuestra sexualidad es un paso esencial para vencer la lujuria,"[3] quizás hay necesidad de que más cristianos saquen su teología sobre el sexo de la Biblia, en vez de la revista, *Playboy*. Entonces, podrán entender plenamente la belleza del sexo para ir venciendo la sensualidad ilícita.

LA DOCTRINA DEL DOMINIO PROPIO

Pablo afirma audazmente: *"todas las cosas me son lícitas, mas yo no me dejaré dominar de ninguna"* (I Corintios 6:12). Está afirmando el rol del hombre con respecto al pecado. El uso de la frase "no me dejaré" es una referencia al poder de la voluntad cristiana para rehusar entregarse a la sensualidad fundamental de la carne. Todo ser humano tiene esta capacidad y responsabilidad.

En la consejería, un hombre me dijo una vez: "¡No lo puedo evitar! ¡Solo soy humano!" Le dije que la distinción fundamental entre el ser humano y un animal es el dominio propio. Los animales no lo tienen; las personas, sí. Rendirte a la mentira de que tú no puedes controlarte es reducir la corona de la creación de Dios al nivel de una bestia.

Tú *sí tienes* dominio propio. *Debes* practicar el dominio propio. Esta es una doctrina básica de la fe cristiana y es especialmente significativa para la vida matrimonial. Es sobre este fundamento de responsabilidad y habilidad personal que la teología del sexo se edifica. Es tiempo de que los cristianos quiten de su vocabulario esta frase que abre las puertas al pecado. "No puedo" necesita ser reemplazado por "No quiero". Ningún creyente puede honestamente decir "No puedo" cuando las Escrituras declaran: "*todo lo puedo en Cristo que me fortalece*" (Filipenses 4:13). Ningún hijo de Dios puede excusar su fracaso, cuando se nos dice: "*ésta es la victoria que ha vencido al mundo, nuestra fe*" (I Juan 5:4). Nadie puede culpar al diablo "*porque mayor es el que está en vosotros, que el que está en el mundo*" (I Juan 4:4). Pablo dijo: "*no me dejaré dominar de ninguna*" y ésta debe ser tu actitud también. Solo cuando esta doctrina llegue a ser parte de tu teología sexual, podrás experimentar el poder y la victoria de Dios.

LA DOCTRINA DEL DISEÑO

"*Pero el cuerpo no es para la fornicación, sino para el Señor, y el Señor para el cuerpo*" (I Corintios 6:13). Dios tiene un propósito para tu cuerpo. Él tiene un diseño y una razón para tu vida. Hasta que no entiendas este importante principio de Su diseño, nunca estarás completo. Nadie puede ser completo hasta que encuentre el propósito de Dios para su vida y lo cumpla. ¿Cuál es el diseño de

Dios o Su propósito para tu cuerpo?

La Doctrina del Diseño Humano, Vista Filosóficamente

Dios creó el sexo para la reproducción física (Génesis 1:28), para la comunión conyugal (Génesis 2:24) y para ser una ilustración visual de la unión espiritual de Cristo y la iglesia (Efesios 5:31-32). Para realzar Su propósito y motivar al hombre, Dios le dio al hombre el don del placer para acompañar la experiencia sexual.

El diseño del hombre, por el otro lado, es limitado por algunos al placer únicamente. Pero sabemos que la satisfacción pura es el resultado de someter el propósito humano al propósito de Dios. El pecado es el resultado del hombre subyugando el diseño de Dios a su propia voluntad. El pecado es el producto natural de ignorar, bajar o pervertir el diseño más alto de Dios. Cuando el placer se busca con actitudes o acciones que no reconocen el diseño divino, el sexo se distorsiona. Esto no quiere decir que el sexo no debe ser placentero. ¡Al contrario! Pero el placer máximo se disfruta cuando hay obediencia y conformidad a la voluntad de Dios. *"[Hay] delicias a tu diestra para siempre"* (Salmo 16:11). Pero si el placer es la única motivación para el sexo, la satisfacción total no puede ser realizada.

Es vital, por lo tanto, que cada creyente conforme sus propias ideas a los propósitos de Dios para el sexo. Entonces, y solo entonces, podrá encontrar la satisfacción que viene como resultado de cumplir los propósitos de Dios, quien creó su sexualidad y su relación sexual con su cónyuge.

La Doctrina de Diseño, Vista Fisiológicamente

Cuando la doctrina de diseño se aplica a la diferencia fisiológica entre el hombre y la mujer, es claro que solo hay una relación que puede lograr los tres propósitos del sexo. Solo un alineamiento para la unión sexual cumplirá el propósito de Dios para la reproducción y la comunión. Como dice el Doctor Wheat: "Debemos darnos cuenta de cómo los cuerpos del hombre y la mujer fueron diseñados. Aun en el mismo acto sexual se nos recuerda que ésta es una relación entre dos personas, no solamente entre dos cuerpos. No es una coincidencia que el hombre es la única creación de Dios que se relaciona sexualmente cara a cara".[4]

Aun en el tercer propósito del diseño - aquella de ilustrar la relación que existe entre Cristo y la iglesia. ¿No es razonable asumir que Dios no se apartará de Su norma establecida? ¿Puede alguien concebir que la unidad pura y espiritual de Cristo y la iglesia sea ilustrada con prácticas y métodos antinaturales de la pornografía? Además, el juicio que recae sobre el practicante de estos métodos quita la duda acerca de esto. En todo caso, la sabiduría nos llama a defender la gloria de Dios, en vez de promover el placer del hombre.

El vacío que existe en la comprensión del diseño de Dios para el sexo y el deseo carnal de traer variedad al lecho matrimonial, han movido a la humanidad, aun a la humanidad cristiana, a recurrir a las filosofías y prácticas mundanas. La búsqueda del placer, una vez más, intenta usurpar la meta elevada de agradar a Dios, y nuestros matrimonios han sufrido por ello.

Puedo casi oír los aullidos de protestas de cristianos quienes se han apoyado en Hebreos 13:4 para defender su filosofía y conducta sexual en el matrimonio, diciendo: "Espera. ¿No dice la Biblia que *"honroso sea en todos el matrimonio, y el lecho sin mancilla?* ¿Y no significa este versículo que mientras estés casado, todo vale?"

La Doctrina de Diseño, Vista de Manera Práctica

Una creencia común entre los cristianos es que mientras que un acto sea confinado al lecho matrimonial, y si las dos partes consienten, entonces está bien experimentar con una variedad de prácticas sexuales mundanas. ¿Pero es esto lo que realmente enseña este versículo? ¿Está diciendo "que todo vale"?

El diseño de Dios para el sexo en el matrimonio es para honra y santidad. Su deseo es que la sexualidad refleje el motivo y método más elevado y noble. Hebreos 13:4, realmente, está enseñando lo opuesto a lo que se cree popularmente. Este texto no está diciendo que, como se hace dentro del matrimonio, todo es puro y sin mancha. No está proponiendo una santificación del pecado por la virtud de los votos matrimoniales. Esto sería un desvío violento del texto. Esta idea menosprecia la santidad de las Escrituras.

Kenneth Wuest, una autoridad del idioma griego altamente respetada, ha redactado cuidadosamente el significado del texto de esta manera: "Que tu matrimonio sea sostenido en honra en todas las cosas, y por lo tanto que tu lecho matrimonial sea puro, porque Dios juzgará a los libertinos y adúlteros".[5] Esto es muy diferente a la interpretación popular. En otras palabras, no porque esté dentro del matrimonio, se excluye de alguna manera la posibilidad de deshonrar el lecho. ¡Dice exactamente lo opuesto! La posibilidad de envilecerlo es tan real que se les exhorta a los cónyuges que diligentemente se mantengan en lo correcto en su búsqueda de santidad.

La aplicación más importante de esta verdad es el énfasis de que la relación sexual es exclusiva para tu esposa(o). Es un llamado a la fidelidad a tu cónyuge. No hacer esto y romper el honor del matrimonio con el adulterio es invitar el juicio de Dios. Otra aplicación secundaria incluiría el uso de pornografía y otras variaciones pervertidas del acto sexual. ¿Qué hay de *puro, amable* y *de buen nombre* en tales excesos? (Filipenses 4:8)

UNA FALTA DE CONTENTAMIENTO

Creo que la raíz del problema es una falta de contentamiento. Dios quiere que estemos *"contentos con lo que tenéis ahora"* (Hebreos 13:5). Significa estar contentos con el diseño para el matrimonio y con la provisión que Dios nos ha dado. Pero el ser humano inquieto quiere probar cosas nuevas. Como escribe Tim Stafford: "Aquí damos en el corazón del problema de la lascivia como la describe la Biblia. Queremos lo que no nos pertenece... No estamos contentos con lo que tenemos. Queremos algo más, y ese deseo nos compele. La lujuria muestra, en el fondo, la codicia de la vida sexual de otro. Cuando un hombre codicia a una mujer "extraña", él no está mostrando agradecimiento por la que Dios le ha dado".⁶ Pero va más allá de desear a otra mujer. Incluye el deseo de experiencias novedosas. "Todo pecado sexual comienza con un deseo de conseguir a alguien o alguna experiencia que no es legítimamente suya".⁷

¿Cómo determina uno lo que es "legítimamente" suyo? La respuesta viene cuando miramos la Palabra de Dios y Su teología sobre la sexualidad, particularmente la doctrina del diseño físico. ¿Concuerdan con las normas de Dios tus deseos y prácticas?

Cada vez que se cede a los gustos carnales, más allá de los parámetros de la voluntad de Dios, el apetito se agranda y quiere más porque *"los malos hombres… irán de mal en peor,"* y un pecado lleva a otro y *"maldad sobre maldad".* No hay límites a la depravación que uno puede alcanzar cuando se aparta del estándar de Dios de santidad y honra en el matrimonio.

La Doctrina de la Unión con Cristo

"¿No sabéis que vuestros cuerpos son miembros de Cristo? ¿Quitaré, pues, los miembros de Cristo y los haré miembros de una ramera? De ningún modo" (I Corintios 6:15). *"¿O ignoráis… que no sois vuestros? Porque habéis sido comprados por precio; glorificad, pues, a Dios en vuestro cuerpo y en vuestro espíritu, los cuales son de Dios"* (I Corintios 6:19-20). Existe una relación preciosa entre el creyente y Cristo, entre nuestros cuerpos y el Señor. Porque nuestro cuerpo es Su templo, y Él vive en nosotros; no podemos separar nuestras actividades de Él. No podemos separarnos de nuestro propio espíritu. De la misma manera, nosotros no podemos separarnos de Él, así como la Trinidad no se separa. La Biblia declara enfáticamente que una unión inseparable existe entre el Padre, el Hijo y el Espíritu Santo. *"Oye, Israel: Jehová nuestro Dios, Jehová uno es"* (Deuteronomio 6:4). *"Jesús le respondió: El primer mandamiento de todos es: Oye, Israel; el Señor nuestro Dios, el Señor uno es"* (Marcos 12:29). Aunque cada persona de la Deidad tiene su forma única, juntas, el Padre, el Espíritu Santo y el Hijo, son un solo Dios. No puedes separar el uno del otro. El Señor

Jesucristo reveló Su unidad con el Padre y oró: *"Para que todos sean uno; como tú, oh Padre, en mí, y yo en ti"* (Juan 17:21).

Durante la unión sexual, tú llegas a ser uno con tu cónyuge, literalmente *"una sola carne"* (Génesis. 2:24). Esta unión de dos, es más que dos cuerpos; es una fusión, un conocer, un lazo entre dos personalidades, como la unión que existe entre el Padre y el Hijo. La palabra hebrea traducida "uno" en Deuteronomio 6:4 y Marcos 12:29 (citados arriba) es la misma palabra usada para describir la unión sexual.

Cuando tú comprendas que *"vuestros cuerpos son miembros de Cristo,"* podrás comprender el significado de la pregunta: *"¿Quitaré, pues, los miembros de Cristo y los haré miembros de una ramera? De ningún modo"* (I Corintios 6:15). Pero esto es exactamente lo que sucede cuando entras en una unión sexual inmoral. Cristo es parte de ti y de tus acciones. Tú estarás haciendo un cómplice de tu pecado al cuerpo de Cristo. Lo estarás poniendo a Él en una situación impensable.

Es un dolor desgarrador para el Señor tener que sufrir la profanación de Su templo (tu cuerpo) cuando pecas. Su dolor es como el dolor de la parte ofendida en el adulterio al saber que parte de él o ella ha sido dada a otro. De la misma manera Cristo sufre dolor cuando Sus hijos se entregan a otros. Debemos glorificar a Dios en nuestros cuerpos, los cuales le pertenecen a Él.

¿Te escandalizaría la idea de que alguien practique el sexo en el auditorio de tu iglesia? La práctica de fornicación o adulterio es similar. Los dos actos violan la pureza de un santuario: uno es el santuario de la iglesia, y el otro es el santuario de Cristo, el cuerpo del cristiano.

Tenemos una identidad como cristianos. No nos pertenecemos; somos de Dios. No podemos escapar de esta maravillosa unión. Por lo tanto, debemos decidir quién está en control. ¿Quién gobierna tu cuerpo? Paul Tripp confronta esta pregunta poderosamente: "En el último análisis, los seres humanos viven una de dos identidades: que soy mi propio amo y autónomo, o que soy una criatura de Dios y pertenezco a Él… En asuntos de la sexualidad, la pregunta llega a ser: ¿Viviré… como hijo de Dios, en santidad; o viviré como mi propio dios, sin otro programa más que mi propia satisfacción?"⁸

La Doctrina de Huir o Combatir

"Huid de la fornicación" (I Corintios 6:18) y *"Huye también de las pasiones juveniles"* (2 Timoteo 2:22). Hay algunas cosas que debemos "resistir"; hay otras que debemos "combatir", pero hay algunas tentaciones que son tan poderosas que se nos manda a huir de ellas. Los pecados sexuales están entre estos; necio es, en verdad, el joven que intenta vencer a la carne, encarándolo de frente. ¡Pocas veces ganará esta batalla! Dios no quiere que la ataques de frente, sino que huyas de ella. ¿Cómo huye uno de la lascivia?

Una manera de hacerlo es evitar toda fuente de tentación. *"No entres por la vereda de los impíos, ni vayas por el camino de los malos. Déjala, no pases por ella; apártate de ella, pasa"* (Proverbios 4:14-15). Cuando estaba en la marina, me tocó conducir por la "vía" yendo y viniendo a la base cada día. (Muchas bases militares tienen una vía, una serie de lugares burdos de entretenimiento para satisfacer a la carne.) En más de una ocasión me quedé parado por causa del tráfico a la mitad del camino. Ahí estaba, rodeado de tiendas de pornografía, de bares, prostitutas y demás. Trataba de pensar en cosas puras, pero estaba perdiendo la batalla que Cristo me había ganado. Y pensé: "¡Tiene que haber una mejor manera!" Encontré una compuerta en la parte de atrás de la base que manejaba un marino solitario.

"¿Puedo solicitar el uso personal de esta compuerta?" pregunté.

"Claro," dijo, "pero nadie lo hace. Se usa principalmente para transporte de reparto, pero lo puedes usar".

Y aunque estaba a trasmano, pude encontrar tranquilidad, fuerza de espíritu y evitar ese paseo horrible.

Hubiera sido una locura seguir exponiéndome a las tentaciones que abundaban en la vía e intentando en vano combatir contra el diablo, cuando había un camino por donde "huir".

Un alcohólico no debe guardar cervezas en su refrigerador para probar su firmeza, ni un adicto al sexo exponerse a la tentación, sea un lugar, una persona o alguna forma de entretenimiento para que lo tiente. ¡Huye de las tentaciones juveniles! Para muchos, la televisión puede ser demasiada lucha, al ver las imágenes sugestivas, si uno tiene una obsesión con el sexo. Hazte un favor y huye de la tentación. ¡No bailes con el diablo! ¡No dialogues con los demonios! ¡No juegues con la destrucción! ¡Huye! Probablemente sabes cuándo y de qué debes huir aun ahora. Haz un compromiso con Dios de hacerlo.

La Doctrina de la "Única Fuente de Placer"

"Pero a causa de las fornicaciones, cada uno tenga su propia mujer, y cada una tenga su propio marido" (I Corintios 7:2). Hay una, y solo una fuente de placer sexual para ti: Tu cónyuge. Si no estás casado, Dios te prohíbe buscar el placer sexual hasta que te cases. Si estás casado, debes limitar este placer a tu "propia esposa" o a tu "propio esposo", y a nadie más.

Esto también significa que el hombre no debe tener otra fuente de gratificación aparte de su cónyuge. Visual, verbal o físicamente, tu cónyuge debe ser tu único medio de gratificación sexual. ¡La Palabra de Dios habla claramente sobre esto! *"Sea bendito tu manantial, y alégrate con la mujer de tu juventud, como cierva amada y graciosa gacela. Sus caricias te satisfagan en todo tiempo, y en su amor recréate siempre"* (Proverbios 5:18-19).

Hay que notar, hombres, que debes regocijarte con *"la mujer de tu juventud"*. La Biblia no dice "con tu mujer joven". Cuando el sexo se relaciona con la juventud en vez de la fidelidad, el enemigo siempre tendrá una alternativa más joven y sensual para ti. Cuando una figura joven significa más para ti que un corazón puro y un espíritu virtuoso, siempre tendrás abundancia de tentaciones y mujeres hermosas. Pero encontrar una mujer de corazón puro, un espíritu tierno y un semblante piadoso no será tan fácil. *"Mujer virtuosa, ¿quién la hallará? Porque su estima sobrepasa largamente a la de las piedras preciosas"* (Proverbios 31:10). *"Virtuosa"* se refiere a la fuerza moral. Si tienes una esposa que posee eso, de veras *"halla[ste] el bien"* (Proverbios 18:22). Qué vergüenza cuando un hombre se casa con su esposa por su cuerpo joven, y luego, cuando la ve envejecer cocinando su comida, limpiando la casa, trabajando para pagar sus cuentas y teniendo sus hijos, la rechaza por un modelo celuloide de fantasía o una *"mujer extraña"* con quien pocas esposas pueden competir. No. La frase *"la mujer de tu juventud"* no significa que debes tener una esposa joven siempre.

Damas, entre las cosas que ofrecerás a tu marido en tu vejez, no estará un cuerpo joven. Pero puede ser un corazón lleno de virtud. Concentra tu tiempo y esfuerzo en las cosas que Dios valora. *"Engañosa es la gracia, y vana la hermosura; la mujer que teme a Jehová, ésa será alabada"* (Proverbios 31:30). Gana el amor de tu esposo por tu *"conducta casta"*. Ésta va más lejos y dura más que mucho ejercicio en el gimnasio, el cual *"para poco es provechoso"*.

La Doctrina de la Abstinencia Limitada

"No os neguéis el uno al otro, a no ser por algún tiempo de mutuo consentimiento, para ocuparos sosegadamente en la oración; y volved a juntaros en uno, para que no os tiente Satanás a causa de vuestra incontinencia" (I Corintios 7:5). Está claro en este versículo que ninguno de los cónyuges debe negarse al otro sexualmente, excepto bajo ciertas condiciones específicas: por un acuerdo mutuo, por motivos espirituales que los dos apoyan y por un tiempo cuidadosamente limitado.

No es una decisión hecha por uno solo, sino que las dos partes deben estar en armonía en cualquier decisión que tenga que ver con la abstinencia. Cuando un cónyuge toma esta decisión solo, aun con el mejor motivo, busca un malentendido y abre la puerta al estrés serio dentro del matrimonio.

Motivos espirituales importantes, se supone, son parte de esta decisión. Pero no lo hagas por metas egoístas ni motivos ulteriores. El único motivo espiritual que las Escrituras permiten es para entregarse al *"ayuno y oración"*.

Una de las metas del ayuno es negarle a la carne una distracción para poder concentrarse en objetivos espirituales, particularmente a la oración. Porque la carne prospera con la comida, muchos suponen que el ayuno incluye solo abstenerse de comer. Pero el apetito de la carne también incluye el placer sexual. Esto también puede distraer de los objetivos espirituales. Por lo tanto, están incluidos en el proceso del ayuno y oración. Pero el ayuno espiritual es la única razón dada aquí para *"negarse"*, o privarse el uno del otro.

Aun así, hay que ponerse un límite cuidadoso al tiempo de abstinencia: *"por algún tiempo... volved a juntaros"*. No tenemos duda del motivo de este mandato. Pablo aclara que negarse el uno al otro por demasiado tiempo predispone a la persona a perder el control. La *"incontinencia,"* a la vez, lo hace vulnerable a las tentaciones satánicas.

El impulso biológico que fue dado por Dios a la humanidad demanda satisfacción. Dios proveyó la inviolabilidad de la relación matrimonial para satisfacer esta necesidad. Pero si esta función es negada por un periodo de tiempo largo, aun con el propósito puro de ayunar y orar, las tensiones reprimidas comienzan a ejercer su influencia en el dominio propio del individuo. Llega a ser susceptible a las tentaciones y más inclinado a satisfacer su necesidad ilegítimamente. Un tiempo largo de inactividad provocará una vulnerabilidad espiritual personal. Entra Satanás. Es significativo que éste es uno de los instantes en las Escrituras en que la influencia del enemigo es atribuida a Satanás mismo. La palabra aquí es Satanás con "S" mayúscula. No aclara la extensión de su participación, pero está allí. El peligro de extender este periodo de abstinencia sexual, aun con los motivos más altos, es predisponer tu matrimonio a un ataque espiritual.

Conclusión

Por supuesto que la educación sexual ha recibido mala fama. Su imagen ha sido manchada y denigrada por el toque de manos impuras y mentes contaminadas. La historia revela que la educación sexual ha sido abismalmente ineficaz y moralmente destructiva.

Pero la educación sobre el sexo no debe ser descartada porque algunos estén fuera de control, así como el cargo de pastor no debe ser abolido por las indiscreciones de unos cuantos, ni las iglesias deben ser cerradas por la mala prensa de las sectas falsas, ni la maternidad debe ser prohibida por el aumento de "madres solteras".

La educación sexual verdadera debe estar basada en la verdad de la Palabra de Dios. Una teología de la sexualidad debe comenzar con las Escrituras y terminar con las Escrituras. No hay nada malo con enseñar la teología del sexo; sino que es bueno. Quiera Dios que toda persona joven en América adopte los principios nobles *antes* del matrimonio. Si no, entonces, por lo menos después del matrimonio. Pero en algún punto todos los creyentes necesitan conformarse a estos conceptos cruciales.

¿Por qué no se enseñan estas cosas hoy en día? ¿Por qué ignora la iglesia el problema? ¿Por qué los padres son renuentes a enseñar a sus hijos? En parte, creo que es porque hemos asociado la educación sexual con las prácticas más negativas y hemos concluido que la educación sexual está bajo el dominio del mundo y dedicado a la desmoralización de nuestra juventud.

Yo declaro que la iglesia debe reclamar su justo lugar como *"columna y baluarte de la verdad"* y enseñar toda verdad. La doctrina del sexo es tanto parte de la Biblia como las otras verdades. El énfasis de la Biblia está lejos de lo minucioso y abarca una pura y cabal filosofía fundada en la sana teología.

Una vez que se adquiere una sana teología acerca del sexo, el matrimonio puede ser librado de su pasado "corintio" y tener una base sólida para edificar un ministerio de sexualidad.

---

[1]Ed Wheat and Gaye Wheat, Intended for Pleasure (Old Tappan, N.J.: Fleming H. Revell Co., 1977), 18.

[2]Wheat, 18.

[3]John White, Eros Redeemed (Downers Grove, Ill.: InterVarsity Press, 1993), 41.

[4]Wheat, 18-19.

[5]Kenneth S. Wuest, Phillipians Through the Revelation (Grand Rapids, Mich.: Wm. B. Eerdmans Publishing Co., 1959), 140.

[6]Tim Stafford, "Getting Serious About Lust in an Age of Smirks," Journal of Biblical Counseling 13, no 3 (1995): 4-5.

[7]Neil T. Anderson, A Way of Escape (Eugene, Oreg: Harvest House Publishers,   1994), 67.

[8]Paul David Tripp, "The Way of the Wise: Teaching Teenagers about Sex," Journal of Biblical Counseling 13, no 3 (1995): 39.

18

Una Visión Renovada

Una vez vivía un predicador vaquero en el viejo oeste quien fue guiado por Dios para comenzar una iglesia en un pueblo vaquero, polvoriento. Convirtió un bar abandonado en una capilla, desmantelando el bar y usando la madera para hacer unos bancos y un pulpito rústico. Queriendo que su congregación tuviese una carga por los perdidos, usó la madera restante para tallar amorosamente las letras que formaban un versículo para clavarlo encima de la puerta de salida. Decía: "Donde no hay visión, el pueblo perece". La cantina vieja llegó a ser conocida, a lo largo y ancho, como un puesto fronterizo de almas cambiadas, y muchas vidas fueron transformadas. Prostitutas, alcohólicos, ladrones y otros pecadores incorregibles se arrodillaban en los pisos rústicos de madera y derramaban oraciones con lágrimas pidiendo redención. La iglesia se llenaba en cada reunión, y las ventanas resonaban con los sonidos de una alabanza gozosa que se elevaba a Dios.

Después, aquel pastor fiel fue llamado a otro campo. Se sentía confiado de que todo marcharía bien. Después de una emotiva despedida, salió del pueblo donde los himnos habían reemplazado a los coros subidos de tono de cantina, y los testigos en la calle habían reemplazado a los callejeros.

Pasó un tiempo, y los viajes del predicador lo llevaron cerca de

272   El Ministerio del Matrimonio

su antigua iglesia. Con deseos de renovar amistades, fue a visitarles. Al pasar por la calle conocida, su espíritu extrañamente se inquietó dentro de él. Algo estaba mal. Se dio cuenta del problema cuando se acercó al edificio de la iglesia, encontrándola cerrada y sin vida. Cuando quitó las tablas de la puerta e inspeccionó el cuarto tan conocido, vio que el polvo cubría los bancos y el púlpito viejo. Los himnarios desgastados cubrían el suelo entre vidrios rotos.

Su corazón estaba quebrado mientras buscaba el por qué. ¿Cómo había caído la iglesia de la gloria de su pasado? "¿Por qué, Dios?", rogó su siervo. "¿Qué le pasó a esta iglesia que una vez tuvo tanta vida?" Cuando levantó su cabeza, vio la respuesta. Allí encima de la puerta estaban las letras de madera que con tanto amor había tallado hace años, y ahí estaba el versículo tal como lo recordaba, con excepción de una anomalía notable. Una palabra había caído al suelo, cambiando drásticamente el mensaje: la palabra "donde" faltaba y ahora decía "_no hay visión, el pueblo perece".

De alguna manera la iglesia había perdido su visión original. Habían dejado de ganar almas y se habían enfriado espiritualmente. La luz del evangelio había sido extinguida, y la esperanza de salvación dejó de predicarse. La iglesia había muerto porque su visión había muerto.

Muchos ministerios sufren del mismo mal. Madres y padres han perdido su visión por sus hijos. Los maestros de la escuela dominical han perdido su visión para la enseñanza bíblica. Los cristianos han perdido la visión para el servicio en general.

Lo mismo puede suceder a los matrimonios cristianos. El resplandor del primer amor, poco a poco, se va apagando, y el entusiasmo e idealismo juvenil se desvanece. Muchos matrimonios derraman lágrimas sobre los recuerdos polvorientos de un pasado distante. Ellos se preguntan: "¿Qué pasó?" No se dan cuenta de que han perdido su visión, y no pueden ver que cuando muere la visión, la sigue el matrimonio.

Una visión renovada es lo que se necesita. Si el hombre interior no se renueva cada día, la dureza de corazón y la carnalidad asumen control. El salmista oró: *"¿No volverás a darnos vida, para que tu pueblo se regocije en ti?"* (Salmo 85:6). Lo mismo es verdad para casi cada área de la vida cristiana. Necesitamos fuerzas renovadas (Isaías 40:31), una mente renovada (Romanos 12:2) y un espíritu renovado (Salmo 51:10). El apóstol Pablo reconoció la necesidad de renovar la visión de nuestro ministerio en el matrimonio. Él oró por los creyentes tesalonicenses para que pudieran *"crecer y abundar"* en amor. (I Tesalonicenses 3:12-13)

La razón por esta necesidad es por la tendencia natural de perder la visión que nos motivó tanto al principio. ¿Qué padre puede olvidarse del día cuando tomó en sus brazos por primera vez a su hijo y del temor que le cayó encima, dándose cuenta de su nueva responsabilidad? Pero qué fácil se debilita ese asombro cuando el hijo llega a cumplir dos años, o durante los años de la adolescencia. ¿Qué maestro o predicador del evangelio no comenzó con una visión de cambiar las almas y el mundo? ¿Qué creyente podrá olvidarse de la emoción de su propia conversión o de la visión de los seres queridos experimentando el mismo gozo? ¿Y qué esposo o esposa no abrazaron el sueño de una íntima comunión espiritual el uno con el otro en el amor de Dios?

Pero los sueños se desvanecen, y las visiones mueren aun en los corazones más comprometidos. El pecado nos endurece; el pecado nos engaña; la carne nos confunde y Satanás nos ciega. A menos que avivemos la llama de devoción dada a nosotros, seremos vencidos por la oscuridad.

Las razones por esta decadencia espiritual varían, pero resultan de la misma frialdad de nuestra relación con Dios y nuestro cónyuge.

Llegamos a ser conscientes del problema e inconscientes de Su poder. Antes, veíamos solo a Cristo sobre el agua, pero ahora vemos los vientos y las olas amenazadoras. Cuando las circunstancias y los problemas nos asedian, comenzamos a creer que no hay una salida. Los problemas se ven tan grandes, y los desafíos parecen ser tan abrumadores que, a la luz de nuestra poca fuerza, nuestro corazón se derrite de temor y nuestro espíritu se seca de desesperación.

También nos enfocamos en la habilidad humana en vez del poder divino. En Lucas 5, Pedro era escéptico ante la posibilidad de pescar algo porque ya había probado todos los trucos en su manual de pescador. Toda su destreza, su experiencia y su equipo bien probado habían fallado. Aun aquella salida a pescar, tipo maratón, donde aplicó todos los secretos del oficio, no había producido nada. Cuando Cristo lo exhortó a probarlo otra vez, protestó: "*toda la noche hemos estado trabajando, y nada hemos pescado*" (vs. 5). Pero para complacer al Señor, a regañadientes, accedió a probarlo una vez más: "*mas en tu palabra echaré la red*". (Cristo le había dicho que hiciera otro intento y echara todas sus redes). El disgusto de Pedro era indicio de la lucha entre el desafío ante él y la falta de confianza dentro de él. No había tomado en cuenta el poder de Dios.

Pedro, también, se había fijado en las leyes naturales más que en los milagros sobrenaturales. Él supuso que, porque no había peces en el área o porque no estaban picando, no habría más que hacer. Él no creyó plenamente en el poder de Cristo para cambiar las cosas.

Una pareja que ha perdido su visión para su matrimonio piensa de la misma manera. Ellos han probado todos las conferencias, leído todos los libros y aplicado las últimas técnicas de comunicación. Ellos han estudiado sugerencias para darle más sabor a su vida sexual y han adoptado las ideas de la psicología moderna, enseñada por el Dr. Sentirse Bien, pero no han visto ningún cambio. Ellos han concluido que si nada de esto ha funcionado, entonces nada funcionará. Ellos creen que el cambio es humanamente imposible. ¡Y tienen razón! "*Para los hombres esto es imposible*". Y es imposible porque el matrimonio es, en esencia, una relación espiritual. La relación espiritual no responde bien a las técnicas carnales. Esas son las malas noticias. La buena noticia es que "*para Dios todo es posible*" (Mateo 19:26). Cuando el poder sobrenatural de Dios se aplica a los problemas naturales, ¡el resultado es milagroso!

Pedro no podía verlo. Estaba enfrascado en su fracaso. Estaba enfocado en su fracaso de no pescar nada, a pesar de sus mejores esfuerzos. No podía ver un futuro diferente porque estaba atado al pasado. *"Nada [había] pescado"* y estaba desanimado y avergonzado porque, después de todo, él era un profesional.

Hay suficientes fracasos en la mayoría de los matrimonios para desanimarnos y avergonzarnos. Cada casa matrimonial tiene un armario o dos con esqueletos dentro, los cuales al diablo le gusta sacar en ciertas ocasiones. Él disfruta reservando esta práctica para los tiempos en los cuales tú comienzas a sentir que una nueva esperanza está despertando. Entonces él corre hacia el armario, lo abre bruscamente, y columpia el esqueleto del fracaso pasado en tu cara. "¿Ves esto?" dice. "¿Crees realmente que tú alguna vez podrás superar esto?" Cuando él te recuerda que el pecado abunda, tú necesitas recordarle que *"cuando el pecado abundó, sobreabundó la gracia"* (Romanos 5:20).

Satanás, el gran *"acusador,"* dedica su incansable energía para condenarte. Él te acusa *"delante de nuestro Dios día y noche"* (Apocalipsis 12:10), y él te desanima con todas las mentiras que su mente depravada puede traer a tu memoria. Como el padre de mentira, su ingeniosidad no tiene límites; la variedad de mentiras, sus sombras sutiles y sus matices ocultos, desafían la imaginación. Están diseñados para un fin predecible: desanimar y vencerte.

Estas mentiras deben ser identificadas y atacadas con la verdad, y la más grande verdad es que *"mayor es el que está en vosotros, que el que está en el mundo"* (I Juan 4:4). Desafortunadamente, es la misma verdad de la grandeza de Dios la que muchas veces se pasa por alto. Pedro no la vio. Él tenía respeto por Cristo, aun llamándolo *"Maestro"* (Lucas 5:5), pero no lo vio como realmente es. Esta forma errada y limitada de ver a Dios es el denominador común de los matrimonios fracasados. Esta imagen de Dios afecta todo aspecto de tu matrimonio. A.W. Tozer escribe, "Una opinión baja de Dios, aceptada casi universalmente entre cristianos, es la causa de cientos de males menores entre nosotros. Toda una nueva filosofía de la fe cristiana ha salido de este error común en nuestro pensar religioso".[1]

En el gran pasaje sobre el matrimonio (Efesios 5), encontré veinte referencias a Dios en solo dieciséis versículos. ¡Quedé asombrado al descubrir en este breve pasaje que Dios está en todos lados! "¿Cómo no lo vi antes?", me pregunté.

La llenura del Espíritu, el temor de Dios y el ejemplo de Cristo impregnan la enseñanza del matrimonio. Y sin embargo, para muchas parejas, Dios queda como un último recurso. Creen que hay otros métodos y recursos que deben probar; y si todo lo demás falla, Dios estará allí para cuando lo necesiten.

Ellos necesitan fijarse en la pregunta del apóstol Pablo: *"¿Tan necios sois? ¿Habiendo comenzado por el Espíritu, ahora vais a acabar por la carne?"* (Gálatas 3:3).

Así como un matrimonio santo debe comenzar en el Espíritu, debe también continuar en el Espíritu. Esta continuación debe incluir el crecimiento de nuestro conocimiento de Dios para alcanzar nuevas alturas de una vida cambiada. Al entender la confianza que Cristo tuvo con el Padre, aun en medio de la agonía de la cruz, aprendemos a confiar en Él, aun en medio de nuestras desilusiones. Observando el amor de Cristo por la iglesia, aprendemos a amar a nuestro cónyuge. Viendo cómo Cristo perdonó a la Iglesia, aprendemos a perdonar a nuestro cónyuge.

Pedro finalmente llegó a ver claramente a Dios. En el versículo 5 lo llamó "Maestro", pero en el versículo 8, lo llamó "Señor". ¿Qué marcó la diferencia? Pedro obedeció, y por medio de su obediencia, Dios se reveló a él. Seguramente, su obediencia fue menos que perfecta, pero Dios la honró, de todas maneras. A pesar de una obediencia renuente y una fe débil, Pedro obedeció, y de su obediencia surgió una visión nueva y vibrante.

Dios no requiere una fe perfecta para honrarla con un milagro, sino incluso una fe débil. Un padre que vino a Cristo, rogándole por la sanidad de su hijo endemoniado, admitió que su fe no era fuerte. Inicialmente, se acercó a Cristo con algunas reservas acerca de su habilidad de sanar: *"si puedes hacer algo, ten misericordia de nosotros, y ayúdanos"* (Marcos 9:22). No estaba totalmente convencido, solamente tuvo la fe para pedírselo.

Quizás te has preguntado también si el poder de Dios te puede ayudar. Cuando los problemas se ponen tan serios y siguen por tanto tiempo, es una tentación ceder a los pensamientos de duda y derrumbarse ante un tormento de desesperación. A pesar de una montaña de temor imponente sobre ti, si puedes hallar un poco de fe, una porción minúscula, Dios te contestará. Los discípulos estaban desanimados porque no habían podido echar fuera al demonio y librar al muchacho de su poder. Le preguntaron a Cristo: "*¿Por qué nosotros no pudimos echarlo fuera?*" Jesús en seguida les respondió: "*Por vuestra poca fe*", pero rápidamente les aseguró que la incredulidad podía ser desplazada con una fe como un grano de mostaza. "*Si tuviereis fe como un grano de mostaza, diréis a este monte: Pásate de aquí allá, y se pasará; y nada os será imposible*" (Mateo 17:20). ¿Cuán grande es tu fe? Tú puedes decir: "No tengo mucha, ahora," pero está bien porque no se necesita mucha.

El padre del joven endemoniado tenía solo un poquito de fe, pero la usó y dijo: "*Creo*". Y luego le pidió a Dios que compensara su falta de fe, diciendo: "*ayuda mi incredulidad*" (Marcos 9:24). Dios no busca una montaña de fe, sino solamente una fe del tamaño de un grano de mostaza. Él no demanda una fe perfecta; un poco de fe te servirá. ¿Tienes esta cantidad? Pon en acción la fe que tengas, y lo que Dios te manda, hazlo. Él te honrará por tu obediencia.

Mientras escribía este capítulo, Dios me demostró Su gracia al traerme buenas noticias del poder de una visión renovada. Fui bendecido al saber que dos de las parejas, "ex alumnos", de nuestro ministerio estaban prosperando en la recuperación de las heridas casi fatales en sus matrimonios.

Una de ellas vino a verme, hace un tiempo, todavía recuperándose de las heridas de una aventura amorosa. El futuro se veía sombrío, su relación estaba tambaleando, al punto del divorcio. Nadie les hubiera dado mucha esperanza para poder salvar su matrimonio. Su propia visión estaba apagada, y su fe reducida a casi nada. Casi no había solución. Hace poco me senté con ellos para oír la historia de su recuperación y su ascenso gradual del abismo de la depresión. Trabajaron fielmente con el programa de seguimiento que yo les había asignado y crecieron en su amor para Dios y el uno para con el otro. Ahora querían saber cómo volver a tomar las riendas para ser útiles para Dios. El Dios de toda esperanza les prometió un nuevo comienzo y lo cumplió. *"He aquí que yo hago cosa nueva; pronto saldrá a luz; ¿no la conoceréis? Otra vez abriré camino en el desierto, y ríos en la soledad"* (Isaías 43:19).

También recibí una llamada de un pastor amigo que había servido como consejero de seguimiento y mentor de otra pareja cuyo matrimonio había resistido, no solamente el choque de la perversión y la inmoralidad, sino también el conocimiento del hecho por el público en general. El pastor contó cómo esta pareja se había adherido fielmente a su programa, y durante años habían llegado a ser miembros fieles y fructíferos en su iglesia. Los había visitado en su hogar y fue testigo personal del amor y devoción que ahora compartían el uno con el otro. ¡Su amor no solo fue restaurado, sino que volvió con un rugido! Evidentemente el Señor les había hecho *"crecer y abundar"* (1 Tesalonicenses 3:12). ¡Puede hacer lo mismo por ti!

La cura para el corazón vacío y el hogar abandonado es la misma de aquella cantina vacía y polvorienta del pueblo vaquero. La palabra "donde" necesita ser colocada nuevamente en su lugar.

---

[1]A.W. Tozer, *The Knowledge of the Holy* (New York: Harper and Brothers, 1961), 6.

Guía de Estudio

POR JERRY D. REECE

Las Preguntas

Introducción
Guía de Estudio

PREGUNTAS

<u>Instrucciones</u>: Escribe la(s) palabra(s) que corresponda(n) mejor en el espacio en blanco de las siguientes frases. Puedes usar el libro de texto para encontrar las respuestas correctas. Repite cada frase en voz alta varias veces para que quede bien en tu memoria.

1. El autor aclara que la autoridad para sus consejos se encuentra en _____ _____ _____.

2. La Biblia no solamente identifica los problemas y señala el pecado, sino que provee los _____ necesarios para _____.

3. El ejemplo que presenta la Biblia para el esposo y la esposa se encuentra en la relación que existe entre _____ y la _____.

4. El concepto básico del libro que ofrece dirección y reorientación para tener un matrimonio feliz se resume en la palabra: "_____".

5. Una de las razones por las cuales los matrimonios cristianos tienen problemas es porque han aceptado la filosofía y práctica del _____.

6. Otra idea "nueva" de este libro es que cada persona debe aceptar su _____ _____ por su vida y matrimonio, en vez de echar la culpa sobre otra(s) persona(s) por los problemas.

7. El autor asegura que la lectura de este libro causará _____.

8. El autor explica que el cambio no será _____ ni _____.

9. La victoria y el éxito comienzan con el _____ paso.

Para lograr un cambio positivo en tu matrimonio, tú y tu esposa(o) tienen que trabajar _____.

1
Hay Esperanza para tu Matrimonio

Guía de Estudio — Preguntas

I. Describe a los siguientes matrimonios y sus problemas:
(1) El matrimonio pobre:

(2) El matrimonio quebrantado de corazón:

(3) El matrimonio cautivo:

(4) El matrimonio ciego:

(5) El matrimonio oprimido:

II. Si tu matrimonio tiene problemas serios, ¿cuáles son?

III. Haz una lista de entre cinco y diez versículos bíblicos que dan esperanza de realizar cambios positivos en tu matrimonio.

2
El Camino Bíblico a la
Victoria Matrimonial

Guía de Estudio — Preguntas

1. Escribe en el espacio que sigue Romanos 6:17:
   "_____
   _____
   _____
   _____
   _____".

2. Una de las causas más comunes del fracaso en el matrimonio es la _____ de expectativas
   _____.

3. Uno de los grandes valores de recibir _____
   prematrimoniales es poder alinear las
   _____ con lo que nos manda Dios.

4. La felicidad de un matrimonio es directamente proporcional al
   grado de _____ que hayan recibido
   _____ de casarse.

5. Las expectativas egoístas pueden convertirse fácilmente en
   una mentalidad egocéntrica que _____
   que su cónyuge _____ todos sus deseos y
   exigencias.

6. Muchos matrimonios también están condicionados a la
   _____.

7. Los hábitos toman _____ para sanar, y las heridas que ahondó una relación de _____
   no sanarán de un día para otro.

8. Escribe Mateo 19:26 en el espacio que sigue:

   "_____

   _____

   _____

   _____

   _____".

9. Pablo identifica las tres partes del hombre que Dios cambia: el _____, el corazón y la _____.

10. Muchos tienen la expectativa de que el consejero garantice un _____ exitoso, sin tener que bregar con su _____ personal en el proceso del cambio.

11. La pareja con problemas es _____ de veras cuando se dispone a buscar a un maestro o líder _____ para ayudarla.

12. La fuente de la victoria para tu matrimonio es la Palabra de Dios, presentada y _____ por un siervo de Dios. Pero aun esto no es suficiente si tú no _____ con el proceso.

13. La vía para el cambio es primeramente _____, segundo _____ y de convicción, y tercero, de la _____.

14. Las ideas falsas, las mentiras, distorsiones y teorías creadas por el hombre sobre el amor y el matrimonio deben ser claramente _____ y _____ antes de que la pareja pueda adoptar la verdad de la Biblia.

Tiene que haber un cambio triple para tener una victoria _____ en tu matrimonio. Tienes que dejar que la doctrina _____ el corazón y que, a su vez, _____ tu voluntad. Solamente entonces podrá tu matrimonio disfrutar de un avivamiento duradero como lo deseas.

3
¿Por qué estás casado?

Guía de Estudio — Preguntas

1. Una de las causas del fracaso de los matrimonios son las expectativas no _____.

2. Tus expectativas revelan tus _____.

3. Describe las siguientes motivaciones por casarse:
   (1) La motivación de escaparse:

   (2) La motivación de rehabilitación:

   (3) La motivación del amor a los niños:

   (4) La motivación de la gratificación sexual:

   (5) La motivación de obligación:

(6) La motivación de seguridad:

(7) La motivación de dar gloria a Dios:

(8) La motivación del ministerio:

(9) La motivación de ilustración:

4
El Significado del Matrimonio

Guía de Estudio — Preguntas

1. El texto bíblico que enfoca el ejemplo de Jesús, desafiándonos a que "ministremos" a las necesidades de nuestro cónyuge es Mateo 20:28. Escríbelo en este espacio:

   "_____

   _____

   _____

   _____

   _____".

2. El propósito del autor no es el de redefinir los papeles bíblicos de los cónyuges, sino el de enfatizar la importancia de _____ a las necesidades de nuestra(o) esposa(o). Los papeles de los miembros de la familia se resumen en Efesios 5:21-33 y I Pedro 3:1-8.

3. El propósito de Dios en el matrimonio es que el esposo y la esposa se _____ mutuamente. La Biblia no menciona los _____ ni las _____ del lector, sino sus _____.

4. Cuando alguien está esperando que otros suplan sus necesidades, y ellos no lo hacen, estará tentado a usar _____ y hará cualquier cosa para que _____ su deseo. Actuar de esta manera causa mucho conflicto en el hogar.

5. Hay que decir "no" a la _____. Pide a Dios que Él obre en tu esposo en vez de pasar el tiempo expresando tus quejas en rencillas y pleitos.

6. El ministerio bíblico de la esposa a su esposo es la _____ y el _____ debido en obediencia a Dios.

7. El ministerio bíblico del esposo a su esposa es el _____ agape el cual dirige todas sus expresiones, acciones y decisiones.

8. La sujeción de la esposa a su esposo se hace como al _____, y si amas a Dios, lo harás.

9. El amor del esposo expresado a su esposa debe ser un reflejo del _____ de _____ por su esposa, la iglesia, e implica su _____ personal por ella.

10. Para el esposo, el ser "cabeza" (líder) del hogar, es una gran _____ la cual demanda largas horas en oración, pidiendo la sabiduría de Dios, y mucha disciplina, trabajo y paciencia.

5
Ministrando a la Necesidad más grande de tu Esposo

GUÍA DE ESTUDIO — PREGUNTAS

1. La necesidad más grande de tu esposa es que tú _____ su liderazgo.

2. La sumisión de la esposa a su esposo expresa una actitud _____ y requiere la ayuda del _____ _____.

3. ¿Te sientes responsable a tu esposo o por tu esposo? _____.

4. Muchas esposas miran la _____ de sus esposos en vez de reconocer la _____ que Dios les ha dado como "_____" del hogar.

5. El ser humano tiene una aversión natural a la _____. La sumisión de la esposa a su esposo no tiene nada que ver con ideas de inferioridad.

6. A veces, la falta de decisión de parte del esposo puede producir _____, _____ y _____-_____ en su esposa. Tales actitudes y acciones engendrarán conflictos en el matrimonio.

7. Una solución al problema es volver a depositar tu fe en la _____ _____ de Dios. (Romanos 8:28)

8. Parte del problema es cuando la esposa ve sus expectativas **FRUSTRADAS**.

9. En su frustración, la esposa puede buscar, equivocadamente, soluciones de un portafolio lleno de _____ _____ que incluyen adulación, zalamerías, aislamiento, lágrimas, y la puerta de su cuarto cerrada con llave, entre otras cosas.

6

Ministrando a la Necesidad Más Grande de tu Esposa

GUÍA DE ESTUDIO — PREGUNTAS

1. La necesidad más grande de la esposa es saber que su esposo la
_____ de _____. (Efesios 5:25,28
y 33)

2. El amor **_agape_** que Cristo mandó a los esposos tener por sus esposas es un amor que hizo grandes _____
por su amada iglesia. (Juan 3:16; Romanos 5:8)

3.   El   amor   sincero   "_____"   **y**
"_____" a su amada, como Cristo lo hace a la
iglesia. El amor del esposo para su esposa debe satisfacer las
_____ de ella.

4. Escribe I Pedro 3:7 en el espacio que sigue. "_____
_____ _____
_____
___ _____
_____".

5. El esposo, como sacerdote y líder espiritual del hogar, debe dedicarse al lado espiritual de la vida de su esposa. Cristo dio su
vida por la iglesia para "_____" y pre-
sentársela a sí mismo sin mancha, y contaminación.

6. Escribe en el espacio que sigue, I Corintios 13:4-7. "_____

_____

_____

_____

_____

_____

_____

_____

_____

_____

_____

_____

_____

_____

_____

_____

_____

_____

7

Mitos acerca del Amor
y el Matrimonio

Guía de Estudio — Preguntas

1. Un matrimonio con problemas no puede volver a vivir el pasado, sino que tiene que perdonar aquellas faltas y querellas y dejarlas en el pasado. Lo que pueden hacer es trabajar juntos para un _____ mejor basado en la práctica de los _____ de la _____

_____.

2. Para sanar una relación herida y sangrante, necesitas _____ la mentira y _____, y sembrar en su lugar la Verdad de Dios. (Colosenses 2:8)

3. Edificar un matrimonio, como plantar un jardín, requiere mucho

_____.

4. "...Muchas de las percepciones sobre el matrimonio antes de casarse son poco más que _____, aquello con lo que se inventan _____y cuentos de hadas".

5. El primer mito sobre el matrimonio es que "la _____ ___ _____ durará para siempre".

6. Las estaciones del amor suceden. Primero, la estación del _____, luego la estaciones de realidad y regresión. Con la ayuda de Dios, el amor puede _____ cuando el conocimiento de la Palabra de Dios se pone en práctica.

7. Los sentimientos del amor son eufóricos, pero no pueden tomar el lugar de la _____, el entrenamiento, la experiencia y el _____.

8. Cuando los desaires y desilusiones, las presiones de las
   _____, las demandas del _____
   y las relaciones con los _____ no se resuelven
   con paciencia, perdón espiritual y comunicación abierta, entramos en la estación de _____.

9. Es en la estación de regresión que ocurren la mayoría de los divorcios. Entonces salen en busca de alguien que los ame tanto
   como se aman a ___ _____ para repetir el ciclo de
   nuevo.

10. La estación de renacimiento viene como resultado del avivamiento
    obrado por el poder del _____ _____
    en sus vidas y su matrimonio.

11. El segundo mito sobre el matrimonio dice que "todos los prob-
    lemas tienen una solución _____".

12. Puedes encontrar que los pasos hacia la _____ de
    los problemas tendrá montañas de victoria y _____
    de fracaso. La _____ sobre hábitos viejos puede
    tardar, pero ten fe, Dios te ayudará.

13. El tercer mito sobre el matrimonio dice que sus padres, su esposa
    u otros tienen la _____ de lo que está pasando. No
    quieren reconocer su propia parte en el problema.

14. La solución a los problemas en el matrimonio viene por medio
    de un diálogo abierto en el cual cada uno _____
    sus faltas y pide el _____ de Dios y del ofendido.

15. Cuando el creyente en el Señor contrista o apaga al Espíritu Santo
    en su vida, comienza a andar en la _____ y a
    _____ a otros.

16. La psicología moderna del mundo nos ha enseñado a echar la
    culpa por nuestros pecados al _____, a
    una experiencia de la niñez y cosas semejantes. Dios ofrece
    una solución completa a tales problemas. Perdona el hecho y al
    hacedor y sigue adelante con tu vida.

17. El pasado te ofrece una _____ por tu conducta,
    pero Cristo te ofrece su _____ y poder para
    _____ tu vida y tu conducta completamente.

8

Más Mitos acerca del Amor
y el Matrimonio

Guía de Estudio — Preguntas

1. El cuarto mito sobre el matrimonio es que el _____ es todo
   lo que _____.
2. El quinto mito sobre el matrimonio es que tengo que conseguir
   un _____ porque me casé con la persona
   _____.
3. Hay muchas razones buenas para no creer que hay solamente una
   persona _____ para ti:
   (1) Dependería toda tu felicidad futura de esta sola
   _____.
   (2) La vida presupone que habrá _____ de
   salud, condición económica, etc.
   (3) Solamente conocerás quién es realmente la _____
   después de casarte.
   (4) Este mito niega tu _____
   como cristiano de ser fiel a tu   cónyuge   hasta   que   la
   _____ los separe.
4. El mito de que hay solamente una persona correcta para ti manifiesta un concepto equivocado del matrimonio y del carácter de
   Dios.
   (1) Si te casaste con una persona que no era para ti, estás atrapado en _____ imperdonable.
   (2) Otra conclusión es que Dios está_____
   por tu pecado en un matrimonio infeliz.
   (3) O, como muchos, podrías _____ a Dios por haberte dejado cometer tan grande error.

(4) Estas conclusiones no son correctas y reflejan una imagen incorrecta de Dios.

5. Un ejemplo de un matrimonio mal hecho es el de _____ y _____.

6. José era del linaje de _____, por medio de su hijo Salomón, y María era hija de David por medio de su hijo Natán, y por lo tanto, _____ lo era también. Esto enfatiza la gracia de Dios en todas las cosas.

7. Puede ser que Satanás te haya hecho pensar que tu matrimonio tuvo un mal comienzo, pero puedes consagrar tu vida al Señor y encontrar felicidad y bendición por medio de seguir Su plan Soberano para tu matrimonio.

9

Cinco Mentiras Comunes
sobre las Corazonadas

GUÍA DE ESTUDIO — PREGUNTAS

1. Muchos matrimonios están buscando el avivamiento del amor eufórico que sentían cuando se casaron, pero les evade porque no han conocido al _____ del _____ verdadero, el Señor Jesús.

2. La primera mentira sobre el amor es que _____natu-ralmente. La segunda ley de la termodinámica dice que todo sistema cerrado progresa "naturalmente" de un estado orga-nizado al _____. En el amor, con el tiempo, se deterioran las relaciones.

3. El deterioro natural del amor en el corazón humano se nota en la Biblia cuando Dios nos manda a _____ a nuestras esposas, nuestros esposos y a nuestro prójimo.

4. Para que el amor siga caminando bien, como el motor de tu auto necesita que cheques el nivel del aceite, hay que dar el debido_____ a tu relación con tu cónyuge.

5. La mentira número tres es que el amor es emocional. Un sabio ha dicho: "Los sentimientos son _____ que Dios paga por la inversión de la _____".

6. El "amor" de cortejo de los jóvenes dura muy poco tiempo. Pronto aquellos _____ desaparecen cuando se pre-senten las sorpresas y los problemas de la vida matrimonial.

7. La cuarta mentira del amor es que el amor es _____.

8. Las tres categorías del amor: el amor "_____", el amor "_____" y el amor "a _____ de".

9. El amor "porque" corre el riesgo de que la apariencia física de la persona pueda sufrir el _____ físico.

10. El amor "si" dice te amo si _____ mis necesidades, si me haces _____ bien, si suples todas mis _____.

11. El amor "a pesar de" es el verdadero amor que dice:"Te amo a pesar de tus _____, a pesar de tu peso, a pesar de tu _____, y aun a pesar de tu pecado".

12. Aceptar que el amor es de medidas absolutas es decir que el amor es un producto _____ que no requiere ensamblaje ni _____.

13. El amor verdadero _____ un matrimonio y una familia que _____ el paso de los años.

10
El Hechizo de las Emociones del Amor

Guía de Estudio — Preguntas

1. Los heridos de amor, ocasionado por el _____, el olvido o el _____ por el objeto de su amor, siempre sufren un corazón que se tuerce de angustia.

2. El _____ de amor no puede funcionar sin su _____ _____de una mirada, un toque, una palabra o más importante, la presencia de su amado.

3. El ciego de amor no puede ver las _____ de su amor, ni los _____ en la relación que son claramente evidentes a los demás.

4. El imán del amor es tan hermoso, bien _____, popular, talentoso, _____ o _____ que parece atraer pretendientes de todas partes casi sin esfuerzo.

5. Con las _____ en control y _____ muertos, muchos jóvenes "entran en una cadena adictiva de relaciones que tiene como patrón noviazgos de _____ giratorias y amoríos múltiples.

6. La _____ sexual tiene que ver con la pérdida del _____ de nuestro cuerpo, cuando dejamos que nuestras pasiones físicas nos desborden y cedemos a las demandas de nuestro cuerpo para _____.

7. No hay nada, absolutamente nada, que te engañará o te inducirá al error más rápida y más completamente que tu _____, tus emociones.

8. La madurez _____ es la habilidad

de conformar nuestras creencias y comportamiento a la
_____.

9. Es raro que a una persona se le haga una propuesta sexual que
no sea condicionada por un _____ emocional
que fue desarrollándose _____.

10. Escribe I Pedro 5:8 en el espacio:

_____

_____

_____

_____

_____

11. Jeremías 17:9 dice: *"Engañoso es el _____
más que todas las cosas, y _____; ¿quién
lo conocerá?"*

12. Por años nuestros consejeros enseñaron que había solamente una _____ en el mundo para casarte
con ella y que encontrar a esa persona idónea sería la única
_____ de felicidad.

13. No entendieron que SER la persona correcta era más importante
que _____ a la persona correcta; ni entendieron que
las parejas ingenuamente habían puesto cargas onerosas sobre el
objeto de su amor - miraba al _____ para encon-
trar felicidad y el suministro interminable de sus sentimientos
de bienestar.

11
Amor que Crece y Abunda

Guía de Estudio — Preguntas

1. Es la voluntad de Dios que tu amor _____ y tu matrimonio _____.

2. Para tener un amor que crece y prospera, en primer lugar, necesitas haber experimentado el _____ _____.

3. Es peligroso pasar por alto la experiencia personal de salvación, porque uno no puede amar con un amor _____, a menos que el _____ de Dios _____en su corazón.

4. El amor de _____ de parte del esposo y la _____ sincera de parte de la esposa son dos mandatos _____ para alcanzar la felicidad, pero no se alcanzarán sin ser lleno y energizado por el Espíritu de Dios.

5. El avivamiento del amor de muchos matrimonios de hoy está esperando _____ sinceras para que Dios _____ nuevamente el amor *agape* en sus corazones.

6. Muchas parejas comprometidas se encuentran con su cabeza _____ de su corazón y dan poca atención a la idea de que necesitan más que los _____ de amor para sostener una relación.

7. Si el amor abunda por el conocimiento, entonces una manera eficaz de hacer _____el amor es por medio de aumentar el _____ acerca del tema en la _____ misma.

8. El amor es una _____.

9. Algunos dicen que el camino hacia la felicidad consiste en borrar los sentimientos _____ y cultivar sentimientos buenos en su lugar. Hoy en día, _____ a otros por sus problemas, y a las personas con problemas las llaman _____.

10. Otros dicen que un hombre puede _____ por medio de cultivar acciones _____ en su vida. El secreto está en encontrar _____ entre las dos opiniones.

11. En vez de procurar la _____ de nuestros sentimientos debemos _____ a las necesidades de nuestro cónyuge.

12. Has aprendido algunos principios para hacer crecer tu amor pero, ¿qué garantizará tu perseverancia en ellos?   ¡Haz un _____ a _____ plazo!

13. La palabra, "_____," se debe borrar del diccionario de todos los matrimonios.

14. En vez de lubricar las bisagras de la puerta de salida, ¡_____ con clavos y tablas!

12
El Elemento Faltante en la Comunicación

Guía de Estudio — Preguntas

1. El matrimonio es una unión _____; por lo tanto, hay una dimensión espiritual de comunicación que desafía las herramientas y filosofías _____ que están de moda hoy.

2. Los hombres tienden a estar más interesados en sus _____ que en los sentimientos; mientras las mujeres tienden a estar más en contacto con sus _____ que sus pensamientos.

3. Las percepciones son las conclusiones que haces de los _____ y los _____ que generan.

4. ¿Qué es la misericordia? Es mi compromiso de interpretar la reacción de otra persona con el propósito de _____ en su necesidad. Es ponerme en su lugar, _____ lo que siente, y en base de esta información, ministrar a su necesidad.

5. Un secreto de la comunicación eficaz es aprender cuáles son las _____ de tu esposa(o) de las cosas.

6. Hace falta el poder de Dios para que dejemos el uso de la comunicación _____ y _____ y desarrollemos los hábitos de comunicación espiritual.

7. La _____ es el elemento faltante en la comunicación de la mayoría de los matrimonios, hoy en día. Este es el secreto para hacer el _____ entre las percepciones de dos personas.

8. La misericordia no es solamente _____ pena o lástima por alguien.

9. La misericordia no es solamente un _____ enfermizo que se expresa de manera incontrolable.

10. La misericordia no es _____ por alto el pecado.

11. La palabra "misericordia" viene de la palabra griega **_eleemon_** y consiste de tres cosas específicas Primero, consiste de _____ de manera consciente y decisiva. Segundo, incluye _____ el dolor de otro, la compasión. Tercero, se demuestra por medio de _____ deliberadas.

12. Esta es la primera dimensión de la verdadera misericordia bíblica. Es una _____ que "demanda un esfuerzo _____ de la mente y la voluntad".[3] Hasta que no se haga este esfuerzo, la misericordia no podrá comenzar.

13. Si un esposo no conoce, cuando menos, tres necesidades de su esposa, él debe comenzar con la tarea de descubrirlas, _____, enfocarse en ellas y luego, _____ a su esposa en estas áreas.

14. _____ "significa la habilidad de ponerte en el lugar de otro hasta que puedas _____ las cosas con sus ojos, pensar lo que él piensa y _____ lo que él siente".[5]

15. Todos necesitamos un lugar _____. Tú lo necesitas, y tu cónyuge lo necesita. ¿Puede tu esposa(o) sentir que tus _____ son un lugar seguro? ¿Puede confiar en tu corazón como un lugar seguro?

13

Hacia el Descubrimiento: Cómo Dios Me Enseñó el Valor de la Misericordia

Guía de Estudio — Preguntas

1. Te ayudará entender cuál es el don _____ de tu cónyuge para entender sus motivos, su percepción de la cosas y cómo ministrar a sus necesidades básicas.

2. El temperamento es la combinación de _____ innatas que subconscientemente afectan la conducta del hombre. Igual que los dones espirituales, el temperamento es un medio para evaluar las _____ de la persona.

3. El temperamento puede _____ con las etapas de la vida y con circunstancias especiales, como el estrés. Pero en general, hay un _____ consistente que emerge.

4. Otros peligros incluyen justificar el pecado como el insolente que dice: "Bueno, es mi _____. No puedo evitar ser así. Tendrás que _____ a aguantarme". Uno podría usar estos pretextos para justificar su propio pecado o el de otros.

5. El fatalismo es un peligro en el estudio de los temperamentos, así como la justificación del pecado. El fatalismo dice, erróneamente, que tu futuro está _____, y tus circunstancias están fijadas permanentemente; tu personalidad, por lo tanto, no puede jamás ser _____.

6. Hay razones correctas e incorrectas para estudiar el temperamento. Unas razones correctas son para poder _____ a tu esposa(o) mejor, para aumentar tu comprensión de las _____ entre ambos y para ayudarte a mejorar tu ministerio de misericordia.

7. El estudio de los dones espirituales y los temperamentos puede ayudarte a entender mejor las _____ y _____ de tu cónyuge y para ministrar a sus necesidades.

8. El temor más grande de un colérico es que se _____ de él. A él le gusta un trato _____ y tiene la habilidad de ver el panorama y _____ lo que falta a un proyecto.

9. El temor más grande de un flemático es el conflicto y la pérdida de _____. Su lado fuerte es una _____ imperturbable cuando está bajo fuego.

14

Apuntando al Blanco: Estableciendo Metas en el Ministerio de Comunicación

GUÍA DE ESTUDIO — PREGUNTAS

1. Este capítulo te enseñará las _____ que necesitas tener en mente cuando te propones _____ de corazón a corazón con tu esposa(o).

2. Una meta es un objetivo que esté bajo mi _____ directo. Segundo, una meta es algo de lo que yo, y solamente yo soy _____ de lograr. Tercero, mi respuesta a mi meta es _____. Yo lo haré.

3. Jamás debemos fijarnos como meta el _____ a otra persona. ¿Por qué? Porque la mente, el corazón y la _____ de otro ser humano están involucrados.

4. Dios guía la voluntad del hombre para cumplir sus propósitos y es capaz de cambiar la mente, el _____ y la _____.

5. Mi plan de evangelización se parecía a un _____ que va de puerta en puerta más que a un representante de Dios. Dios me hizo ver que yo estaba _____ este escenario sin Su participación.

6. Ahora entiendo que ganar un alma es un deseo, y cambié mi enfoque de la _____ sutil a la _____ sobre mis rodillas dobladas. Mi confianza ya no está en mi habilidad, sino en el poder de Dios.

7. Los peligros de confundir un deseo con una meta son que uno recurre a la _____, toma el _____ por el éxito, se siente culpable por el fracaso y utiliza la _____ para rehacer a esta persona a la imagen que uno visualiza para ella.

8. Metas para la comunicación con tu esposa(o): Debes proponerte nunca herir a tu pareja con tu _____. Siempre debes usar un lenguaje que _____ y _____ a tu esposa(o).

9. La decisión es tuya: tú puedes ministrar _____ o puedes ministrar desánimo a los que te oyen.

10. No es suficiente hablar la verdad. Lo que hace falta es _____ la verdad con _____. Esta es una combinación difícil de resistir.

11. Lo primero es buscar honestamente alguna buena _____ en tu cónyuge. Por medio de _____ sinceramente alguna cualidad positiva, puedes animarle.

12. Detrás de las capas de suciedad y roña de cada alma humana, hay un corazón que late con _____ de *"la palabra dicha como conviene"*.

13. Tu esposa(o) puede ser vulnerable, también si tiene el banco de amor_____. ¿Por qué no haces algunos_____? Otra manera de hablar la verdad con amor es aprender a _____ y hacer mención de lo _____ de su vida.

14. Si una joven quiere casarse con un _____, debe comportarse como una _____... con un _____ piadoso y una vida de santidad.

15. Quizás una de las mejores maneras de hablar la verdad en amor es usar el "enfoque _____". Cuando la verdad dolorosa debe decirse, debe ser entregada como un pedazo de carne entre dos rebanadas de _____ y _____.

16. La próxima vez que vayas a _____ a tu cónyuge, ¿por qué no pruebas el enfoque sándwich? Introduce cualquier _____ con una alabanza y síguela con un cumplido. Ve si no hace una diferencia.

17. Si debes cometer un _____, que sea por el lado del _____. Puedes ser perdonado por amar demasiado antes de ser perdonado por amar muy poco.

15
Misericordia en Acción

GUÍA DE ESTUDIO — PREGUNTAS

1. Tú debes olvidarte de tus sentimientos y demostrar tu amor cuando lo _____ tu cónyuge, en vez de buscarlo cuando tú lo necesites. Tu amor en Cristo puede ponerse en acción a la _____ y por el _____ que tú elijas.

2. ¿Cómo demuestras tu amor para tu cónyuge? Te das más de_____ mismo a él o a ella. ¿Cuándo? Cuando cuesta, cuando no es _____ y no porque sirva a algún propósito egoísta. ¡El amor es _____!

3. Si tú quieres amar a tu cónyuge más, entonces aprende a _____ más frecuentemente a él o ella. Cuanto más _____ tu amor, más crecerá tu amor.

4. Dios tiene un plan doble para ministrar a tu cónyuge. Él usa una *ruta directa* y una *ruta indirecta*.   La ruta directa comienza en el corazón de _____ y va directamente a tu cón-yuge o... Él lo enviará A TRAVÉS DE TI. Esta es la ruta _____.

5. La misericordia se compone de tres cosas: la intención decisiva, el _____ compartido y la _____ deliberada.

6. ¿Quién conoce las necesidades de tu cónyuge mejor que _____? ¿Quién tiene una oportunidad de ayudar más grande que la _____? ¿A quién ha escogido Dios para esta tarea, sino a _____?

7. La comunicación misericordiosa en el matrimonio significa compartir la verdad con tu cónyuge, acomodándola a su

_____ espiritual para no hacerle daño en el transcurso.

a. Primero, protege a tu cónyuge, expresando tu dolor como una _____personal, y no con _____ proyectado. Es una cosa decir: "Cuando dijiste eso, realmente me dolió, querida," y otra cosa gritar: "¿Qué quieres decir con eso?"

b. Segundo, practica la mesura _____ en tu conversación, sin atacar el carácter ni los _____ de tu cónyuge. Está bien decir: "Cuando me criticas, me siento rechazado como persona, y esto me duele". Esto es muy diferente a decir: "¡Qué criticón eres! Todo lo que haces es criticarme".

c. Tercero, uno se debe dar cuenta de que mientras un cónyuge puede cruzar el arroyo de un _____, el otro puede necesitar media _____ para juntar fuerzas.

8. He aprendido a darle tiempo a Sandra para _____ a una idea nueva, expresar sus _____ y hacer preguntas sinceras. Lo hago en parte para controlar mis impulsos y sincronizar nuestros sentimientos antes de cruzar el arroyo.

9. En mi plan de consejería, uso los "ABC de los _____". Se ven así:

"A" - _____ POR UN EVENTO que es interpretado por el

"B" - _____ DE CREENCIAS que causan

"C" - _____ SENTIMIENTOS que producen la

"D" - _____ DE REACCIONAR.

10. Un cónyuge misericordioso aprenderá a ir debajo de la _____ para descubrir la persona real que está escondida allí.

11. La manera mejor de _____ a lo malo en tu matrimonio es aplicarle una buena dosis de _____.

16
¿Cómo Debo Perdonar?

Guía de Estudio — Preguntas

1. El secreto de "cómo perdonar" la ofensa de otro se encuentra en
Colosenses 3:13: Escríbelo en el siguiente espacio:

   _____

   _____

   _____

   _____

   _____

2. Cristo pagó el precio de tu perdón cuando sufrió por tus pecados
en el Calvario... y canceló tu _____ de la cual Él
no tenía ninguna _____.

3. Tozer dijo: "Temo que perdamos de vista el gran
_____ de la palabra 'perdón,' si no consideramos el _____ pagado por este perdón. El sacrificio más grande se hizo cuando Cristo murió por los pecados
de la _____."

4. El _____ y la voluntad de sufrir en el lugar y por
la causa del hombre, no está limitado a Él solamente, sino que su
sacrificio debe ser _____ por sus seguidores.
(Filipenses 2:5-8)

5. ¿Qué hace que un esposo _____ el perdón de Dios
de sus propios pecados y rechace el _____ de
Dios de perdonar a su esposa?

6. Fue por nuestros pecados que lo clavaron en una cruz, y por
encima de la cacofonía creciente de voces de burla, entre
puños levantados y gritos por su sangre, que Cristo levantó su
_____: "Padre, _____, porque no
_____lo que hacen."

7. El pecado no tiene que ver con la _____, sino con las _____. La fuente de estas emociones es el corazón. *"Engañoso es el corazón más que todas las cosas, y perverso; ¿quién lo conocerá?"* (Jeremías 17:9).

8. Las ofensas deben ser juzgadas con _____. Esta misericordia llegará a ser el catalizador para _____ por aquel que te ha ofendido...

9. Si hubiera alguna respuesta al _____, al dolor y la injusticia de la vida, sería la de poseer una visión clara del _____ más alto de lo que experimentaste.

10. Pon en tus propias palabras el sentido de 2 Corintios 1:3-6.

    _____
    _____
    _____
    _____
    _____

11. Escoge uno de los siguientes versículos y explica lo que significa para ti: Filipenses 2:5-8; Mateo 6:12-15; Isaías 53:3-7; Colosenses 3:12-17.

    _____
    _____
    _____
    _____
    _____
    _____
    _____

17
El Ministerio de la Sexualidad

GUÍA DE ESTUDIO — PREGUNTAS

1. En la iglesia de Corinto, existían dos ideas erradas acerca del sexo: (1) que la _____ sexual dentro del matrimonio produciría _____y (2) que era mejor dejar la práctica del sexo con su esposa(o) totalmente para _____ a Dios.

2. Pablo aclaró bien este punto en I Corintios 7:3-4. "El marido cumpla con la mujer el _____ conyugal, y asimismo la mujer con el marido. La mujer no tiene _____ sobre su propio cuerpo, sino el marido; ni tampoco tiene el marido potestad sobre su propio cuerpo, sino la _____" (I Corintios 7:3-4).

3. Pablo deseaba establecer la meta de tener un _____ sexual mutuo de _____ a su cónyuge en el matrimonio. La mayor felicidad viene cuando ambos enfatizan las necesidades de su cónyuge en vez de las suyas propias.

4. David, después de su adulterio con Betsabé, reestableció la _____ con Dios y fue a su casa para consolar a su esposa. El acto sexual es la _____ de Dios, y le place porque estás ministrando a tu cónyuge.

5. Los complejos de la juventud se convertirán en la _____ de su vida de adulto. Sucede que muchos jóvenes llevan los hábitos, filosofías, perversiones sexuales y _____ moral del mundo a sus _____.

6. En la Biblia, Dios nos ha dado los principios fundamentales para _____ el sexo en el matrimonio. Tenemos una orientación _____ sobre el sexo que es más

acertado que lo que puedan proveer las filosofías humanas.

7. Son muchas las razones por ver al sexo como una cosa "buena":

a. Casi todos los libros de la Biblia aluden al _____ de alguna manera.

b. En los tres primeros capítulos de Génesis, Dios dijo de todo lo creado que era "_____," pero no fue hasta que creó la unión del hombre y la mujer que dijo que era *"bueno* _____ _____ _____."

c. Dios vio solamente una cosa que *"no era buena"*. *"Y dijo Jehová Dios:*_____ *es bueno que el hombre esté solo; le haré ayuda* _____ *para él"* (Génesis 2:18).

d. Hay que destacar que la primera y segunda mención del matrimonio tienen que ver con la unión física: *"Y los bendijo Dios, y les dijo:*_____ *y multiplicaos; llenad la tierra"* (Génesis 1:28). *"Por tanto, dejará el hombre a su padre y a su madre, y se* _____ *a su mujer, y serán una sola* _____."* (Génesis 2:24-25).

e. Jesucristo dijo a los líderes religiosos de su día, en una referencia directa a la unión física del hombre y su mujer en Génesis, "... *por tanto, lo que*_____ _____, *no lo separe el hombre"* (Mateo 19:6).

8. El Dr. Wheat dice: "Por lo tanto, la _____ sexual apropiada, amorosamente ejecutada y mutuamente _____ es la manera que Dios nos muestra a nosotros una gran _____ espiritual".[2] Esta relación ilustra la unión mística de Cristo y su novia, la iglesia.

9. Pablo afirma audazmente: *"todas las cosas me son lícitas, mas yo no me dejaré* _____ *de ninguna"* (I Corintios 6:12).

10. La Biblia dice: *"Pero el* _____ *no es para la fornicación, sino para el Señor, y el Señor para el cuerpo"* (I Corintios 6:13). Dios tiene un _____ para tu cuerpo.

11. Kenneth Wuest, una autoridad del idioma griego altamente respetada, ha redactado cuidadosamente el significado de Hebreos

13:4 de esta manera: "Que tu matrimonio sea sostenido en _____ en todas las cosas, y por lo tanto que tu _____ matrimonial sea _____ , porque Dios juzgará a los libertinos y adúlteros".

12. La aplicación más importante de esta verdad es el énfasis de que la relación sexual es _____ para tu esposa(o). Es un llamado a la _____ a tu cónyuge. Ser infiel y romper el honor del matrimonio con el adulterio es invitar el _____ de Dios.

13. Creo que la raíz del problema es una falta de _____. Dios quiere que estemos "*contentos con lo que tenéis ahora*" (Hebreos 13:5).

14. "Todo pecado sexual comienza con un deseo de conseguir a alguien o alguna experiencia que _____ es legítimamente _____".

15. La Biblia dice: "*¿O ignoráis… que no sois vuestros? Porque habéis sido comprados por precio;_____, pues, a Dios en vuestro cuerpo y en vuestro espíritu, los cuales son de _____*" (I Corintios 6:19-20).

16. En asuntos de la sexualidad, la pregunta llega a ser: ¿_____ como hijo de Dios, en _____, o viviré como mi propio dios, sin otro programa más que mi propia _____?

17. Hay algunas cosas que debemos "_____;" hay otras que debemos "_____," pero hay algunas tentaciones que son tan poderosas que se nos manda a _____ de ellas. Los pecados sexuales están entre éstas. (2 Timoteo 2:22)

18. "*Sea bendito tu manantial, y _____ con la mujer de tu juventud, como cierva amada y graciosa gacela. Sus _____ te satisfagan en todo tiempo, y en su amor _____ siempre*" (Proverbios 5:18-19).

19. "*Mujer _____, ¿quién la hallará? Porque su estima sobrepasa largamente a la de las piedras preciosas*" (Proverbios 31:10).

"*Virtuosa*" se refiere a la fuerza_____.

20. "*No os neguéis el uno al otro, a no ser por algún tiempo de _____ consentimiento, para ocuparos sosegadamente en la oración; y volved a _____ en uno, para que no os tiente Satanás a causa de vuestra incontinencia*" (I Corintios 7:5).

21. Quiera Dios que toda persona joven en América _____ los principios bíblicos *antes* del matrimonio. Si no, entonces por lo menos después de casarse. Pero en algún punto todos los creyentes necesitan _____ a estos conceptos cruciales.

22. Una vez que se adquiere una sana teología acerca del sexo, el matrimonio puede ser librado de su _____ "corintianizado" y tener una base sólida para edificar un ministerio de comprensión, _____ y felicidad en el hogar

18
Una Visión Renovada

Guía de Estudio — Preguntas

1. "Donde no hay _____, el pueblo _____"
(Proverbios 29:18, *traducido del inglés*).

2. El brillo del primer _____, poco a poco se va apagando, y el entusiasmo e _____ juvenil se van menguando.

3. Una visión _____ es lo que se necesita. Si el hombre interior no se renueva cada día, la dureza de corazón y la carnalidad asumen el _____. El salmista oró: *"¿No volverás a darnos _____, para que tu pueblo se regocije en ti?"* (Salmo 85:6).

4. ¿Qué creyente podrá _____ de la emoción de su propia conversión, o de la visión de los seres queridos experimentando el mismo primer amor y gozo? ¿Y qué esposo o esposa no abrazaron el sueño de una _____ comunión espiritual el uno con el _____ en el amor de Dios?

5. Necesitamos _____ renovadas (Isaías 40:31), una _____ renovada (Romanos 12:2), y un _____ renovado (Salmo 51:10). El apóstol Pablo reconoció la necesidad de renovar la visión de nuestro ministerio en el matrimonio. Él oró por los creyentes tesalonicenses para que pudieran "_____ " *y* "_____" en amor. (I Tesalonicenses 3:12-13)

6. Pedro, también, se había fijado en las leyes _____ más que en los milagros _____. Él supuso que porque no había peces en el área, o porque no estaban picando, no habría más que hacer. No creyó plenamente en el poder de Cristo para cambiar las cosas.

7. El matrimonio es, en esencia, una relación _____.

La relación espiritual no responde bien a las técnicas carnales. Cuando el _____ sobrenatural de Dios se aplica a los problemas naturales, ¡el resultado es _____!

8. Cuando comienzas a sentir que se está despertando una nueva _____ de renovar su visión, Satanás te dice: "¿Ves tu _____ miserable?" "¿Crees realmente que tú puedes superarlo con otro _____?"

9. Los matrimonios fracasados tienen una imagen _____ de Dios, que dice que Él no puede _____ ni el futuro ni tu vida.

10. Observando el amor de Cristo por la iglesia, _____ a amar a nuestro cónyuge. Viendo como Cristo perdona a la Iglesia, aprendemos a _____ a nuestro cónyuge.

11. "*Si tuviereis fe como un _____ de mostaza, diréis a este monte: Pásate de aquí allá, y se pasará; y _____ os será imposible*" (Mateo 17:20). ¿Cuán grande es tu fe? Puedes decir: "No tengo mucha, ahora," pero está bien porque ___ se necesita mucha.

12. Dios no busca una montaña de fe, sino solamente una fe _____ del tamaño de un grano de mostaza. Él no demanda una fe perfecta; un poco de fe honesta te servirá. ¿Tienes esta cantidad? Pon en acción la fe que _____, y lo que Dios te manda, hazlo. Él te honrará por tu _____.

13. Para hallar el amor por tu esposa(o), tendrás que volver al lugar donde lo _____ y con arrepentimiento, confesión sincera, perdón y _____ volver a trabajar como familia. La sanidad de un hueso roto lo hace más _____. ¿Tienes fe como una semilla de mostaza? Bien, ¿qué _____?

Guía de Estudio

POR JERRY D. REECE

Las Respuestas

Introducción
Guía de Estudio

RESPUESTAS

Instrucciones: Escribe la(s) palabra(s) que corresponda(n) mejor en el espacio en blanco de las siguientes frases. Puedes usar el libro de texto para encontrar las respuestas correctas. Repite cada frase en voz alta varias veces para que quede bien en tu memoria.

1. El autor aclara que la autoridad para sus consejos se encuentra en **LA SANTA BIBLIA.**
2. La Biblia no solamente identifica los problemas y señala el pecado, sino que provee los **PASOS** necesarios para **CORREGIRLOS.**
3. El ejemplo que presenta la Biblia para el esposo y la esposa se encuentra en la relación que existe entre **CRISTO** y la **IGLESIA.**
4. El concepto básico del libro que ofrece dirección y reorientación para tener un matrimonio feliz se resume en la palabra: "**MINISTERIO**".
5. Una de las razones por las cuales los matrimonios cristianos tienen problemas es porque han aceptado la filosofía y práctica del **MUNDO.**
6. Otra idea "nueva" de este libro es que cada persona debe aceptar su **RESPONSABILIDAD PERSONAL** por su vida y matrimonio, en vez de echar la culpa sobre otra(s) persona(s) por los problemas.
7. El autor asegura que la lectura de este libro causará **DOLOR.**
8. El autor explica que el cambio no será **RÁPIDO** ni **FÁCIL.**
9. La victoria y el éxito comienzan con el **PRIMER** paso.
10. Para lograr un cambio positivo en tu matrimonio, tú y tu esposa(o) tienen que trabajar **JUNTOS.**

1
Hay Esperanza para tu Matrimonio

<u>Guía de Estudio — Respuestas</u>

I. Describe los siguientes matrimonios y sus problemas:

(1) El matrimonio pobre: <u>Respuesta</u>:"El matrimonio pobre (en espíritu) es uno que casi ha perdido la esperanza de poder cambiar. Tú puedes apoyarte en mi fe, porque mi fe es fuerte. (Lucas 22:32) El enfoque está en la persona de Cristo quien siempre ofrece esperanza para realizar cambios positivos.

(2) El matrimonio quebrantado de corazón: <u>Respuesta</u>: El matrimonio quebrantado es uno que está desanimado, desesperado y tiene depresión crónica. Ha llegado casi al punto del fatalismo. Se pregunta si hay razón para seguir tratando, o si debe divorciarse. Una esposa había llegado a pensar que su matrimonio era un castigo de Dios por sus pecados.

(3) El matrimonio cautivo: <u>Respuesta</u>: Esta es la persona que está atada por hábitos pervertidos, por pecado o auto-gratificación. Son matrimonios casi destruidos por la infidelidad de uno de los cónyuges.

(4) El matrimonio ciego: <u>Respuesta</u>: El matrimonio ciego es ciego espiritualmente. Ellos no pueden ver el poder de Dios, la presencia de su "ejercito" en el cielo que está listo para pelear a su favor. Han sido decepcionados para no creer que Dios está a su lado para ayudarles.

(5) El matrimonio oprimido: <u>Respuesta</u>: Es el matrimonio en el que, generalmente, la esposa ha sufrido abuso físico y emocional. Está resignado a un trato abusivo, pero cada golpe ahonda más su dolor.

II. Si tu matrimonio tiene problemas serios, ¿cuáles son?

III. Haz una lista de entre cinco y diez versículos bíblicos que dan esperanza de realizar cambios positivos en tu matrimonio.
Filipenses 4:13, Filipenses 4:6-8, Hebreos 4:15-16, Mateo 28:18-20, Mateo 17:20, Mateo 21:22-23. Salmo 23:1-6, Salmo 34:6-7, Salmo 18:1-3, II Samuel   22:2-4.

2
El Camino Bíblico a la Victoria Matrimonial

GUÍA DE ESTUDIO — RESPUESTAS

1. Escribe en el espacio que sigue Romanos 6:17:
   "_____
   _____
   _____
   _____
   _____".

2. Una de las causas más comunes del fracaso en el matrimonio es la **FRUSTRACIÓN** de expectativas **IRRACIONALES**.

3. Uno de los grandes valores de recibir **CONSEJOS** prematrimoniales es poder alinear las **EXPECTATIVAS** con lo que nos manda Dios.

4. La felicidad de un matrimonio es directamente proporcional al grado de **PREPARACIÓN** que hayan recibido **ANTES** de casarse.

5. Las expectativas egoístas pueden convertirse fácilmente en una mentalidad egocéntrica que **DEMANDA** que su cónyuge **SATISFAGA** todos sus deseos y exigencias.

6. Muchos matrimonios también están condicionados a la **DERROTA**.

7. Los hábitos toman **TIEMPO** para sanar, y las heridas que ahondó una relación de **CONTROVERSIA** no sanarán de un día para otro.

8. Escribe Mateo 19:26 en el espacio que sigue:

"_____

_____

_____

_____

_____".

9. Pablo identifica las tres partes del hombre que Dios cambia: el **INTELECTO**, el corazón y la **VOLUNTAD**.

10. Muchos tienen la expectativa de que el consejero garantice un **RESULTADO** exitoso, sin tener que bregar con su **RESPONSABILIDAD** personal en el proceso del cambio.

11. La pareja con problemas es **SABIA** de veras cuando se dispone a buscar a un maestro o líder **ESPIRITUAL** para ayudarla.

12. La fuente de la victoria para tu matrimonio es la Palabra de Dios, presentada y **EXPLICADA** por un siervo de Dios. Pero aun esto no es suficiente si tú no **COOPERAS** con el proceso.

13. La vía para el cambio es primeramente **INTELECTUAL**, segundo **EMOCIONAL** y de convicción, y tercero, de la **VOLUNTAD**.

14. Las ideas falsas, las mentiras, distorsiones y teorías creadas por el hombre sobre el amor y el matrimonio deben ser claramente **IDENTIFICADAS** y **ERRADICADAS** antes de que la pareja pueda adoptar la verdad de la Biblia.

15. Tiene que haber un cambio triple para tener una victoria **DURADERA** en tu matrimonio. Tienes que dejar que la doctrina **CONMUEVA** el corazón y que, a su vez, **DIRIJA** tu voluntad. Solamente entonces podrá tu matrimonio disfrutar de un avivamiento duradero como lo deseas.

3

¿Por Qué Estás Casado?

Guía de Estudio — Respuestas

1. Una de las causas del fracaso de los matrimonios es las expectativas no **REALIZADAS**.
2. Tus expectativass revelan tus **PRIORIDADES.**
3. Describe las siguientes motivaciones por casarse:

(1) **La motivación de escaparse**: Una persona que nació en un hogar abusivo, física o emocionalmente, se casa para escaparse de su miseria. Viene su caballero en armadura y montado en un caballo blanco. Resulta que los abusados se convierten en abusadores, muchas veces. Es porque nos cambiamos en lo que ocupa más el pensamiento - sea bueno o malo.

(2) **La motivación de rehabilitación**: Algunas personas creen que el matrimonio los convertirán mágicamente en una persona diferente, mejor. Algunas esposas ven lo malo de sus futuros esposos, pero confían que podrán cambiarlos en algo que no son. Este es un engaño y un sueño no realizado en la mayoría de los casos.

(3) **La motivación del amor a los niños**: Sucede cuando matrimonios infelices se mantienen casados por causa de los hijos. A veces aguantan muchos abusos porque no quieren que sus hijos queden sin padre o madre hasta que hayan   terminado la escuela.

(4) **La motivación de la gratificación sexual**: (I Corintios 7:1-2) Esta motivación se ve más en los varones. Sus hormonas están en control y su mente está de vacaciones. Esta persona resulta infiel a su matrimonio muchas veces por su falta de autodominio.

(5) **La motivación de obligación**: Esta persona se rinde a la voluntad de otros. No toma sus propias decisiones y pocas veces se queda feliz con la de otros. No saben el daño que hacen a sus hijos los padres de familia que presionan a sus hijos a casarse.

(6) **La motivación de seguridad**: Cuando un esposo se muere, muchas veces su viuda se casa muy pronto para encontrar la seguridad de otro proveedor. Ella debe confiar más en Dios y su provisión y tomar las cosas con más calma. (Salmo 23)

(7) **La motivación de dar gloria a Dios**: La pregunta más importante en todas las decisiones de la vida debe ser: "¿Dará gloria a Dios lo que voy a hacer?" (I Corintios 10:31)

(8) **La motivación del ministerio**: Tenemos el ejemplo de Cristo que vino al mundo, "no para ser servido, sino para servir" (Mateo 20:28) Ministrar a las necesidades de tu cónyuge es el secreto de la felicidad.

(9) **La motivación de ilustración**: Efesios 5:24-28 nos enseña que el matrimonio cristiano ilustra e imita el ejemplo de Jesucristo y su "esposa", la iglesia. Nuestro matrimonio debe tener el propósito de mostrar al mundo esta relación tan especial entre el Señor los suyos

4

El Significado del Matrimonio

1. El texto bíblico que enfoca el ejemplo de Jesús que nos desafía a que "ministremos" a las necesidades de nuestro cónyuge es Mateo 20:28. Escríbelo en este espacio:

   "_____
   _____
   _____
   _____
   _____ ".

2. El propósito del autor no es el de redefinir los papeles bíblicos de los cónyuges, sino el de enfatizar la importancia de **MINISTRAR** a las necesidades de nuestra(o) esposa(o). Los papeles de los miembros de la familia se resumen en Efesios 5:21-33 y I Pedro 3:1-8.

3. El propósito de Dios en el matrimonio es que el esposo y la esposa se **EDIFIQUEN** mutuamente. La Biblia no menciona los **DERECHOS** ni las **NECESIDADES** del lector, sino sus **RESPONSABILIDADES**.

4. Cuando alguien está esperando que otros suplan sus necesidades, y ellos no lo hacen, estarás tentado a usar **PRESIÓN** y a hacer cualquier cosa para que **SATISFAGAN** su deseo. Actuar de esta manera causa mucho conflicto en el hogar.

5. Hay que decir "no" a la **MANIPULACIÓN**. Pide a Dios que Él obre en tu esposo en vez de pasar el tiempo expresando tus quejas en rencillas y pleitos.

6. El ministerio bíblico de la esposa a su esposo es la **SUJECIÓN** y el **RESPETO** debido en obediencia a Dios.

7. El ministerio bíblico del esposo a su esposa es el **AMOR** *agape* el cual dirige todas sus expresiones, acciones y decisiones.

8. La sujeción de la esposa a su esposo se hace como al **SEÑOR**, y si amas a Dios, lo harás.

9. El amor del esposo expresado a su esposa debe ser un reflejo del **AMOR** de **CRISTO** por su esposa, la iglesia, e implica su **SACRIFICIO** personal por ella.

10. Para el esposo, el ser "cabeza" (líder) del hogar, es una gran **RESPONSABILIDAD** la cual demanda largas horas en oración, pidiendo la sabiduría de Dios, y mucha disciplina, trabajo y paciencia.

5
Ministrando a la Necesidad más grande de tu Esposo

Guía de Estudio — Respuestas

1. La necesidad más grande de tu esposa es que tú **SIGAS** su liderazgo.
2. La sumisión de la esposa a su esposo expresa una actitud **ESPIRITUAL** y requiere la ayuda del **ESPÍRITU SANTO**.
3. ¿Te sientes responsable a tu esposo o por su esposo? _____.
4. Muchas esposas miran la **DEBILIDAD** de sus esposos en vez de reconocer la **POSICIÓN** que Dios les ha dado como "**CABEZA**" del hogar.
5. El ser humano tiene una aversión natural a la **AUTORIDAD**. La sumisión de la esposa a su esposo no tiene nada que ver con ideas de inferioridad.
6. A veces, la falta de decisión de parte del esposo puede producir **INDEPENDIENCIA, AISLAMIENTO** y **AUTO-SUFICIENCIA** en su esposa. Tales actitudes y acciones engendrarán conflictos en el matrimonio.
7. Una solución al problema es volver a depositar tu fe en la **SOBERANÍA AMOROSA** de Dios. (Romanos 8:28)
8. Parte del problema es cuando la esposa ve sus expectativas **FRUSTRADAS**.
9. En su frustración, la esposa puede buscar, equivocadamente, soluciones de un portafolio lleno de **ARTIMAÑAS FEMENINAS** que incluyen adulación, zalamerías, aislamiento, lágrimas y la puerta a su cuarto cerrada con llave, entre otras cosas.

6
Ministrando a la Necesidad Más Grande de tu Esposa

Guía de Estudio — Respuestas

1. La necesidad más grande de la esposa es saber que su esposo la **AMA** de **CORAZÓN**.
(Efesios 5:25,28 y 33)

2. El amor *agape* que Cristo mandó a los esposos tener por sus esposas es un amor que hizo grandes **SACRIFICIOS** por su amada iglesia. (Juan 3:16; Romanos 5:8)

3. El amor sincero "**SUSTENTA**" y "**CUIDA**" a su amada, como Cristo lo hace a la iglesia. El amor del esposo para su esposa debe satisfacer las **NECESIDADES** de ella.

4. Escribe I Pedro 3:7 en el espacio que sigue. "_____
_____
_____
_____".

5. El esposo, como sacerdote y líder espiritual del hogar, debe dedicarse al lado espiritual de la vida de su esposa. Cristo dio su vida por la iglesia para "**SANTIFICARLA**" presentársela a sí mismo sin mancha, y contaminación.

6. Escribe en el espacio que sigue, I Corintios 13:4-7. "_____

_____

_____

_____

_____

_____

_____

_____

_____

_____

_____

_____

_____

_____

_____

_____

_____

_____

7
Mitos acerca del Amor y el Matrimonio

Guía de Estudio — Respuestas

1. Un matrimonio con problemas no puede volver a vivir el pasado, sino que tiene que perdonar aquellas faltas y querellas y dejarlas en el pasado. Lo que pueden hacer es trabajar juntos para un **FUTURO** mejor basado en la práctica de los **PRINCIPIOS** de la **SANTA BIBLIA**.

2. Para sanar una relación herida y sangrante, necesitas **IDENTIFICAR** la mentira y **ARRANCARLA,** y sembrar en su lugar la Verdad de Dios. (Colosenses 2:8)

3. Edificar un matrimonio, como plantar un jardín, requiere mucho **TRABAJO**.

4. "...Muchas de las percepciones sobre el matrimonio antes de casarse son poco más que **SENTIMENTALISMOS,** aquello con lo que se inventan **MITOS** y cuentos de hadas".

5. El primer mito sobre el matrimonio es que "la **LUNA DE MIEL** durará para siempre".

6. Las estaciones del amor suceden. Primero, la estación del **ROMANCE**, luego la estaciones de realidad y regresión. Con la ayuda de Dios, el amor puede **RENACER** cuando el conocimiento de la Palabra de Dios se pone en práctica.

7. Los sentimientos del amor son eufóricos, pero no pueden tomar el lugar de la **DISCIPLINA**, el entrenamiento, la experiencia y el **COMPROMISO**.

8. Cuando los desaires y desilusiones, las presiones de las **FINANZAS**, las demandas del **TRABAJO** y las relaciones con los **SUEGROS** no se resuelven con paciencia, perdón espiritual y comunicación abierta, entramos en la estación de **REGRESIÓN**.

9. Es en la estación de regresión que ocurren la mayoría de los divorcios. Entonces salen en busca de alguien que les ame tanto como se aman a **SÍ MISMOS** para repetir el ciclo de nuevo.

La estación de renacimiento viene como resultado del avivamiento obrado por el poder del **ESPÍRITU SANTO** en sus vidas y su matrimonio.

11. El segundo mito sobre el matrimonio dice que "todos los problemas tienen una solución **FÁCIL**".

12. Puedes encontrar que los pasos hacia la **SOLUCIÓN** de los problemas tendrá montañas de victoria y **VALLES** de fracaso. La **VICTORIA** sobre hábitos viejos puede tardar, pero ten fe, Dios te ayudará.

13. El tercer mito sobre el matrimonio dice que sus padres, su esposa u otros tienen la **CULPA** de lo que está pasando. No quieren reconocer tu propia parte en el problema.

14. La solución a los problemas en el matrimonio viene por medio de un diálogo abierto en el cual cada uno **CONFIESA** sus faltas y pide el **PERDÓN** de Dios y del ofendido.

15. Cuando el creyente en el Señor contrista o apaga al Espíritu Santo en su vida, comienza a andar en la **CARNE** y a **CULPAR** a otros.

16. La psicología moderna del mundo nos ha enseñado a echar la culpa por nuestros pecados al **PASADO**, a una experiencia de la niñez y cosas semejantes. Dios ofrece una solución completa a tales problemas. Perdona el hecho y al hacedor y sigue adelante con tu vida.

17. El pasado te ofrece una **EXCUSA** por tu conducta, pero Cristo te ofrece su **PERDÓN** y poder para **CAMBIAR** tu vida y tu conducta completamente.

8
Más Mitos acerca del Amor y el Matrimonio

Guía de Estudio — Respuestas

1. El cuarto mito sobre el matrimonio es que el **AMOR** es todo lo que **NECESITAS**.

2. El quinto mito sobre el matrimonio es que tengo que conseguir un **DIVORCIO** porque me casé con la persona **INCORRECTA**.

3. Hay muchas razones buenas para no creer que hay solamente una persona **CORRECTA** para ti:

   (1) Dependería toda tu felicidad futura de esta sola **DECISIÓN**.

   (2) La vida presupone que habrá **CAMBIOS** de salud, condición económica, etc.

   (3) Solamente conocerás quién es realmente la **PERSONA** después de casarte.

   (4) Este mito niega tu **RESPONSABILIDAD** como cristiano de ser fiel a tu cónyuge hasta que la **MUERTE** los separe.

4. El mito de que hay solamente una persona correcta para ti manifiesta un concepto equivocado del matrimonio y del carácter de Dios.

   (1) Si te casaste con una persona que no era para ti, estás atrapado en **PECADO** imperdonable.

   (2) Otra conclusión es que Dios está **CASTIGÁNDOTE** por tu pecado en un matrimonio infeliz.

   (3) O, como muchos, podrías **CULPAR** a Dios por haberte dejado cometer tan grande error.

   (4) Estas conclusiones no son correctas y reflejan una imagen incorrecta de Dios.

5. Un ejemplo de un matrimonio mal hecho es el de **DAVID** y **BETSABÉ**.

6. José era del linaje de **DAVID**, por medio de su hijo Salomón, y María era hija de David por medio de su hijo Natán, y por lo tanto, **JESÚS** lo era también.   Esto enfatiza la gracia de Dios en todas las cosas.

7. Puede ser que Satanás te haya hecho pensar que tu matrimonio tuvo un mal comienzo, pero puedes consagrar tu vida al Señor y encontrar **FELICIDAD** y bendición por medio de seguir Su **PLAN SOBERANO** para tu matrimonio.

9
Cinco Mentiras Comunes sobre las Corazonadas

Guía de Estudio — Respuestas

1. Muchos matrimonios están buscando el avivamiento del amor eufórico que sentían cuando se casaron, pero les evade porque no han conocido al **AUTOR** del **AMOR** verdadero, el Señor Jesús.

2. La primera mentira sobre el amor es que **SURGE** naturalmente. La segunda ley de la termodinámica dice que todo sistema cerrado progresa "naturalmente" de un estado organizado al **DESORDEN**. En el amor, con el tiempo, se deterioran las relaciones.

3. El deterioro natural del amor en el corazón humano se nota en la Biblia cuando Dios nos manda a **AMAR** a nuestras esposas, nuestros esposos y a nuestro prójimo.

4. Para que el amor sigue caminando bien, como el motor de tu auto necesita que cheques el nivel del aceite, hay que dar el debido **MANTENIMIENTO** a tu relación con tu cónyuge.

5. La mentira número tres es que el amor es emocional. Un sabio ha dicho: "Los sentimientos son **DIVIDENDOS** que Dios paga por la inversión de la **OBEDIENCIA**".

6. El "amor" de cortejo de los jóvenes dura muy poco tiempo. Pronto aquellos **SENTIMIENTOS** desaparecen cuando se presenten las sorpresas y los problemas de la vida matrimonial.

7. La cuarta mentira del amor es que el amor es **CONDICIONAL**.

8. Las tres categorías del amor: el amor "**PORQUE**", el amor "**SI**" y el amor "a **PESAR** de".

9. El amor de "porque" corre el riesgo de que la apariencia física de la persona puede sufrir el **DECAIMIENTO** físico.

10. El amor "si" dice te amo si **SATISFACES** mis necesidades, si me haces **SENTIR** bien, si suples todas mis **EXPECTATIVAS**.

11. El amor "a pesar de" es el verdadero amor que dice:"Te amo a pesar de tus **CICATRICES**, a pesar de tu peso, a pesar de tu **FRACASO**, y aun a pesar de tu pecado".

12. Aceptar que el amor es de medidas absolutas es decir que el amor es un producto **ACABADO** que no requiere ensamblaje ni **MANTENIMIENTO**.

El amor verdadero **EDIFICA** un matrimonio y una familia que **RESISTE** el paso de los años.

10
El Hechizo de las Emociones del Amor

GUÍA DE ESTUDIO — RESPUESTAS

1. Los heridos de amor, ocasionado por el **ABANDONO**, el olvido o el **RECHAZO** por el objeto de su amor, siempre sufren un corazón que se tuerce de angustia.
2. El **ENFERMO** de amor no puede funcionar sin su **DOSIS DIARIA** de una mirada, un toque, una palabra o más importante, la presencia de su amado.
3. El ciego de amor no puede ver las **FALTAS** de su amor, ni los **PROBLEMAS** en la relación que son claramente evidentes a los demás.
4. El imán del amor es tan hermoso, bien **PARECIDO**, popular, talentoso, **FAMOSO** o **RICO** que parece atraer pretendientes de todas partes casi sin esfuerzo.
5. Con las **HORMONAS** en control y **CEREBROS** muertos, muchos jóvenes "entran en una cadena adictiva de relaciones que tiene como patrón noviazgos de **PUERTAS** giratorias y amoríos múltiples.
6. La **PROMISCUIDAD** sexual tiene que ver con la pérdida del **CONTROL** de nuestro cuerpo, cuando dejamos que nuestras pasiones físicas nos desborden y cedemos a las demandas de nuestro cuerpo para **GRATIFICACIÓN**.
7. No hay nada, absolutamente nada, que te engañará o te inducirá al error más rápida y más completamente que tu **CORAZÓN**, tus emociones.
8. La madurez **ESPIRITUAL** es la habilidad de conformar nuestras creencias y comportamiento a la **BIBLIA**.

9. Es raro que a una persona se le haga una propuesta sexual que no sea condicionada por un **ENREDO** emocional que fue desarrollándose **GRADUALMENTE**.

10. Escribe I Pedro 5:8 en el espacio:

    _____

    _____

    _____

    _____

    _____

11. Jeremías 17:9 dice: *"Engañoso es el* **CORAZÓN** *más que todas las cosas, y* **PERVERSO**; *¿quién lo conocerá?"*

12. Por años nuestros consejeros enseñaron que había solamente una **PERSONA** en el mundo para casarte con ella y que encontrar a esa persona idónea sería la única **GARANTÍA** de felicidad.

13. No entendieron que SER la persona correcta era más importante que **ENCONTRAR** a la persona correcta; ni entendieron que las parejas ingenuamente habían puesto cargas onerosas sobre el objeto de su amor - miraba al **OTRO** para encontrar felicidad y el suministro interminable de sus sentimientos de bienestar.

11
Amor que Crece y Abunda

Guía de Estudio — Respuestas

1. Es la voluntad de Dios que tu amor **CREZCA** y tu matrimonio **PROSPERE**.
2. Para tener un amor que crece y prospera, en primer lugar, necesitas haber experimentado el **NUEVO NACIMIENTO**.
3. Es peligroso pasar por alto la experiencia personal de salvación, porque uno no puede amar con un amor **SANTO**, a menos que el **ESPÍRITU** de Dios **VIVA** en su corazón.
4. El amor de **CRISTO** de parte del esposo y la **SUMISIÓN** sincera de parte de la esposa son dos mandatos **INDISPENSABLES** para alcanzar la felicidad, pero no se alcanzarán sin ser lleno y energizado por el Espíritu de Dios.
5. El avivamiento del amor de muchos matrimonios de hoy está esperando **ORACIONES** sinceras para que Dios **ENCIENDA** nuevamente el amor *agape* en sus corazones.
6. Muchas parejas comprometidas se encuentran con su cabeza **DESCONECTADA** de su corazón y dan poca atención a la idea de que necesitan más que los **SENTIMIENTOS** de amor para sostener una relación.
7. Si el amor abunda por el conocimiento, entonces una manera eficaz de hacer **CRECER** el amor es por medio de aumentar el **CONOCIMIENTO** acerca del tema en la **BIBLIA** misma.
8. El amor es una **ACCIÓN**.
9. Algunos dicen que el camino hacia la felicidad consiste en borrar los sentimientos **MALOS** y cultivar sentimientos buenos en su lugar. Hoy en día, **CULPAN** a otros por sus problemas y a las personas con problemas las llaman **VÍCTIMAS**.

10. Otros dicen que un hombre puede **CAMBIAR** por medio de cultivar acciones **POSITIVAS** en su vida. El secreto está en encontrar **EQUILIBRIO** entre las dos opiniones.

11. En vez de procurar la **SATISFACCIÓN** de nuestros sentimientos debemos **MINISTRAR** a las necesidades de nuestro cónyuge.

12. Has aprendido algunos principios para hacer crecer tu amor, ¿pero, qué garantizará tu perseverancia en ellos? ¡Haz un **COMPROMISO** a **LARGO** plazo!

13. La palabra, "**DIVORCIO,**" se debe borrar del diccionario de todos los matrimonios.

En vez de lubricar las bisagras de la puerta de salida, ¡**CIÉRRALA** con clavos y tablas!

12
El Elemento Faltante en la Comunicación

Guía de Estudio — Respuestas

1. El matrimonio es una unión **ESPIRITUAL**; por lo tanto, hay una dimensión espiritual de comunicación que desafía las herramientas y filosofías **HUMANAS** que están de moda hoy.
2. Los hombres tienden a estar más interesados en sus **PENSAMIENTOS** que en los sentimientos; mientras las mujeres tienden a estar más en contacto con sus **SENTIMIENTOS** que sus pensamientos.
3. Las percepciones son las conclusiones que haces de los **HECHOS** y los **SENTIMIENTOS** que generan.
4. ¿Qué es la misericordia? Es mi compromiso de interpretar la reacción de otra persona con el propósito de **MINISTRARLE** en su necesidad. Es ponerme en su lugar, **SENTIR** lo que siente, y en base de esta información, ministrar a su necesidad.
5. Un secreto de la comunicación eficaz es aprender cuáles son las **PERCEPCIONES** de tu esposa(o) de las cosas.
6. Hace falta el poder de Dios para que dejemos el uso de la comunicación **CARNAL** y **EGOÍSTA** y desarrollemos los hábitos de comunicación espiritual.
7. La **MISERICORDIA** es el elemento faltante en la comunicación de la mayoría de los matrimonios, hoy en día. Este es el secreto para hacer el **PUENTE** entre las percepciones de dos personas.
8. La misericordia no es solamente **SENTIR** pena o lástima por alguien
9. La misericordia no es solamente un **SENTIMENTALISMO** enfermizo que se expresa de manera incontrolable.

10. La misericordia no es **PASAR** por alto el pecado.

11. La palabra "misericordia" viene de la palabra griega ***eleemon*** y consiste de tres cosas específicas Primero, consiste en **PENSAR** de manera consciente y decisiva. Segundo, incluye **COMPARTIR** el dolor de otro, la compasión. Tercero, se demuestra por medio de **ACCIONES** deliberadas.

12. Esta es la primera dimensión de la verdadera misericordia bíblica. Es una **DECISIÓN** que "demanda un esfuerzo **DELIBERADO** de la mente y la voluntad".[3] Hasta que no se haga este esfuerzo, la misericordia no podrá comenzar.

13. Si un esposo no conoce tres necesidades de su esposa, él debe comenzar con la tarea de descubrirlas, **ENTENDERLAS**, enfocarse en ellas y luego, **MINISTRAR** a su esposa en estas áreas.

14. **MISERICORDIA** "significa la habilidad de ponerte en el lugar de otro hasta que puedas **VER** las cosas con sus ojos, pensar lo que él piensa y **SENTIR** lo que él siente".[5]

15. Todos necesitamos un lugar **SEGURO**. Tú lo necesitas, y tu cónyuge lo necesita. ¿Puede tu esposa(o) sentir que tus **BRAZOS** son un lugar seguro? ¿Puede confiar en tu corazón como un lugar seguro?

13
Hacia el Descubrimiento: Como Dios Me Enseñó el Valor de la Misericordia

GUÍA DE ESTUDIO — RESPUESTAS

1. Te ayudará entender cuál es el don **ESPIRITUAL** de tu cónyuge para entender sus motivos, su percepción de la cosas y cómo ministrar a sus necesidades básicas.

2. El temperamento es la combinación de **CARACTERÍSTICAS** innatas que subconscientemente afectan la conducta del hombre. Igual que los dones espirituales, el temperamento es un medio para evaluar las **PERCEPCIONES** de la persona.

3. El temperamento puede **CAMBIAR** con las etapas de la vida y con circunstancias especiales, como el estrés. Pero en general, hay un **PATRÓN** consistente que emerge.

4. Otros peligros incluyen justificar el pecado, como el insolente que dice: "Bueno, es mi **CARÁCTER**. No puedo evitar ser así. Tendrás que **APRENDER** a aguantarme". Uno podría usar estos pretextos para justificar su propio pecado o el de otros.

5. El fatalismo es un peligro en el estudio de los temperamentos, así como la justificación del pecado. El fatalismo dice, errónea-mente, que tu futuro está **SELLADO**, y tus circunstancias están fijadas permanentemente; tu personalidad, por lo tanto, no puede jamás ser **ALTERADA**.

6. Hay razones correctas e incorrectas para estudiar el tempera-mento. Unas razones correctas son para poder **ENTENDER** a tu esposa(o) mejor, para aumentar tu comprensión de las **DIFERENCIAS** entre ambos y para ayudarte a mejorar tu ministerio de misericordia.

7. El estudio de los dones espirituales y los temperamentos puede ayudarte a entender mejor las **PERCEPCIONES** y **NECESIDADES** de tu cónyuge y para ministrar a sus necesidades.

8. El temor más grande de un colérico es que se **APROVECHEN** de él. A él le gusta un trato **DIRECTO** y tiene la habilidad de ver el panorama y **DISCERNIR** lo que falta a un proyecto.

9. El temor más grande de un flemático es el conflicto y la pérdida de **SEGURIDAD**. Su lado fuerte es una **CONSTANCIA** imperturbable cuando está bajo fuego.

14
Apuntando al Blanco: Estableciendo Metas en el Ministerio de Comunicación

GUÍA DE ESTUDIO — RESPUESTAS

1. Este capítulo te enseñará las **METAS** que necesitas tener en mente cuando te propones **HABLAR** de corazón a corazón con tu esposa(o).
2. Una meta es un objetivo que esté bajo mi **CONTROL** directo. Segundo, una meta es algo de lo que yo, y solamente yo soy **RESPONSABLE** de lograr. Tercero, mi respuesta a mi meta es **ACTUAR**. Yo lo haré.
3. Jamás debemos fijarnos como meta el **CAMBIAR** a otra persona. ¿Por qué? Porque la mente, el corazón y la **VOLUNTAD** de otro ser humano están involucrados.
4. Dios guía la voluntad del hombre para cumplir sus propósitos y es capaz de cambiar la mente, el **CORAZÓN** y la **VOLUNTAD**.
5. Mi plan de evangelización se parecía a un **VENDEDOR** que va de puerta en puerta más que a un representante de Dios. Dios me hizo ver que yo estaba **ORQUESTANDO** este escenario sin Su participación.
6. Ahora entiendo que ganar un alma es un deseo, y cambié mi enfoque de la **MANIPULACIÓN** sutil a la **INTERCESIÓN** sobre mis rodillas dobladas. Mi confianza ya no está en mi habilidad, sino en el poder de Dios.

7. Los peligros de confundir un deseo con una meta son que uno recurre a la **MANIPULACIÓN**, toma el **CRÉDITO** por el éxito, se siente culpable por el fracaso y utiliza la **COERCIÓN** para rehacer a esta persona a la imagen que uno visualiza para ella.

8. Metas para la comunicación con tu esposa(o): Debes proponerte nunca herir a tu pareja con tu **LENGUA**. Siempre debes usar un lenguaje que **FORTALEZCA** y **EDIFIQUE** a tu esposa(o).

9. La decisión es tuya: tú puedes ministrar **GRACIA** o puedes ministrar desánimo a los que te oyen.

10. No es suficiente hablar la verdad. Lo que hace falta es **PREDICAR** la verdad con **AMOR**. Esta es una combinación difícil de resistir.

11. Lo primero es buscar honestamente alguna buena **CUALIDAD** en tu cónyuge. Por medio de **RECONOCER** sinceramente alguna cualidad positiva, puedes animarle.

12. Detrás de las capas de suciedad y roña de cada alma humana, hay un corazón que late con **HAMBRE** de *"la palabra dicha como conviene"*.

13. Tu esposa(o) puede ser vulnerable, también si tiene el banco de amor **VACÍO**. ¿Por qué no haces algunos **DEPÓSITOS**? Otra manera de hablar la verdad con amor es aprender a **AGRADECERLE** y hacer mención de lo **POSITIVO** de su vida.

14. Si una joven quiere casarse con un **PRÍNCIPE**, debe comportarse como una **PRINCESA**... con un **SEMBLANTE** piadoso y una vida de santidad.

15. Quizás una de las mejores maneras de hablar la verdad en amor es usar el "enfoque **SÁNDWICH**". Cuando la verdad dolorosa debe decirse, debe ser entregada como un pedazo de carne entre dos rebanadas de **ALABANZA** y **APRECIO**.

16. La próxima vez que vayas a **CRITICAR** a tu cónyuge, ¿por qué no pruebas el enfoque sándwich? Introduce cualquier **QUEJA** con una alabanza y síguela con un cumplido. Ve si no hace una diferencia.

17. Si debes cometer un **ERROR**, que sea por el lado del **AMOR**. Puedes ser perdonado por amar demasiado antes de ser perdonado por amar muy poco.

15
Misericordia en Acción

Guía de Estudio — Respuestas

1. Tú debes olvidarte de tus sentimientos y demostrar tu amor cuando lo **NECESITE** tu cónyuge, en vez de buscarlo cuando tú lo necesites. Tu amor en Cristo puede ponerse en acción a la **HORA** y por el **MEDIO** que tú elijas.

2. ¿Cómo demuestras tu amor para tu cónyuge? Te das más de **TI** mismo a él o a ella. ¿Cuándo? Cuando cueste, cuando no es **CONVENIENTE** y no porque sirva a algún propósito egoísta. ¡El amor es **SINCERO**!

3. Si tú quieres amar a tu cónyuge más, entonces aprende a **ENTREGARTE** más frecuentemente a él o ella. Cuanto más **DEMUESTRES** tu amor, más crecerá tu amor.

4. Dios tiene un plan doble para ministrar a tu cónyuge. Él usa una *ruta directa* y una *ruta indirecta*. La ruta directa comienza en el corazón de **DIOS** y va directamente a tu cónyuge, o... Él lo enviará A TRAVÉS DE TI. Esta es la ruta **INDIRECTA**.

5. La misericordia se compone de tres cosas: la intención decisiva, el **DOLOR** compartido y la **ACCIÓN** deliberada.

6. ¿Quién conoce las necesidades de tu cónyuge mejor que **TÚ**? ¿Quién tiene una oportunidad de ayudar más grande que la **TUYO**? ¿A quién ha escogido Dios para esta tarea, sino a **TI**?

7. La comunicación misericordiosa en el matrimonio significa compartir la verdad con tu cónyuge, acomodándola a su **MADUREZ** espiritual para no hacerle daño en el transcurso.
   a. Primero, protege a tu cónyuge, expresando tu dolor como una **HERIDA** personal, y no con **ENOJO** proyectado. Es una cosa decir: "Cuando dijiste eso, realmente me dolió, querida," y otra cosa gritar: "¿Qué quieres decir con eso?"
   b. Segundo, practica la mesura **SABIA** en tu conversación, sin

atacar el carácter ni los **MOTIVOS** de tu cónyuge. Está bien decir: "Cuando me criticas, me siento rechazado como persona, y esto me duele". Esto es muy diferente a decir: "¡Qué criticón eres! Todo lo que haces es criticarme".

c. Tercero, uno se debe dar cuenta de que mientras un cónyuge puede cruzar el arroyo de un **SALTO**, el otro puede necesitar media **MILLA** para juntar fuerzas.

8. He aprendido a darle tiempo a Sandra para **ACOSTUMBRARSE** a una idea nueva, expresar sus **PREOCUPACIONES** y hacer preguntas sinceras. Lo hago en parte para controlar mis impulsos y sincronizar nuestros sentimientos antes de cruzar el arroyo.

9. En mi plan de consejería, uso los "ABC de los **SENTIMIENTOS**". Se ven así:

"A" - **ACTIVADO** POR UN EVENTO que es interpretado por el

"B" - **BANCO** DE CREENCIAS que causan

"C" - **CONSECUENTES** SENTIMIENTOS que producen la

"D" - **DECISIÓN** DE REACCIONAR.

10. Un cónyuge misericordioso aprenderá a ir debajo de la **SUPERFICIE** para descubrir la persona real que está escondida allí.

11. La manera mejor de **VENCER** a lo malo en tu matrimonio es aplicarle una buena dosis de **MISERICORDIA**.

16
¿Cómo Debo Perdonar?

Guía de Estudio — Respuestas

1. El secreto de "cómo perdonar" la ofensa de otro se encuentra en Colosenses 3:13: Escríbelo en el siguiente espacio:

   _____

   _____

   _____

   _____

   _____

2. Cristo pagó el precio de tu perdón cuando sufrió por tus pecados en el Calvario... y canceló tu **DEUDA** de la cual Él no tenía ninguna **CULPA**.

3. Tozer dijo: "Temo que perdamos de vista el gran **SIGNIFICADO** de la palabra 'perdón,' si no consideramos el **PRECIO** pagado por este perdón. El sacrificio más grande se hizo cuando Cristo murió por los pecados de la **HUMANIDAD**.

4. El **AMOR** y la voluntad de sufrir en el lugar y por la causa del hombre, no está limitado a Él solamente, sino que su sacrificio debe ser **EMULADO** por sus seguidores. (Filipenses 2:5-8)

5. ¿Qué hace que un esposo **ACEPTE** el perdón de Dios de sus propios pecados y rechace el **MANDATO** de Dios de perdonar a su esposa?

6. Fue por nuestros pecados que lo clavaron en una cruz, y por encima de la cacofonía creciente de voces de burla, entre puños levantados y gritos por su sangre, que Cristo levantó su **ORACIÓN**: "Padre, **PERDÓNALOS**, porque no **SABEN** lo que hacen."

7. El pecado no tiene que ver con la **LÓGICA**, sino con las **EMOCIONES**. La fuente de estas emociones es el corazón. *"Engañoso es el corazón más que todas las cosas, y perverso; ¿quién lo conocerá?"* (Jeremías 17:9).

8. Las ofensas deben ser juzgadas con **MISERICORDIA**. Esta misericordia llegará a ser el catalizador para **ORAR** por tu cónyuge que te ha ofendido...

9. Si hubiera alguna respuesta al **SUFRIMIENTO**, al dolor y la injusticia de la vida, sería la de poseer una visión clara del **PROPÓSITO** más alto de lo que experimentaste.

10. Pon en tus propias palabras el sentido de 2 Corintios 1:3-6.

_____
_____
_____
_____
_____

11. Escoge uno de los siguientes versículos y explica lo que significa para ti: Filipenses 2:5-8; Mateo 6:12-15; Isaías 53:3-7; Colosenses 3:12-17.

_____
_____
_____
_____
_____

17

El Ministerio de la Sexualidad

Guía de Estudio — Respuestas

1. En la iglesia de Corinto, existían dos ideas erradas acerca del sexo: (1) que la **ABSTINENCIA** sexual dentro del matrimonio produciría **ESPIRITUALIDAD** y (2) que era mejor dejar la práctica del sexo con su esposa(o) totalmente para **SERVIR** a Dios.

2. Pablo aclaró bien este punto en I Corintios 7:3-4. "El marido cumpla con la mujer el **DEBER** conyugal, y asimismo la mujer con el marido. La mujer no tiene **POTESTAD** sobre su propio cuerpo, sino el marido; ni tampoco tiene el marido potestad sobre su propio cuerpo, sino la **MUJER**" (I Corintios 7:3-4).

3. Pablo deseaba establecer la meta de tener un **MINISTERIO** sexual mutuo de **DEFERENCIA** a su cónyuge en el matrimonio. La mayor felicidad viene cuando ambos enfatizan las necesidades de su cónyuge en vez de las suyas propias.

4. David, después de su adulterio con Betsabé, reestableció la **COMUNIÓN** con Dios y fue a su casa para consolar a su esposa. El acto sexual es la **VOLUNTAD** de Dios, y le place porque estás ministrando a tu cónyuge.

5. Los complejos de la juventud se convertirán en la **DISFUNCIÓN** de su vida de adulto. Sucede que muchos jóvenes llevan los hábitos, filosofías, perversiones sexuales y **CONFUSIÓN** moral del mundo a sus **MATRIMONIOS**.

6. En la Biblia, Dios nos ha dado los principios fundamentales para **GOBERNAR** el sexo en el matrimonio. Tenemos una orientación **BÍBLICA** sobre el sexo que es más acertado que lo que puedan proveer las filosofías humanas.

7. Son muchas las razones por ver al sexo como una cosa "buena":

a. Casi todos los libros de la Biblia aluden al **SEXO** de alguna manera.

b. En los tres primeros capítulos de Génesis, Dios dijo de todo lo creado que era "**BUENO**," pero no fue hasta que creó la unión del hombre y la mujer que dijo que era " *bueno EN GRAN MANERA*".

c. Dios vio solamente una cosa que "*no era buena*". "*Y dijo Jehová Dios:* **NO** *es bueno que el hombre esté solo; le haré ayuda* **IDÓNEA** *para él*" (Génesis 2:18).

d. Hay que destacar que la primera y segunda mención del matrimonio tienen que ver con la unión física: "*Y los bendijo Dios, y les dijo:* **FRUCTIFICAD** *y multiplicaos; llenad la tierra*" (Génesis 1:28). "*Por tanto, dejará el hombre a su padre y a su madre, y se* **UNIRÁ** *a su mujer, y serán una sola* **CARNE**." (Génesis 2:24-25).

e. Jesucristo dijo a los líderes religiosos de su día, en una referencia directa a la unión física del hombre y su mujer en Génesis, "*... por tanto, lo que* **DIOS JUNTÓ**, *no lo separe el hombre*" (Mateo 19:6).

8. El Dr. Wheat dice: "Por lo tanto, la **UNIÓN** sexual apropiada, amorosamente ejecutada y mutuamente **PLACENTERA** es la manera que Dios nos muestra a nosotros una gran **VERDAD** espiritual".[2] Esta relación ilustra la unión mística de Cristo y su novia, la iglesia.

9. Pablo afirma audazmente: "*todas las cosas me son lícitas, mas yo no me dejaré* **DOMINAR** *de ninguna*" (I Corintios 6:12).

10. La Biblia dice: "*Pero el* **CUERPO** *no es para la fornicación, sino para el Señor, y el Señor para el cuerpo*" (I Corintios 6:13). Dios tiene un **PROPÓSITO** para tu cuerpo.

11. Kenneth Wuest, una autoridad del idioma griego altamente respetada, ha redactado cuidadosamente el significado de Hebreos 13:4 de esta manera: "Que tu matrimonio sea sostenido en **HONRA** en todas las cosas, y por lo tanto que tu **LECHO**

matrimonial sea **PURO**, porque Dios juzgará a los libertinos y adúlteros".

12. La aplicación más importante de esta verdad es el énfasis de que la relación sexual es **EXCLUSIVA** para tu esposa(o). Es un llamado a la **FIDELIDAD** a tu cónyuge. Ser infiel y romper el honor del matrimonio con el adulterio es invitar el **JUICIO** de Dios.

13. Creo que la raíz del problema es una falta de **CONTENTAMIENTO**. Dios quiere que estemos *"contentos con lo que tenéis ahora"* (Hebreos 13:5).

14. "Todo pecado sexual comienza con un deseo de conseguir a alguien o alguna experiencia que **NO** es legítimamente **SUYA**".

15. La Biblia dice: *"¿O ignoráis... que no sois vuestros? Porque habéis sido comprados por precio;* **GLORIFICAD**, *pues, a Dios en vuestro cuerpo y en vuestro espíritu, los cuales son de* **DIOS**" (I Corintios 6:19-20).

16. En asuntos de la sexualidad, la pregunta llega a ser: ¿**VIVIRÉ** como hijo de Dios, en **SANTIDAD**, o viviré como mi propio dios, sin otro programa más que mi propia **SATISFACCIÓN**?

17. Hay algunas cosas que debemos "**RESISTIR;**" hay otras que debemos "**COMBATIR**," pero hay algunas tentaciones que son tan poderosas que se nos manda a **HUIR** de ellas. Los pecados sexuales están entre éstas. (2 Timoteo 2:22)

18. *"Sea bendito tu manantial, y* **ALÉGRATE** *con la mujer de tu juventud, como cierva amada y graciosa gacela. Sus* **CARICIAS** *te satisfagan en todo tiempo, y en su amor* **RECRÉATE** *siempre"* (Proverbios 5:18-19).

19. *"Mujer* **VIRTUOSA**, *¿quién la hallará? Porque su estima sobrepasa largamente a la de las piedras preciosas"* (Proverbios 31:10). *"Virtuosa"* se refiere a la fuerza **MORAL**.

20. *"No os neguéis el uno al otro, a no ser por algún tiempo de* **MUTUO** *consentimiento, para ocuparos sosegadamente en la oración; y volved a* **JUNTAROS** *en uno, para que no os tiente Satanás a causa de vuestra incontinencia"* (I Corintios 7:5).

21. Quiera Dios que toda persona joven en América **ADOPTE** los principios bíblicos *antes* del matrimonio. Si no, entonces por lo menos después de casarse. Pero en algún punto todos los creyentes necesitan **CONFORMARSE** a estos conceptos cruciales.

22. Una vez que se adquiere una sana teología acerca del sexo, el matrimonio puede ser librado de su **PASADO** "corintianizado" y tener una base sólida para edificar un ministerio de comprensión, **COMPATIBILIDAD** y felicidad en el hogar.

18
Una Visión Renovada

<u>Guía de Estudio — Respuestas</u>

1. "Donde no hay **VISIÓN**, el pueblo **PERECE**" (Proverbios 29:18, *traducido del inglés*).
2. El brillo del primer **AMOR**, poco a poco, se va apagando y el entusiasmo e **IDEALISMO** juvenil se van menguando.
3. Una visión **RENOVADA** es lo que se necesita. Si el hombre interior no se renueva cada día, la dureza de corazón y la carnalidad asumen el **CONTROL**. El salmista oró: "*¿No volverás a darnos* **VIDA**, *para que tu pueblo se regocije en ti?*" (Salmo 85:6).
4. ¿Qué creyente podrá **OLVIDARSE** de la emoción de su propia conversión, o de la visión de los seres queridos experimentando el mismo primer amor y gozo? ¿Y qué esposo o esposa no abrazaron el sueño de una **ÍNTIMA** comunión espiritual el uno con el **OTRO** en el amor de Dios?
5. Necesitamos **FUERZAS** renovadas (Isaías 40:31), una **MENTE** renovada (Romanos 12:2), y un **ESPÍRITU** renovado (Salmo 51:*10*). El apóstol Pablo reconoció la necesidad de renovar la visión de nuestro ministerio en el matrimonio. Él oró por los creyentes tesalonicenses para que pudieran "**CRECER** *y* **ABUNDAR**" en amor. (I Tesalonicenses 3:12-13)
6. Pedro, también, se había fijado en las leyes **NATURALES** más que en los milagros **SOBRENATURALES**. Él supuso que porque no había peces en el área, o porque no estaban picando, no habría más que hacer. No creyó plenamente en el poder de Cristo para cambiar las cosas.
7. El matrimonio es, en esencia, una relación **ESPIRITUAL**. La relación espiritual no responde bien a las técnicas carnales. Cuando el **PODER** sobrenatural de Dios se aplica a los problemas naturales, ¡el resultado es **MILAGROSO**!

8. Cuando comienzas a sentir que se está despertando una nueva **ESPERANZA** de renovar su visión, Satanás te dice: "¿Ves tu **FRACASO** miserable?" "¿Crees realmente que tú puedes superarlo con otro **INTENTO**?"

9. Los matrimonios fracasados tienen una imagen **ERRADA** de Dios, que dice que Él no puede **CAMBIAR** ni el futuro ni tu vida.

10. Observando el amor de Cristo por la iglesia, **APRENDEMOS** a amar a nuestro cónyuge. Viendo como Cristo perdona a la Iglesia, aprendemos a **PERDONAR** a nuestro cónyuge.

11. "*Si tuviereis fe como un* **GRANO** *de mostaza, diréis a este monte: Pásate de aquí allá, y se pasará; y* **NADA** *os será imposible*" (Mateo 17:20). ¿Cuán grande es tu fe? Puedes decir: "No tengo mucha, ahora," pero está bien porque **NO** se necesita mucha.

12. Dios no busca una montaña de fe, sino solamente una fe **VIVA** del tamaño de un grano de mostaza. Él no demanda una fe perfecta; un poco de fe honesta te servirá. ¿Tienes esta cantidad? Pon en acción la fe que **TIENES**, y lo que Dios te manda, hazlo. Él te honrará por tu **OBEDIENCIA**.

13. Para hallar el amor por tu esposa(o), tendrás que volver al lugar donde lo **PERDISTE** y con arrepentimiento, confesión sincera, perdón y **RECONCILIACIÓN** volver a trabajar como familia. La sanidad de un hueso roto lo hace más **FUERTE**. ¿Tienes fe como una semilla de mostaza? Bien, ¿qué **ESPERAS**?